ACHIM SCHLANG

GRAND PRIX 1994

ACHIM SCHLANG

GRAND PRIX 1994

Die Rennen zur Formel 1-Weltmeisterschaft

MOTORBUCH VERLAG STUTTGART

Einbandgestaltung:	Johann Walentek, unter Verwendung eines Fotos von Thomas Melzer
Innengestaltung:	Manfred Arnold

Fotos im Innenteil:

M. Baridelli	Seite 147
Jean-Pierre Froideveaux:	Seite 15 oben links, oben rechts, Seite 17 oben Mitte links, Seite 19 oben rechts, Seite 23 oben Mitte, Seite 33 oben links, Seite 39 oben, Seite 77 oben
Manfred Giet:	Seite 9, Seite 14, Seite 44 oben, Seite 48, Seite 54, Seite 55, Seite 58, Seite 59, Seite 61, Seite 63, Seite 64, Seite 65, Seite 66, Seite 81, Seite 83, Seite 97, Seite 99, Seite 100 oben, Seite 101, Seite 108, Seite 109, Seite 120, Seite 121, Seite 122/123, Seite 127, Seite 129, Seite 130, Seite 134 oben, Seite 142, Seite 155, Seite 157
Lukas Gorys:	Seite 12, Seite 13 oben links, Mitte links, Mitte rechts, Seite 13 unten, Seite 15 unten, Seite 16, Seite 17 oben links, Seite 17 oben Mitte rechts, oben rechts, unten, Seite 18, Seite 19 oben rechts, oben links, Seite 20, Seite 21, Seite 23 oben links, oben rechts, unten links, unten Mitte, unten rechts, unten, Seite 24, Seite 25, Seite 26, Seite 27, Seite 29, Seite 31, Seite 32, Seite 33 oben Mitte, oben rechts, unten, Seite 34, Seite 35, Seite 36, Seite 37, Seite 38, Seite 39 unten, Seite 40, Seite 41, Seite 45 oben links, Mitte, links oben, links unten, Seite 46 oben, unten, Mitte oben, Mitte unten, Seite 47 unten, Seite 51, Seite 53, Seite 67, Seite 69 unten, Seite 72, Seite 74, Seite 78, Seite 82, Seite 85, Seite 86/87, Seite 88, Seite 90, Seite 91, Seite 93, Seite 96, Seite 100 Mitte, unten, Seite 102, Seite 113, Seite 115, Seite 116 oben, Seite 121, Seite 124, Seite 125 oben rechts, unten links, Seite 126 Mitte links, unten links, rechts, Seite 128, Seite 131, Seite 134 unten, Seite 136, Seite 139 oben, Seite 144, Seite 145, Seite 148, Seite 149, Seite 150, Seite 151, Seite 152, Seite 158, Seite 160, Seite 163, Seite 164, Seite 165, Seite 166, Seite 167, Seite 168, Seite 169, Seite 171, Seite 172, Seite 173, Seite 174, Seite 175, Seite 176, Seite 177, Seite 179, Seite 180, Seite 181, Seite 182
ICN:	Seite 77 unten, Seite 104, Seite 105, Seite 139, Seite 141, Seite 153, Seite 159
Willi Kluth:	Seite 28, Seite 42/43, Seite 75, Seite 79
Rolf Marthesheimer:	Seite 116 unten, Seite 117
Thomas Melzer:	Seite 70, Seite 133, Seite 138
E. Müllender:	Seite 30, Seite 47 oben
Peter Nygaard:	Seite 22, Seite 44 unten, Seite 45 Mitte rechts, Seite 50, Seite 57, Seite 69 oben, Seite 73, Seite 80, Seite 107, Seite 110, Seite 112, Seite 118/119, Seite 125 oben links, unten rechts, Seite 120 oben, Seite 161
Williams Werksfoto:	Seite 13 oben rechts

Unterstützung bei der Zusammenstellung der technischen Daten: Ing. Enrico Benzing

Redaktion und Statistik: Doris Schlang

ISBN 3-613-01623-0

1. Auflage 1994

Ein Unternehmen der Paul Pietsch-Verlage GmbH & Co.

Satz: Vaihinger Satz+Druck, 71665 Vaihingen an der Enz.
Druck: Maisch+Queck, 70839 Gerlingen.
Bindung: K. Dieringer, 70839 Gerlingen.
Printed in Germany

Inhalt

Weltmeister 1950–1994

1950	Dr. Giuseppe Farina	Alfa Romeo
1951	Juan Manuel Fangio	Alfa Romeo
1952	Alberto Ascari	Ferrari
1953	Alberto Ascari	Ferrari
1954	Juan Manuel Fangio	Mercedes/Maserati
1955	Juan Manuel Fangio	Mercedes
1956	Juan Manuel Fangio	Ferrari
1957	Juan Manuel Fangio	Maserati
1958	Mike Hawthorn	Ferrari
1959	Jack Brabham	Cooper Coventry-Climax
1960	Jack Brabham	Cooper Coventry-Climax
1961	Phil Hill	Ferrari
1962	Graham Hill	BRM
1963	Jim Clark	Lotus Coventry-Climax
1964	John Surtees	Ferrari
1965	Jim Clark	Lotus Coventry-Climax
1966	Jack Brabham	Brabham Repco
1967	Denis Hulme	Brabham Repco
1968	Graham Hill	Lotus Ford-Cosworth
1969	Jackie Stewart	Matra Ford-Cosworth
1970	Jochen Rindt	Lotus Ford-Cosworth
1971	Jackie Stewart	Tyrrell Ford-Cosworth
1972	Emerson Fittipaldi	Lotus Ford-Cosworth
1973	Jackie Stewart	Tyrrell Ford-Cosworth
1974	Emerson Fittipaldi	McLaren Ford-Cosworth
1975	Niki Lauda	Ferrari
1976	James Hunt	McLaren Ford-Cosworth
1977	Niki Lauda	Ferrari
1978	Mario Andretti	Lotus Ford-Cosworth
1979	Jody Scheckter	Ferrari
1980	Alan Jones	Williams Ford-Cosworth
1981	Nelson Piquet	Brabham Ford-Cosworth
1982	Keke Rosberg	Williams Ford-Cosworth
1983	Nelson Piquet	Brabham BMW
1984	Niki Lauda	McLaren TAG-Porsche
1985	Alain Prost	McLaren TAG-Porsche
1986	Alain Prost	McLaren TAG-Porsche
1987	Nelson Piquet	Williams-Honda
1988	Ayrton Senna	McLaren-Honda
1989	Alain Prost	McLaren-Honda
1990	Ayrton Senna	McLaren-Honda
1991	Ayrton Senna	McLaren-Honda
1992	Nigel Mansell	Williams-Renault
1993	Alain Prost	Williams-Renault
1994	Michael Schumacher	Benetton-Ford

Formel 1

Auszug aus dem technischen Reglement

Gültigkeit:	Bis 31. Dezember 1994, während der Saison geändert*
Zugelassene Fahrzeuge:	Einsitzige Rennwagen mit Viertakt-Hubkolbenmotoren mit max. 3500 ccm Zylinderinhalt; max. 4 Räder; max. 12 (runde) Zylinder; Vierradantrieb ist verboten
Gewicht:	505 kg Mindestnettogewicht (500 kg + 5 kg für Kamera bzw. entsprechenden Ballast) ohne Fahrer, das bei jeder Kontrolle während des Qualifying und nach den Rennen erreicht werden muß
Sicherheitsbestimmungen:	Überlebenszelle (Monocoque nach FIA-Spezifikation); 2 Feuerlöscher (Löschdauer 10-40 Sek. für Cockpit, 30-80 Sek. für Motor/Getriebe); 2 Überrollbügel (einer max. 25 cm vor dem Lenkrad, der zweite min. 50 cm hinter dem ersten); der Fahrerhelm muß sich 5 cm unter der gedachten Verbindungslinie zwischen den zwei höchsten Punkten der Überrollbügel befinden; hinter dem Fahrerhelm muß ein min. 400 qcm großes Polster angebracht sein, das sich bei einer Krafteinwirkung von 85 kg um max. 5 cm verformt; 2 Stromkreisunterbrecher (einer im Cockpit, einer von außen zugänglich), Rückwärtsgang, Ölsammler (min. 3 l), Rückspiegel, Sicherheitsgurte, rote Rückleuchte; Crash-Tests für Wagenbug und -flanken in Höhe des Cockpits und der Tanks sind vorgeschrieben; aus der Perspektive des Fahrers müssen die Pedale – in nicht getretenem Zustand – vor der Vorderachse und min. 15 cm innerhalb der Überlebenszelle liegen;

Karosserie- und Fahrgestellabmessungen:	max. Breite zwischen Vorder- und Hinterachse	1400 mm	
	max. Bugüberhang	1200 mm	(zentral auf max. 200 mm Breite, sonst 900 mm)
	max. Hecküberhang	500 mm	
	max. Radbreite	381 mm	
	max. Raddurchmesser	660,4 mm	
	max. Gesamtbreite	2000 mm	
	max. Höhe (ohne Überrollbügel)	1000 mm	
Abmessungen der aerodynamischen Hilfsmittel:	max. Frontspoilerbreite	1400 mm	
	max. Heckspoilerbreite	1000 mm	
	max. Heckspoilerhöhe	950 mm	

Zugelassener Kraftstoff:	max. 102 RON, max. 3,7% Sauerstoff, max. 0,2% Stickstoff (Gewichtsprozent), max. 0,005 g Blei pro Liter; zugelassen ist: 1. Tankstellenbenzin aus Ländern, in denen min. 12 internationale Rennen ausgetragen werden; 2. Sprit-Kompositionen aus Tankstellenbenzin verschiedener solcher Herkunftsländer; 3. Experimental-Benzin, das sich prinzipiell für den Handel eignet und allen Gesundheits- und Sicherheitsbestimmungen der EU entspricht
Kraftstoffmenge:	freigestellt, Tankgröße min. 200 l, Nachtanken während des Rennens erlaubt
Tanks:	Gummi-Sicherheitstanks nach FIA/FT5-Spezifikation
Cockpitöffnung:	Mindestlänge 600 mm, über die halbe Länge min. 450 mm breit; ohne Demontage des Lenkrads muß der Fahrer das Cockpit in längstens 5 Sekunden verlassen können
Renndistanz:	305 km + 1 Runde (Grünlicht bis karierte Flagge)
Renndauer:	max. 2 Stunden; die laufende Runde muß beendet werden

* Erhöhung des Mindestgewichts um 10 kg; Anbringung eines Skidblocks (10 mm stark) am Unterboden; Reduzierung der Länge von Frontflügeln und Diffusoren; Änderung der Heckflügel-Baubestimmungen; Sollbruchstellen an den Vorderradaufhängungen; Speed-Limit in der Boxengasse; Verbot von Staudruck in der Airbox

In Imola kehrte der Tod zurück Schumacher reichten zwölf GP zum Titel Sieger von morgen klopfen bereits an

Aus einer Reihe von Gründen nimmt die Saison 1994 einen ganz besonderen Stellenwert ein. Die tödlichen Unfälle von Imola, die anhaltenden Vorwürfe gegen das Spitzen-Team Benetton und das dramatisch spannende Finale drückten dem Rennjahr ihren Stempel auf.
Knapp zwölf Jahre nach dem Tod des Italieners Ricardo Paletti mußten während eines Grand Prix-Wochenendes erstmals wieder Opfer beklagt werden. Während des Abschlußtrainings für den GP von San Marino stürzte Roland Ratzenberger und starb an schweren inneren Verletzungen. Während des Rennens schlug das Schicksal ein zweites Mal zu, als sich Ayrton Senna ein todbringendes Schädel- und Hirntrauma zuzog. Trümmer der rechten Vorderradaufhängung drangen unmittelbar nach dem Aufprall gegen die Begrenzungsmauer durch den Helm des Brasilianers. Hätten sie die Aufprallstelle nur um wenige Millimeter verfehlt, wären die Metallteile an der Rundung des Helms abgeglitten... Bei Tempo 220 km/h und einem Einschlagwinkel von 20 Grad bot das Monocoque dem Körper des Champion optimalen Schutz – Rumpf und Gliedmaßen des Südamerikaners blieben unverletzt. Ohne das unglaubliche Pech, millimetergenau von den Aufhängungsteilen getroffen zu werden, hätte Senna das Krankenhaus nach dem obligatorischen Röntgen-Check wieder verlassen können. Die Unfallursache konnte bis Ende November nicht abschließend geklärt werden. Vermutlich war ein Reifenschaden oder das Aufsetzen auf einer Bodenwelle für den verhängnisvollen Richtungswechsel verantwortlich, der dem Maestro keine entscheidende Reaktion mehr erlaubte.
Im Cockpit des Williams wurde eine österreichische Flagge gefunden. Offenbar plante Senna, nach der Zieldurchfahrt das rotweiße Tuch aus dem Cockpit zu halten, um Roland Ratzenberger zu ehren. Der Salzburger war am Vortag vom linken Vorderrad seines Simtek erschlagen worden, das durch die Cockpitwand in das Innere des Boliden eindrang.
Die FIA reagierte mit verschärften Sicherheitsbestimmungen auf das Katastrophen-Wochenende und suggerierte der Öffentlichkeit fälschlicherweise, bei entsprechenden Anstrengungen sei absolute Sicherheit realisierbar. Trotzdem sind die Abrüstungsschritte zu begrüßen, weil sie dokumentieren, daß sich die Verantwortlichen mit dem ohnehin hohen Sicherheitsstandard nicht zufriedengeben. Das unterstrich auch eine wahre Flut von Sperren, die zum Teil auf Bewährung ausgesprochen wurden.
Sportlich schien sich das Championat anschließend zu einem Alleingang des Kerpeners Michael Schumacher zu entwickeln. Reglementverstöße des Deutschen und des Teams Benetton stoppten den Rheinländer jedoch im Sommer. Parallel brachten Verdächtigungen, der Deutsche würde unerlaubte elektronische Hilfsmittel verwenden, Unruhe in den Rennstall. Wegen Disqualifikationen und Sperren wurde sein WM-Programm auf zwölf gewertete Grand Prix reduziert. Damon Hill, der sich als Schumachers stärkster Gegner erwies, nutzte die Phase der Wehrlosigkeit seines Rivalen durch den Gewinn von 40 WM-Punkten! Als dem Deutschen dann in Suzuka aufgrund eines Mißverständnisses der einzige Fehler der Saison unterlief, mit dem er sich um den scheinbar sicheren Sieg brachte, trennte vor dem Finale in Adelaide nur noch ein einziger WM-Punkt die beiden Titelanwärter!
Die Entscheidung fiel schließlich durch ein umstrittenes Manöver Schumachers, das ihn und Hill aus dem Rennen warf. Aufgrund seiner »Teilschuld« reagierte der Brite nach anfänglicher Wut jedoch verständnisvoll und ohne Groll. Auch wenn der neue Weltmeister seinen Titel in der Stunde des Triumphs dem verstorbenen Ayrton Senna widmete, darf nüchtern festgestellt werden, daß mit Michael Schumacher ein Pilot der Extraklasse Meister wurde. Sennas Tod hatte nicht zur Folge, daß sich Vertreter der »zweiten Garnitur« um den Titel stritten.
Senkrechtstarter Schumacher – ohne Disqualifikationen und Sperren hätte er sich den Titel sicherlich vorzeitig sichern können, was ihn zum jüngsten Formel 1-Champion aller Zeiten gemacht hätte – ist fahrerisch ohnehin über jeden Zweifel erhaben, und Damon Hill, der »gelernte Testfahrer«, wuchs in der zweiten Saisonhälfte über sich selbst hinaus.

Ohne die volle Rückendeckung seines Teams zu genießen, verkaufte sich Hill auf den Pisten ausgesprochen teuer. Wer gesehen hat, wie er in Australien die Chance seines Lebens zu nutzen versuchte, kann ihm nur Top-Noten geben. Letztlich scheiterte er an der Schwäche, im Eifer des Gefechts über keinen gedanklichen Freiraum für taktische Überlegungen zu verfügen.

Sicherlich werden Michael Schumacher und Damon Hill auch 1995 siegen. Aber im zurückliegenden Rennjahr zeichnete sich bereits ab, wer dem Duo mittel- bis langfristig das Leben schwermachen könnte. Neben Gerhard Berger, der seinen Traum vom Titelgewinn noch nicht aufgegeben hat, zeigte gleich eine Handvoll Piloten Siegerqualitäten: Unverändert zählt Jean Alesi zu diesem Kreis. Der Franzose hätte wohl schon 1994 seinen ersten GP-Sieg heimfahren können, wenn er in Monza die Bedeutung des Kupplungspedals nicht unterschätzt hätte... Neu müssen dem Kreis der Zehn-Punkte-Aspiranten Rubens Barrichello, Heinz-Harald Frentzen und David Coulthard zugerechnet werden, die – wie auch Mika Häkkinen – weit überdurchschnittlich talentiert sind.

Neben Schumacher und Hill – das Duo holte sich 14 der insgesamt 16 Grand Prix – durften sich 1994 allerdings nur Gerhard Berger und Nigel Mansell in die Siegerlisten eintragen. Der Tiroler gewann in Hockenheim. Damit beendete er die längste sieglose Zeit der Geschichte Ferraris und hievte die Scuderia in der ewigen Bestenliste wieder auf Platz Eins: Die seit 1950 dokumentierte Bilanz führen nun Ferrari und McLaren mit je 104 Siegen an. Nigel Mansell triumphierte in Adelaide. Anders als Berger in Hockenheim, staubte der Brite seinen Erfolg ab. Es bedurfte der Kollision der beiden Titelaspiranten und Bergers Pech, bevor Mansell die Linie siegreich kreuzte. Die Leistung des Schnauzbarts soll rückblickend nicht geschmälert werden. Sie darf allerdings auch nicht überbewertet werden. Der Brite ist immer noch schnell, aber zur Elite zählt er, der nach langen Anlaufschwierigkeiten die Formel 1-Fans von Ende 1985 bis zum Titelgewinn 1992 weltweit durch seine beherzten Einsätze begeisterte, nicht mehr. Nach seinem Erfolg in Adelaide wollte er die Frage nicht beantworten, ob er 1995 fischen gehen, oder eine weitere F1-Saison für Williams bestreiten wird.

McLaren ging 1994 leer aus, sorgte aber trotzdem für Schlagzeilen: Teamchef Ron Dennis trennte sich trotz diplomatischer Beteuerungen der Vertragstreue von Motoren-Partner Peugeot und sicherte sich bis einschließlich 1999 die Dienste von Mercedes. Nach je einer Saison an der Seite von Ford und von Peugeot hofft McLaren, nun endlich ein Bündnis eingegangen zu sein, das den Rennstall wieder ganz nach vorn bringen wird. Ob das »Dream-Team« allerdings bereits 1995 zuschlagen kann, muß abgewartet werden. Die interne Planung sieht das Projekt »WM-Titel« für das Rennjahr 1996 vor. Als Wunschpilot soll bis dahin Michael Schumacher angeheuert werden, der bereits öffentlich sein Interesse bekundete, am Steuer einer der britisch-deutschen Silberpfeile um den Titel kämpfen zu wollen.

Theoretisch wird das Paket McLaren-Mercedes-Schumacher die zweite Hälfte der 90er-Jahre beherrschen. Aber mit Ferrari, Renault, Peugeot, Ford und Yamaha sind zumindest fünf weitere Firmen aufgrund ihrer finanziellen Aufwendungen nur aus einem Grund in der Formel 1 engagiert: dem Gewinn der Weltmeisterschaft. Alleingänge zum Titel sind vorläufig also trotz der Achse Untertürkheim-Woking nicht in Sicht.

Als die F1-Welt noch in Ordnung war. Zu Beginn einer Saison, die neben Spannung bis zum letzten Rennen auch tragische Ereignisse, Vorwürfe gegen Benetton und ein unerwartetes Comeback brachte, formierten sich die Piloten für das obligatorische Gruppenfoto. Obere Reihe von links: Johnny Herbert, Gianni Morbidelli, Pedro Lamy, Paul Belmondo, Roland Ratzenberger, David Brabham, Eddie Irvine und Jos Verstappen. Mittlere Reihe: Bertrand Gachot, Christian Fittipaldi, Damon Hill, Ayrton Senna, Gerhard Berger, Mika Häkkinen, Martin Brundle, Eric Bernard, Olivier Panis und Olivier Beretta. Untere Reihe: Michele Alboreto, Pierluigi Martini, Karl Wendlinger, Heinz-Harald Frentzen, Rubens Barrichello, Mark Blundell, Ukyo Katayama, Erik Comas, Michael Schumacher und Jean Alesi

Rennställe

	1993	1994
Arrows G.P. International Ltd (1993: Footwork G.P. International Ltd.)	Derek Warwick, Aguri Suzuki	Christian Fittipaldi, Gianni Morbidelli
Benetton Formula Ltd.	Michael Schumacher, Riccardo Patrese	Michael Schumacher, JJ Lehto, Jos Verstappen, (Johnny Herbert)
Equipe Larrousse F1	Philippe Alliot, Erik Comas, Toshio Suzuki	Olivier Beretta, Erik Comas, (Philippe Alliot, Yannick Dalmas, Hideki Noda, Jean-Denis Delétraz)
Equipe Ligier Sports	Martin Brundle, Mark Blundell	Eric Bernard, Olivier Panis, (Johnny Herbert), Franck Lagorce
McLaren International Ltd.	Michael Andretti, Ayrton Senna, Mika Häkkinen	Mika Häkkinen, Martin Brundle, (Philippe Alliot)
Minardi Scuderia Italia S.p.A.	Christian Fittipaldi, Fabrizio Barbazza, Pierluigi Martini, Jean-Marc Gounon	Pierluigi Martini, Michele Alboreto
Pacific Grand Prix	–	Paul Belmondo, Bertrand Gachot
PP Sauber AG	Karl Wendlinger, JJ Lehto	Karl Wendlinger, Heinz-Harald Frentzen, Andrea de Cesaris, J J Lehto
Sefac Automobili Ferrari S.p.A.	Jean Alesi, Gerhard Berger	Jean Alesi, Gerhard Berger, (Nicola Larini)
SMS Simtek Grand Prix Ltd.	–	David Brabham, Roland Ratzenberger, Jean-Marc Gounon, (Andrea Montermini, Domenico Schiattarella, Takachiho Inoue)
Team Jordan Formula One Ltd.	Rubens Barrichello, Ivan Capelli, Thierry Boutsen, (Marco Apicella, Emanuele Naspetti), Eddie Irvine	Eddie Irvine, Rubens Barrichello, (Aguri Suzuki, Andrea de Cesaris)
Team Lotus International Ltd.	Alessandro Zanardi, Johnny Herbert, Pedro Lamy	Pedro Lamy, Johnny Herbert, Alessandro Zanardi, (Philippe Adams, Eric Bernard, Mika Salo)
Tyrrell Racing Organisation Ltd.	Ukyo Katayama, Andrea de Cesaris	Ukyo Katayama, Mark Blundell
Williams GP Engineering Ltd.	Damon Hill, Alain Prost	Damon Hill, Ayrton Senna, (Nigel Mansell), David Coulthard

(–) gelegentlich eingesetzte Fahrer

Fahrer

(Piloten, die 1994 mindestens einen Grand Prix bestritten)

Philippe Adams, geb. 19.11.1969 in Mouscron, Belgier,
2 GP seit 1994 auf Lotus

Michele Alboreto, geb. 23.12.1956 in Mailand, Italiener,
194 GP seit 1981 auf Tyrrell, Ferrari, Arrows, Footwork, Lola und Minardi, 5 Siege, 2mal Trainingsschnellster

Jean Alesi, geb. 11.6.1964 in Avignon, Franzose,
85 GP seit 1989 auf Tyrrell und Ferrari, 1 mal Trainingsschnellster

Philippe Alliot, geb. 27.7.1954 in Voves, Franzose,
109 GP seit 1984 auf RAM, Ligier, McLaren und Larrousse

Rubens Barrichello, geb. 23.5.1972 in Sao Paulo, Brasilianer,
31 GP seit 1993 auf Jordan, 1 mal Trainingsschnellster

Paul Belmondo, geb. 23.4.1963 in Paris, Franzose,
7 GP seit 1992 auf March und Pacific

Olivier Beretta, geb. 23.11.1969 in Monte Carlo, Monegasse,
10 GP seit 1994 auf Larrousse

Gerhard Berger, geb. 27.8.1959 in Wörgl, Österreicher,
163 GP seit 1984 auf ATS, Arrows, Benetton, McLaren und Ferrari, 9 Siege, 10 mal Trainingsschnellster

Eric Bernard, geb. 24.8.1964 in Istres, Franzose
45 GP seit 1989 auf Lola, Ligier und Lotus

Mark Blundell, geb. 8.4.1966 in Barnet, Engländer,
46 GP seit 1991 auf Brabham, Ligier und Tyrrell

David Brabham, geb. 5.9.1965 in Wimbledon, Australier,
24 GP seit 1990 auf Brabham und Simtek

Martin Brundle, geb. 1.6.1959 in Kings Lynn, Engländer,
131 GP seit 1984 auf Tyrrell, Zakspeed, Williams, Brabham, Benetton, Ligier und McLaren

Andrea de Cesaris, geb. 31.5.1959 in Rom, Italiener,
208 GP seit 1980 auf Alfa Romeo, McLaren, Ligier, Minardi, Brabham, Rial, Dallara, Tyrrell, Jordan und Sauber, 1 mal Trainingsschnellster

Erik Comas, geb. 28.9.1963 in Romans, Franzose,
59 GP seit 1991 auf Ligier und Larrousse

David Coulthard, geb. 20.3.1971 in Twynholm, Schotte,
8 GP seit 1994 auf Williams

Yannick Dalmas, geb. 28.7.1961 in Le Beausset, Franzose,
24 GP seit 1987 auf Lola, AGS und Larrousse

Jean-Denis Delétraz, geb. 1.10.1963 in Genf, Schweizer,
1 GP seit 1994 auf Larrousse

Christian Fittipaldi, geb. 18.1.1971 in Sao Paulo, Brasilianer,
40 GP seit 1992 auf Minardi und Arrows

Heinz-Harald Frentzen, geb. 18.5.1967 in Mönchengladbach, Deutscher,
15 GP seit 1994 auf Sauber

Bertrand Gachot, geb. 23.12.1962 in Luxembourg, Belgier,
36 GP seit 1989 auf Onyx, Rial, Coloni, Jordan, Lola/Venturi und Pacific

Jean-Marc Gounon, geb. 1.1.1963 in Aubenas, Franzose,
9 GP seit 1993 auf Minardi und Simtek

Mika Häkkinen, geb. 28.9.1968 in Helsinki, Finne,
48 GP seit 1991 auf Lotus und McLaren

Johnny Herbert, geb. 27.6.1964 in Romford, Engländer,
63 GP seit 1989 auf Benetton, Tyrrell, Lotus und Ligier

Damon Hill, geb. 17.9.1960 in London, Engländer,
34 GP seit 1992 auf Brabham und Williams, 9 Siege, 4 mal Trainingsschnellster

Takachiho Inoue, geb. 5.9.1963 in Kobe, Japaner,
1 GP seit 1994 auf Simtek

Eddie Irvine, geb. 10.11.1965 in Newtownards, Ire,
15 GP seit 1993 auf Jordan

Ukyo Katayama, geb. 29.5.1963 in Tokio, Japaner,
46 GP seit 1992 auf Venturi und Tyrrell

Franck Lagorce, geb. 1.9.1968 in L'Hay les Roses, Franzose,
2 GP seit 1994 auf Ligier

Pedro Lamy, geb. 20.3.1972 in Aldeia Galega, Portugiese,
7 GP seit 1993 auf Lotus

Nicola Larini, geb. 19.3.1964 in Camaiore, Italiener,
44 GP seit 1987 auf Coloni, Osella, Ligier, Lamborghini und Ferrari

JJ Lehto, geb. 31.1.1966 in Espoo, Finne,
62 GP seit 1989 auf Onyx, Monteverdi, Dallara, Sauber und Benetton

Nigel Mansell, geb. 8.8.1953 in Upton-on-Seven, Engländer,
185 GP seit 1980 auf Lotus, Ferrari und Williams, 31 Siege, 32 mal Trainingsschnellster, Weltmeister 1992 auf Williams

Pierluigi Martini, geb. 23.4.1961 in Logo di Romagna, Italiener,
110 GP seit 1985 auf Dallara und Minardi

Gianni Morbidelli, geb. 13.1.1968 in Pesaro, Italiener,
50 GP seit 1990 auf Dallara, Ferrari, Minardi und Arrows

Hideki Noda, geb. 17.3.1969 in Osaka, Japaner,
3 GP seit 1994 auf Larrousse

Olivier Panis, geb. 2.9.1966 in Lyon, Franzose,
16 GP seit 1994 auf Ligier

Roland Ratzenberger, geb. 4.7.1962 in Salzburg, Österreicher,
1 GP seit 1994 auf Simtek, gestorben 30.4.1994

Mika Salo, geb. 30.11.1966 in Helsinki, Finne,
2 GP seit 1994 auf Cotus

Domenico Schiattarella, geb. 17.11.1967 in Mailand, Italiener,
2 GP seit 1994 auf Simtek

Michael Schumacher, geb. 3.1.1969 in Hermühlheim, Deutscher,
52 GP seit 1991 auf Jordan und Benetton, 10 Siege, 6 mal Trainingsschnellster, Weltmeister 1994 auf Benetton

Ayrton Senna, geb. 21.3.1960 in Sao Paulo, Brasilianer,
161 GP seit 1984 auf Toleman, Lotus, McLaren und Williams, 41 Siege, 65mal Trainingsschnellster, Weltmeister 1988, 1990 und 1991 auf McLaren, gestorben 1.5.1994

Aguri Suzuki, geb. 8.9.1960 in Tokio, Japaner
59 GP seit 1989 auf Zakspeed, Lola, Footwork und Jordan

Jos Verstappen, geb. 4.3.1972 in Montfort, Niederländer,
10 GP seit 1994 auf Benetton

Karl Wendlinger, geb. 20.12.1968 in Kufstein, Österreicher,
35 GP seit 1991 auf Leyton House/March und Sauber

Alessandro Zanardi, geb. 23.10.1966 in Bologna, Italiener,
25 GP seit 1991 auf Jordan, Minardi und Lotus

Gesamtzahl der gefahrenen Grand Prix, inkl. nachträglicher Disqualifikation

Williams

Mit dem Ausgang des Fahrer-Championats hat es nichts zu tun, daß die Saison 1994 von Frank Williams als Katastrophen-Jahr empfunden werden mußte. Zum zweiten Mal im Verlauf seiner Karriere als Teamchef verlor der an den Rollstuhl gefesselte Brite einen seiner Piloten durch einen Unfall. Williams war am Ziel seiner Träume, als er Ayrton Senna verpflichtete. Der Titelgewinn schien gesichert. Tatsächlich fuhr der haushohe Favorit dann keinen einzigen WM-Punkt heim, bevor er sich am 1. Mai in Imola tödliche Verletzungen zuzog. Weder Damon Hill, noch David Coulthard oder Nigel Mansell konnten die Lücke schließen, die der Gigant aus Südamerika hinterließ, obwohl die Head-Konstruktion FW16 – später in der B-Version eingesetzt – in Verbindung mit dem Renault-Zehnzylinder das beste »Paket« im gesamten Feld darstellte. Wie gut dieser Bolide tatsächlich war, wurde schon zu Saisonbeginn deutlich: Obwohl das Auto noch unter Kinderkrankheiten im Aufhängungsbereich litt, sicherte sich Senna zum Auftakt dreimal hintereinander die Pole-Position. Er führte das Rennen in Imola an, als die Katastrophe ihren Lauf nahm. Bis Redaktionsschluß kam die Experten-Kommission, die das Williams-Wrack intensiv untersuchte, zu keinem abschließenden Ergebnis. Inoffiziell sickerte jedoch die Information durch, vermutlich habe die Lenkung versagt. Plausibler ist ein Abstimmungsfehler. Schon während des Trainings in Aida flogen Senna und Hill an ein und demselben Streckenabschnitt von der Piste, weil sich die Bodenfreiheit auf dem unebenen Asphalt im Millimeter-Bereich als zu gering erwies. Auch in der langgezogenen Tamburello-Kurve – vom Schwierigkeitsgrad her interessanterweise simpel, wie die Passage auf dem Hockenheimring, die 1968 Jim Clark zum Verhängnis wurde – klagten die Piloten über die »Waschbrett-Oberfläche«...

Wenn das Saisonziel nicht erreicht wurde, lag es letztlich weder am Material, noch an der fahrerischen Qualität derjenigen, die anstelle Sennas für Williams die Kastanien aus dem Feuer holen sollten. Bei Licht betrachtet scheiterte das Team aus Didcot an Schumacher, der sich für Hill & Co. als eine Nummer zu groß erwies: Hill fuhr gut, aber nur selten souverän. Immerhin reichte es für Williams unterm Strich zum Gewinn des Konstrukteurs-Titels.

Williams-Renault FW16 B

Ayrton Senna

Damon Hill

David Coulthard

Nigel Mansell

Fahrgestell: Composite-Carbon-Aramide-Monocoque; Radstand: 2990 mm; Spurweite vorn/hinten: 1670/1600 mm; Tankvolumen: 200 Liter; Gewicht: 515 kg; pushrod-Aufhängungen vorn und hinten; halbautomatisches, transversales, sequentielles Williams/XTrac-Sechsganggetriebe; Dreischeiben-Kohlefaser AP-Kupplung; Räder O.Z.; Bremsen: AP; Zubehör: Reifen Goodyear, Zündkerzen Champion, Benzin elf; Designer: Patrick Head; Andere Ingenieure: Adrian Newey, David Brown, Brian Lambert; sechs Chassis wurden gebaut.

Renault RS6

Motor: Zehnzylinder-V-Motor im Winkel von 67 Grad; Aluminium-Block; Bohrung×Hub: ca. 98,00×46,38 mm; Verhältnis: 0,47; Hubraum: 3498,4 ccm; Kurbelwellenlager-Anzahl: sechs; Kröpfungswinkel: 144 Grad, vier pneumatisch gefederte Ventile pro Zylinder; vier durch Zahnräder getriebene obenliegende Nockenwellen; Verdichtung: 1:12,9; max. Kolbengeschwindigkeit: 37,3 m/sek.; Literleistung: 223,0 PS; Zündung: Magneti Marelli (statisch); Motormanagement: Magneti Marelli (elektronisch); Maße: 623×550×413 mm; Gewicht: 134 kg; kg pro PS: 0,172; Leistung: ca. 780 PS (Qual. ca. 790); Drehzahl: ca. 15000 U/min (Qual. ca. 15400).

Tyrrell

Nach dem absoluten Tief im Jahr 1993 – kein einziger WM-Punkt konnte verbucht werden – machte der Rennstall des alten Haudegens Ken Tyrrell im abgelaufenen Rennjahr einen deutlichen Sprung nach vorn. Neuen Wind brachten Designer und Mitbesitzer Dr. Harvey Postlethwaite, Aerodynamik-As Jean-Claude Migeot und die enge Kooperation mit dem Technologie-Zentrum des ehemaligen F1-Teams Fondmetal.

Aber nicht nur auf der Chassis-Seite bewegte sich etwas. Motoren-Partner Yamaha zog die Zügel ebenfalls straff an. 1989 hatten die Japaner an der Seite von Zakspeed die Grand Prix-Bühne betreten. Zunächst wurden die »Honda-Herausforderer« belächelt, und daran änderte sich nicht viel, als sich die Japaner anschließend nacheinander voller Optimismus mit den Teams Brabham und Jordan verbündeten.

Der Zehnzylinder, ursprünglich eine Judd-Konstruktion, an die inzwischen nicht mehr als der Block erinnert, zeigte sich 1994 stark und zuverlässig. John Judd selbst und die Ingenieure in Hamamatsu stellten Ken Tyrrell zufrieden und beeindruckten die Konkurrenz. Die Japaner haben Morgenluft wittert. Inzwischen glauben sie fest daran, daß GP-Siege mittelfristig im Bereich des Möglichen liegen. Eine Erkenntnis, die beflügelt.

Die ansteigende Formkurve des Materials wirkte sich positiv auf das Selbstbewußtsein der Piloten aus. Ukyo Katayama, noch 1993 wegen seiner zahlreichen Dreher als »Walzer-König« verschrien, ließ echte Klasse erkennen. Dem ohnehin als Mann mit großer Zukunft gefeierten Mark Blundell stand der Asiate absolut in nichts nach.

Ein eiserner Wille zeichnete Katayama aus. Hart gegen sich selbst schafft er beim Fitneß-Training 500 Liegestütze, und »irgendwann« will er den im Himalaya-Gebirge gelegenen K2 erklimmen. Ohne Sauerstoffgerät versteht sich. Im Mai drohte der kleine Mann allerdings zu verzweifeln, als er Sennas Tod und den der eigenen Schwester, die bei der Geburt ihres ersten Kindes verblutete, verkraften mußte.

Katayama unterschrieb bei Tyrrell bereits im September einen Vertrag für 1995. Er will mit dabei sein, wenn der Rennstall erstmals seit 1983 wieder siegt. Glaubt man dem Chef, ist das schon in der kommenden Saison möglich.

Tyrrell-Yamaha 022

Ukyo Katayama

Mark Blundell

Fahrgestell: Kohlefaser/Honeycomb-Composite-Monocoque; Radstand: 2900 mm; Spurweite vorn/hinten: 1698/1610 mm; Tankvolumen: 200 Liter; Gewicht: 515 kg; pushrod-Aufhängung vorn und hinten; halbautomatisches (pneumatisches) transversales, sequentielles Tyrrell-Sechsganggetriebe; Dreischeiben-Kohlefaser AP-Kupplung; Räder: Fondmetal; Bremsen: AP; Zubehör: Reifen Goodyear, Zündkerzen NGK, Benzin BP; Designer: Dr. Harvey Postlethwaite; Andere Ingenieure: Mike Gascoyne, Tim Densham, Simon Barker, Jean-Claude Migeot; fünf Chassis wurden gebaut.

Yamaha OX10A

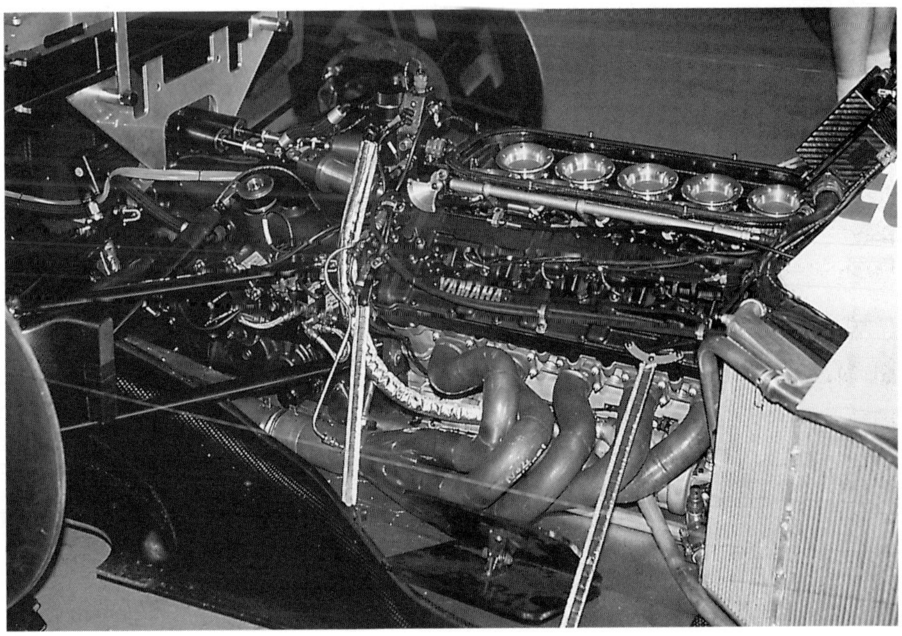

Motor: Zehnzylinder-V-Motor im Winkel von 72 Grad; Aluminium-Block; Bohrung×Hub: ca. 94,00×50,40 mm; Verhältnis: 0,54; Hubraum: 3497,6 ccm; Kurbelwellenlager Anzahl: geheim; Kröpfungswinkel: 144 Grad; vier pneumatisch gefoderte Ventile pro Zylinder; vier durch Zahnräder gesteuerte obenliegende Nockenwellen; Verdichtung: geheim; max. Kolbengeschwindigkeit: 36,7 m/sek.; Literleistung: 204,4 PS; Zündung: Zytec (statisch); Motormanagement: Zytek (elektronisch); Maße: 622×555×417 mm; Gewicht: 130 kg; kg pro PS: 0,182; Leistung: ca. 715 PS (Qual. ca. 730); Drehzahl: ca. 13600 U/min (Qual. ca. 14000).

Benetton

Als Michael Schumacher 1993 einen Dreijahres-Vertrag bei Benetton unterschrieb, war die Marschrichtung klar abgesteckt: Einem weiteren »Lehrjahr« sollte 1995 der Titelgewinn folgen. Wenn der Fahrplan abgekürzt werden konnte, lag das wesentlich am tragischen Schicksal Ayrton Sennas. Schumacher sagte jedenfalls Anfang Oktober: »Wenn Ayrton noch leben würde, wäre er jetzt vermutlich bereits Champion. Der wäre Kreise um mich gefahren.« Sicherlich sprach der Kerpener diese Worte auch mit Blick auf Damon Hill, den er durch diese Aussage düpieren wollte. Aber auch wenn der Brasilianer keine »Kreise um Schumacher« gefahren wäre – den vierten Titel hätte er sich wohl nicht entgehen lassen.
Dafür daß der Deutsche der Saison eindeutig seinen Stempel aufdrückte, kann er sich die Federn besten Gewissens an den eigenen Hut stecken: 1994 war ein Schumacher-Jahr, kein Benetton-Jahr. Diesen Schluß erlaubt die Leistung des Rheinländers, der das Ziel mit nur 12 gewerteten Grand Prix erreichte. Das beweist ein Blick auf die Meisterschaftsläufe, bei denen er nicht antrat: Benetton ging in Monza und Estoril hoffnungslos im Mittelfeld unter. Der Rennstall aus Enstone war ein Ein-Fahrer-Team, das seine Erfolge fast ausschließlich seinem Star-Piloten verdankte. 92 der 103 der für die Konstrukteurs-WM gesammelten Punkte gingen auf die Kappe des Deutschen! Die übrigen elf teilten sich Jos Verstappen und JJ Lehto.
Das lag allerdings auch am unfallbedingten Versagen des Finnen JJ Lehto, der nach seinem Sturz vor Saisonbeginn nicht mehr richtig Tritt fassen konnte. Für den hochtalentierten, kurz vor Saisonende ausgemusterten Ersatz-Fahrer Jos Verstappen kam die Herausforderung F1 wohl etwas zu früh...
Auf der vormals weißen Weste der Kombination Benetton/Schumacher blieben allerdings einige schwarze Flecken zurück. Gleich mehrfach wurden Befürchtungen laut, Flavio Briatores Team habe gegen bestehende Regeln verstoßen. Am Grünen Tisch konnte allerdings außer dem Flaggen-Intermezzo von Silverstone nichts bewiesen werden. Damit siegte der Sport. Denn erstens wurden auch bei konkurrierenden Rennställen im Umgang mit den Paragraphen Unregelmäßigkeiten registriert, und zweitens wäre im Fall eines WM-Ausschlusses Benettons der »falsche Mann« Weltmeister geworden.

Benetton-Ford B194

Michael Schumacher

JJ Lehto

Jos Verstappen

Johnny Herbert

Fahrgestell: Composite-Kohlefaser-Monocoque; Radstand: 2880 mm; Spurweite vorn/hinten: 1690/1618 mm; Tankvolumen: 200 Liter; Gewicht: 515 kg; pushrod-Aufhängung vorn und hinten; halbautomatisches transversales, sequentielles Benetton-Sechsganggetriebe; Dreischeiben-Kohlefaser AP-Kupplung; Räder: BBS; Bremsen: Brembo; Zubehör: Reifen Goodyear, Zündkerzen Champion, Benzin elf; Designer: Ross Brawn; Andere Ingenieure: Rory Byrne, Pat Symonds, (Frank Dernie); acht Chassis wurden gebaut.

Motor: Achtzylinder-V-Motor im Winkel von 75 Grad; Aluminium-Block; BohrungxHub: ca. 99,75×55,90 mm; Verhältnis: 0,56; Hubraum: 3494,8 ccm; Kurbelwellenlager-Anzahl: fünf; Kröpfungswinkel: 180 Grad; vier pneumatisch gefederte Ventile pro Zylinder; vier durch Zahnräder/Kette gesteuerte obenliegende Nockenwellen; Verdichtung: 1:12,9; max. Kolbengeschwindigkeit: 43,0 m/sek.; Literleistung: 216,0 PS; Zündung: Ford EED (statisch); Motormanagement: Ford EEC V (elektronisch); Maße: 620×591×521 mm; Gewicht: 135 kg; kg pro PS: 0,179; Leistung: ca. 755 PS (Qual. ca. 765); Drehzahl: ca. 14300 U/min (Qual. ca. 14800).

Ford ZETEC-R

McLaren

Notgedrungen ging Ron Dennis das Wagnis ein, die abgelaufene Saison an der Seite eines F1-unerfahrenen Motorenherstellers zu bestreiten. Auf Ford wollte er kein zweites Jahr setzen, und die angestrebte Verbindung mit Renault konnte nicht verwirklicht werden. Um den vielversprechenden Lamborghini-V12 einzusetzen, fehlte es den Verantwortlichen letztlich an Mut. Enttäuscht zogen sich die PS-Produzenten mit dem ruhmreichen Namen daraufhin aus dem Grand Prix-Sport zurück.
Die Wahl fiel auf Peugeot, und die Franzosen machten ihren Job im Debüt-Jahr ausgezeichnet. Die Truppe um Jean-Pierre Jabouille machte nicht den Eindruck, als beträte sie Neuland. Natürlich wurden Kinderkrankheiten diagnostiziert. Im Bereich des Zylinderkopfs des hochdrehenden Aggregats gab es Dampfblasen-Probleme. Aber unterm Strich sprachen nicht nur die zahlreichen Podiums-Plazierungen für eine große F1-Zukunft Peugeots.
Trotzdem flirtete Dennis bereits im Sommer mit alternativen Herstellern. Parallel wurden »Unfreundlichkeiten« gegenüber Peugeot registriert: Philippe Alliot – Frankreichs Beitrag im Cockpit – kam entgegen allen Versprechungen nur ein einziges Mal zum Einsatz. Und das nur deshalb, weil Mika Häkkinen wegen des Hockenheim-Zwischenfalls in Ungarn gesperrt war.
Jabouille ließ sich noch einmal schriftlich versichern, daß der bis inklusive 1996 gültige Vertrag zumindest im zweiten Jahr eingehalten wird. Die Trennung konnte auch dieses bereitwillig ausgestellte Papier nicht verhindern. Im Herbst wurde Peugeot zugunsten von Mercedes der Laufpaß gegeben. Die Franzosen waren nicht bereit, über die Formel 1 hinaus mit McLaren zu kooperieren. Aus Untertürkheim wurde hingegen Interesse an gemeinsamen wirtschaftlichen Aktivitäten nach Woking signalisiert. Nach Ford im Jahr 1993 und Peugeot in der Saison 1994 stand damit fest, daß McLaren im dritten aufeinanderfolgenden Jahr mit dem dritten neuen Motoren-Partner zusammenarbeiten wird...
Bei Saisonende zeichneten sich in Woking neue Besitzverhältnisse ab. Zwar versicherten Mercedes und McLaren, Mansour Ojjeh und Ron Dennis würden den Rennstall weiterhin in Händen halten. Doch diese gemeinsame Erklärung konnte die Gerüchte nicht stoppen, der amerikanische Indy-Car-Teamchef Roger Penske werde McLaren übernehmen.

McLaren-Peugeot MP4/9

Mika Häkkinen

Martin Brundle

Philippe Alliot

Fahrgestell: Kohlefaser-Honeycomb-Composite-Monocoque; Radstand: ca. 2845 mm, Spurweite vorn/hinten: ca. 1690/1615 mm; Tankvolumen: 200 Liter; Gewicht: 515 kg; pushrod-Aufhängung vorn und hinten; halbautomatisches, transversales, sequentielles McLaren/TAG-Sechsganggetriebe; Dreischeiben-Kohlefaser AP-Kupplung; Räder: Speedline; Bremsen; Brembo; Zubehör: Reifen Goodyear, Zündkerzen NGK, Benzin Shell; Designer: Neil Oatley; Andere Ingenieure: Henri Durand, Steve Hallam, Giorgio Ascanelli, Pat Fry; acht Chassis wurden gebaut.

Motor: Zehnzylinder-V-Motor im Winkel von 72 Grad; Aluminium-Block; Bohrung×Hub: 93,00×51,50 mm; Verhältnis: 0,55; Hubraum: 3498,3 ccm; Kurbelwellenlager-Anzahl: sechs; Kröpfungswinkel: 144 Grad; vier pneumatisch gefederte Ventile pro Zylinder; vier durch Zahnräder getriebene obenliegende Nockenwellen; Verdichtung: 1:12,8; max. Kolbengeschwindigkeit: 39,2 m/sek.; Literleistung: 210,1 PS; Zündung: TAG Electronic System (statisch); Motormanagement: TAG Electronic System (elektronisch); Maße: 620×538×408 mm; Gewicht: 133 kg; kg pro PS: 0,181; Leistung: ca. 735 PS (Qual. ca. 750); Drehzahl: ca. 14200 U/min (Qual. ca. 14600).

Peugeot A6

Arrows

Der Rennstall debütierte 1978. Zum Einsatz kamen damals Kopien eines Boliden der Konkurrenz. Ingenieure, die Chef Jackie Oliver bei Shadow abwarb, hatten Baupläne und Zeichnungen des neuen Shadow mitgehen lassen... Es gab gewaltigen Ärger. »Glatt« lief es bei der Mittelklasse-Truppe auch anschließend nie so recht. Motoren-Partner, die nicht hielten, was sie versprachen, und Besitzerwechsel brachten Olivers Rennstall immer wieder in die Schlagzeilen – Siege allerdings nie!
Drei Jahre lang war das Team unter dem Namen Footwork aktiv – jetzt firmierte man wieder unter der Bezeichnung Arrows. An den japanischen Vorbesitzer erinnerten nur noch die Chassis-Bezeichnungen und das für Footwork stehende F im Chassis-Kürzel FA. Äußerlich machte eine komplett neue Lackierung, von der sich speziell jüngere Zuschauer angesprochen fühlen sollen, den Wechsel deutlich.
Der FA15 setzte die Tradition des Rennstalls fort. Teamchef Jackie Olivier versprach sich sehr viel vom zurückliegenden Rennjahr und ging mit entsprechend hohen Erwartungen ans Werk. Lotus hatte ihm zwar den Mugen-Motor weggeschnappt, doch der Ford HB war für Ex-Formel 1-Fahrer Oliver keineswegs eine Notlösung. »Der Motor«, sagte er optimistisch vor Trainingsbeginn in Sao Paulo, »war 1993 für sechs Siege gut. Jetzt liegt es an uns, dieses Potential zu nutzen.« Was Oliver nicht ausreichend berücksichtigt hatte: Die sechs Ford-Erfolge gingen 1993 auf das Konto der Ausnahme-Erscheinungen Ayrton Senna, der fünfmal zuschlug, und Michael Schumacher, der in Estoril triumphierte.
1994 folgten auf achtbare Ergebnisse bittere Rückschläge. Zu Saisonbeginn plagten fortlaufend Getriebeschäden die Piloten. Erst im Sommer bekam Alan Jenkins die Schwachstelle in den Griff. Die dünne Finanzdecke erlaubte keine großen Sprünge. Ab August lief Gianni Morbidelli sogar von Rennen zu Rennen Gefahr, durch einen Piloten mit größerer »Mitgift« ersetzt zu werden.
Als sich Eddie Jordan zum Saisonende von seinem Motoren-Partner Hart trennte, nahm Oliver sofort Kontakt zu seinem Landsmann auf. Hart leistet solide Arbeit auf recht hohem Niveau und verspricht Exklusivität: Anders als Ford, könnte er sich ausschließlich um die Bedürfnisse Arrows kümmern.

Footwork-Ford FA15

Christian Fittipaldi

Gianni Morbidelli

Fahrgestell: Kohlefaser-Composite-Monocoque; Radstand: 2921 mm; Spurweite vorn/hinten: 1676/1600 mm; Tankvolumen: 200 Liter; Gewicht: 515 kg; pushrod-Aufhängung vorn und hinten; halbautomatisches transversales, sequentielles Arrows/XTrac-Sechsganggetriebe; Dreischeiben-Kohlefaser AP-Kupplung; Räder: Enkey; Bremsen: Brembo; Zubehör: Reifen Goodyear, Zündkerzen Champion, Benzin elf; Designer: Alan Jenkins; Andere Ingenieure: Paul Bowen, Allen McDonald, Andy Lee Fleming; vier Chassis wurden gebaut.

Ford HB

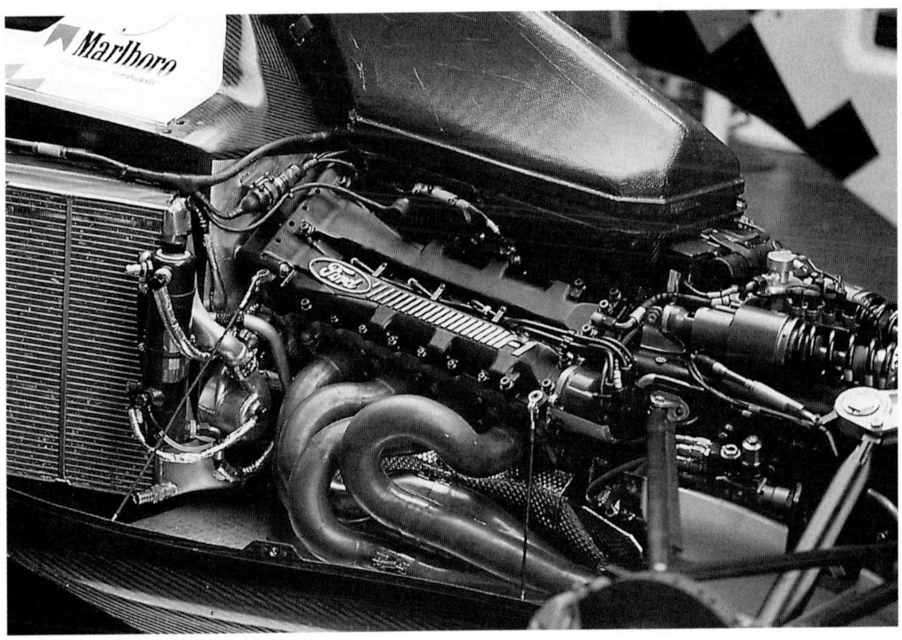

Motor: Achtzylinder-V-Motor im Winkel von 75 Grad; Aluminium-Block; Bohrung×Hub: ca. 94,00×62,94 mm; Verhältnis: 0,67; Hubraum: 3494,3 ccm; Kurbelwellenlager-Anzahl: fünf; Kröpfungswinkel: 180 Grad; vier pneumatisch gefederte Ventile pro Zylinder; vier durch Zahnräder/Kette gesteuerte obenliegende Nockenwellen; Verdichtung: :12,6; max. Kolbengeschwindigkeit: 44,7 m/sek.; Literleistung; 201,8 PS; Zündung: Ford EED (statisch); Motormanagement: Ford EEC V (elektronisch); Maße: 595×591×521 mm; Gewicht: 130 kg; kg pro PS: 0,184; Leistung: ca. 705 PS (Qual. ca. 725); Drehzahl: ca. 13200 U/min (Qual. ca. 13700).

Lotus

Peter Collins ging mit großen Erwartungen in das zurückliegende Rennjahr. Erfolgreich hatte der Australier seinem Konkurrenten Jackie Olivier den Mugen-V10 entrissen. An der Seite der Japaner, die – mit tatkräftiger Unterstützung durch das Mutterhaus Honda – einen komplett neuen Motor versprachen, sollte es endlich aufwärtsgehen.
Das neue japanische Kraftpaket – wesentlich leichter und stärker als das Vorgänger-Modell – debütierte in Monza tatsächlich mit einem Paukenschlag. Während des Trainings konnte Johnny Herbert endlich wieder einmal beweisen, was er im Cockpit wert ist. Nach einem unverschuldeten Unfall war der Bolide mit der Neukonstruktion dann leider auf der Power-Piste nicht mehr einsatzbereit.
Bereits zuvor hatte Lotus mit dem Typ 109 einen neuen Rennwagen präsentiert, der sich bei Licht betrachtet jedoch als reiner Blender erwies: Aus finanziellen Gründen war der 109er nicht mehr und nicht weniger als ein »retuschierter« 107! Herbert beschrieb die Liquidität des Teams eindrucksvoll: »Manchmal war das Geld da, um Formen für neue Teile anzufertigen – aber keines, um diese Teile dann tatsächlich zu bauen...« Der zahlungsunfähige Rennstall ging Mitte September freiwillig in Konkurs, um einen Ausverkauf zu verhindern. Von diesem Zeitpunkt an wurden alle wirtschaftlichen Aktivitäten durch einen gerichtlich eingesetzten Verwalter vorgenommen. Der verabschiedete sich gegen Bares drei Tage vor Beginn des Trainings für den Grand Prix von Europa vom »Filetstück« des Teams – von Johnny Herbert. Der Brite wurde für ein Rennen an Ligier verhökert und mit diesem Schachzug vor vollendete Tatsachen gestellt. Im Gegenzug übernahm Lotus Eric Bernard. Teamchef Peter Collins erfuhr noch später als sein Fahrer von dessen »Trikot-Wechsel«.
Um das komplette Feld auch in Suzuka und Adelaide an den Start bringen zu können, übernahm FOCA-Chef Ecclestone die Transportkosten nach Übersee. Parallel erließ er offene Reisekosten, und Gastfahrer Salo füllte die Teamkasse mit einigen Dollar auf. Die Zukunft des zweitältesten Rennstalls der Formel 1 hellte sich Ende Oktober auf, als unbekannte Käufer den Rennstall übernahmen.

Lotus-Mugen 109

Obere Reihe:

Pedro Lamy

Johnny Herbert

Alessandro Zanardi

2. Reihe:

Philippe Adams

Eric Bernard

Mika Salo

Fahrgestell: Kohlefaser-Composite-Monocoque; Radstand: 2950 mm; Spurweite vorn/hinten: 1650/1600 mm; Tankvolumen: 210 Liter; Gewicht: 515 kg; pushrod-Aufhängung vorn und hinten; halbautomatisches, transversales sequentielles Lotus/XTrac-Sechsganggetriebe; Dreischeiben-Kohlefaser AP-Kupplung; Räder: O.Z.; Bremsen: AP; Zubehör: Reifen Goodyear, Zündkerzen NGK, Benzin Mobil; Designer: Peter Wright; Andere Ingenieure: Chris Murphy, Nigel Stroud, Tim Robathan, John Miles; drei Chassis wurden gebaut.

Motor: Zehnzylinder-V-Motor im Winkel von 72 Grad; Aluminium-Block; Bohrung×Hub: ca. 93,00×51,50 mm; Verhältnis: 0,55; Hubraum: 3498,3 ccm; Kurbelwellenlager-Anzahl: sechs; Kröpfungswinkel: 144 Grad; vier pneumatisch gefederte Ventile pro Zylinder; vier durch Zahnräder gesteuerte obenliegende Nockenwellen; Verdichtung: 1:12,6; max. Kolbengeschwindigkeit: 38,6 m/sek.; Literleistung: 211,5 PS; Zündung: Honda PGM-IG (statisch); Motormanagement: Honda PGM-F1 (elektronisch); Maße: 620×550×520 mm; Gewicht: 135 kg; kg pro PS: 0,182; Leistung: ca. 740 PS (Qual. ca. 760); Drehzahl: ca. 14000 U/min (Qual. ca. 14600).

Mugen ZA-5C

Jordan

Das irische Team – nach der grandiosen Einstiegssaison 1991 vorübergehend in der Versenkung verschwunden – mauserte sich im zurückliegenden Rennjahr zu dem Rennstall mit dem größten Entwicklungs-Potential. Den beiden Top-Designern Gary Anderson und Steve Nichols gelang es, ein Spitzen-Chassis auf die Räder zu stellen. Und der Hart-Motor sorgte immer wieder für positive Überraschungen. Vergleicht man die finanzielle und personelle Situation des Ex-Rennfahrers Brian Hart mit den Möglichkeiten weltweit operierender Konzerne wie Renault, Peugeot oder Ford, zog er sich phantastisch aus der Affäre. So gut wie der Brite, setzte kein anderer Hersteller jeden einzelnen Dollar in Pferdestärken um.

Wenn sich Eddie Jordan, der freundliche Ire mit der ausgeprägten Spürnase für harte Währungen aller Art, zum Saisonende trotzdem von Hart trennte, lag das an den hochgesteckten Zielen des Mannes von der grünen Insel. »Um Weltmeister zu werden«, bilanzierte er nüchtern, »ist Hart nicht groß genug. Und der Titel bleibt unser Ziel. Bisher schafften wir es in allen anderen Kategorien, in denen wir antraten. In der Formel 1 dauert es eben nur etwas länger.«

Tatsächlich kam Jordan dem Ziel 1994 erkennbar näher. Als erstem Jordan-Pilot gelang Rubens Barrichello der Sprung auf das Siegerpodest. Und in Belgien konnte der Brasilianer sogar die erste Pole-Position für das in Silverstone ansässige Team erobern. Barrichello hatte allerdings auch Glück, als er in Imola einen Jahrhundert-Abflug nahezu schadlos überstand.

Als Folge des positiven Trends konnte Eddie Jordan im Herbst unter zwei konkurrierenden Motoren-Herstellern für 1995 auswählen. Ford bot den Zetec-Achtzylinder an und parallel buhlte Peugeot um die Gunst des Mannes von der Atlantik-Insel. In Jerez entschied sich der Chef schließlich für die Franzosen, die ihm ihre Aggregate für drei Jahre exklusiv zur Verfügung stellen. Anschließend bezeichnete der Dubliner den Deal als den größten Schritt, den sein Team je nach vorn machte. Peugeot-Sportchef Jabouille verriet: »Wir verhandelten bereits im Herbst 1993 mit Jordan, bevor die Wahl dann auf McLaren fiel.« Vier Wochen nach Bekanntgabe der Partnerschaft wurde ein Interims-Jordan-Peugeot auf der Piste von Silverstone ersten Tests unterzogen.

Jordan-Hart 194

Rubens Barrichello

Eddie Irvine

Aguri Suzuki

Andrea de Cesaris

Fahrgestell: Kohlefaser-Composite-Monocoque; Radstand: 2950 mm; Spurweite vorn/hinten: 1698/1618 mm; Tankvolumen: 220 Liter; Gewicht: 515 kg; pushrod-Aufhängung vorn und hinten; halbautomatisches, transversales sequentielles Jordan/XTrac-Sechsganggetriebe; Dreischeiben-Kohlefaser AP-Kupplung; Räder: O.Z.; Bremsen: Brembo; Zubehör: Reifen Goodyear, Zündkerzen Champion, Benzin Sasol; Designer: Gary Anderson; Andere Ingenieure: Steve Nichols, Trevor Harris; sechs Chassis wurden gebaut.

Hart 10-35

Motor: Zehnzylinder-V-Motor im Winkel von 72 Grad; Aluminium-Block; Bohrung×Hub: 94,00×50,40 mm; Verhältnis: 0,54; Hubraum: 3497,6 ccm; Kurbelwellenlager-Anzahl: sechs; Kröpfungswinkel: 144 Grad; vier stahlgefederte Ventile pro Zylinder; vier durch Zahnräder gesteuerte obenliegende Nockenwellen; Verdichtung: 1:12,5; max. Kolbengeschwindigkeit: 35,9 m/sek.; Literleistung: 204,4 PS; Zündung: Zytek (statisch); Motormanagement: Zytek (elektronisch), Bosch-Einspritzung; Maße: 622×560×535 mm; Gewicht: 135 kg; kg pro PS: 0,189; Leistung: 715 PS (Qual. 725); Drehzahl: 13300 U/min (Qual. 13800).

Larrousse

Unauffällig kämpfte die Equipe auch 1994 ums nackte Überleben. Keinem Mitglied der Truppe mangelt es an Einsatzwillen, aber das Budget setzt allen Aktivitäten seit Jahren sehr enge Schranken. Von Saison zu Saison hofft Gérard Larrousse, der es als aktiver Pilot bis in die Formel 1 schaffte, auf die Märchenfee, die ihm den Geldhahn aufdreht. Zwar biß rechtzeitig vor dem Start in Sao Paulo ein französischer Food-Riese an – der abwechselnd für alkoholfreies und »richtiges« Bier eigener Produktion auf den rollenden Litfaßsäulen warb –, aber dessen finanzielle Zuwendungen waren keinesfalls großzügig. Aufgrund der großen Tragödie des Jahres erhielt der französische Sponsor dann allerdings TV-Minuten im Überfluß: Eines der Bier-Transparente bildete in Imola während der Bergung des schwerverletzten Ayrton Senna die Hintergrundkulisse...

Um die wirtschaftliche Lage grundlegend zu verbessern, holte Larrousse Verstärkung ins Team. Ex-Formel 1-Pilot Patrick Tambay, der zwischen 1977 und 1986 114 Grand Prix bestritt und zwei davon gewinnen konnte, wurde als Sponsoren-Sucher engagiert. Ob der ehemalige Sportler mit den guten Manieren tatsächlich die Geldschränke der großen Konzerne öffnen kann, bleibt abzuwarten. Wunder kann er jedenfalls ebensowenig vollbringen, wie sein Vorgänger, der Schweizer Martin Reiss, der vergeblich auf den ganz großen Coup mit osteuropäischen Firmen baute.

Notgedrungen benutzte der Chef eine vom Reglement her geöffnete Hintertür, um zumindest Kleingeld in die Teamkasse fließen zu lassen: Nach dem Motto »Rent a Larrousse« wurde der Paragraph, der die Cockpit-Umbesetzung regelt, ausgenutzt. Nacheinander durften sich diverse Interessenten einen LH94 fürs Wochenendvergnügen »mieten«. Keiner der Nachrücker kam, um sein Geld zum Fenster hinauszuwerfen. Natürlich hoffte jeder, sich durch Topleistungen unverzichtbar zu machen, oder zumindest Aufmerksamkeit zu wecken. Obwohl WM-Punkte nur mit Glück gewonnen werden konnten, erreichte Larrousse ein selbstgestecktes Ziel mühelos. Seit Jahren ist es dem Teamchef sehr wichtig, das beste französische Team des Feldes zu leiten. Nach dem Verkauf des Rennstalls Ligier an neue, ausländische Eigner fehlte es in der gallischen Sonderwertung an Konkurrenz...

Larrousse-Ford LH94

Obere Reihe:

Olivier Beretta

Erik Comas

Philippe Alliot

2. Reihe:

Yannick Dalmas

Hideki Noda

Jean-Denis Delétraz

Fahrgestell: Kohlefaser-Composite-Monocoque; Radstand: 2940 mm; Spurweite vorn/hinten: 1692/1618 mm; Tankvolumen: 210 Liter; Gewicht: 520 kg; pushrod-Aufhängung vorn und hinten; halbautomatisches, transversales sequentielles Benetton-Sechsganggetriebe (1993); Dreischeiben-Kohlefaser AP-Kupplung; Räder: O.Z.; Bremsen: Brembo; Zubehör: Reifen Goodyear, Zündkerzen Champion, Benzin elf; Designer: Robin Herd; Andere Ingenieure: Michel Têtu, Tim Holloway, Alain Marguet; vier Chassis wurden gebaut.

Motor: Achtzylinder-V-Motor im Winkel von 75 Grad; Aluminium-Block; Bohrung×Hub: ca. 94,00×62,94 mm; Verhältnis: 0,67; Hubraum: 3494,3 ccm; Kurbelwellenlager-Anzahl: fünf; Kröpfungswinkel: 180 Grad; vier pneumatisch gefederte Ventile pro Zylinder; vier durch Zahnräder/Kette gesteuerte obenliegende Nockenwellen; Verdichtung: 1:12,6; max. Kolbengeschwindigkeit: 44,7 m/sek.; Literleistung: 201,8 PS; Zündung: Ford EED (statisch); Motormanagement: Ford EEC V (elektronisch); Maße: 595×591×521 mm; Gewicht: 130 kg; kg pro PS: 0,184; Leistung: ca. 705 PS (Qual. ca. 725); Drehzahl: ca. 13200 U/min (Qual. ca. 13700).

Ford HB

Minardi

Wenn sich zwei »halbe Portionen« verbünden, ergibt das unterm Strich noch lange keinen starken Rennstall. Die Fusion des Teams Minardi mit der Scuderia Italia brachte jedenfalls nicht den gewünschten Erfolg. Erst im Sommer kam der neue M194 zum Einsatz, nachdem zunächst ausschließlich B-Versionen des Vorjahrsautos an den Start gebracht wurden. Selbst einige der neuen Boliden basierten auf 93er Monocoques, die entsprechend modifiziert und »umgetauft« wurden. Obwohl sich der Umrüstungszeitplan während der ersten Saisonhälfte immer wieder verzögerte, wurden die fünf WM-Punkte für die Konstrukteurs-WM ausgerechnet in dieser Phase heimgefahren. Die karge Beute reichte letztlich immerhin zu Platz Zehn im Endklassement dieses Championats. Bei Licht betrachtet war das allerdings eher der Schwäche der Gegner als der eigenen Stärke zu verdanken.
Natürlich war der Ford-Achtzylinder vom Typ HB, 1993 immerhin noch für Siege gut, in der abgelaufenen Saison nur ein zweitklassiges Aggregat. Schon im Vorjahr bedurfte es allerdings außergewöhnlicher Fahrer-Persönlichkeiten um mit HB-Power ganz vorn zu landen. An deren Klasse reichen weder Michele Alboreto noch Pierluigi Martini heran. Der Mailänder, dessen Karriere-Höhepunkt mittlerweile fast zehn Jahre zurückliegt, mußte zudem einsehen, daß seine Zeit im GP-Sport abgelaufen ist. Entsprechend gab er bekannt, sich 1995 ausschließlich den Tourenwagen zu widmen. Aber auch nachdem er seinen Rücktritt beschlossen hatte, engagierte sich Alboreto wie einst im Mai. Auch Martini ließ sich durch die bedingt taugliche Qualität des Minardi-Materials nicht entmutigen. Immerhin gingen vier der fünf Minardi-Punkte auf das Konto des kleinen Krauskopfes.
Das Team Minardi bestritt 1994 bereits die zehnte Formel 1-Saison – in Spa – Francorchamps feierten die Italiener Ihren 150sten GP-Start – und erzielte nach Punkten gemessen sein viertbestes Ergebnis. Der angepeilte Aufwärtstrend ist weit und breit nicht erkennbar. Der Traum von Boß Giancarlo Minardi, eines Tages den Sieger eines Grand Prix zu stellen, läßt sich wohl nur dann verwirklichen, wenn der Unternehmer aus Faenza die finanziellen Aufwendungen und Anstrengungen künftig verdoppelt oder verdreifacht. Dafür sprach bei Saisonende nichts, aber es sprach ebenfalls nichts dafür, daß sich Giancarlo Minardi die Freude am Grand Prix-Sport nehmen lassen wird.

Minardi-Ford M194

Pierluigi Martini

Michele Alboreto

Fahrgestell: Kohlefaser-Composite-Monocoque; Radstand: 2806 mm; Spurweite vorn/hinten: 1678/1600 mm; Tankvolumen: 200 Liter; Gewicht: 520 kg; hydraulische pushrod-Aufhängung vorn und hinten; halbautomatisches, transversales sequentielles Minardi/XTrac-Sechsganggetriebe; Dreischeiben-Kohlefaser AP-Kupplung; Räder: Enkey; Bremsen: Brembo; Zubehör: Reifen Goodyear, Zündkerzen Champion, Benzin Agip; Designer: Aldo Costa; Andere Ingenieure: Alessandro Mariani, Eden Simonini, Gabriele Tredozzi, René Hilhorst; zwei Chassis wurden gebaut. (plus einige M 194er umgebaute M 193er).

Ford HB

Motor: Achtzylinder-V-Motor im Winkel von 75 Grad; Aluminium-Block; Bohrung×Hub: ca. 94,00×62,94 mm; Verhältnis: 0,67; Hubraum: 3494,3 ccm; Kurbelwellenlager-Anzahl: fünf, Kröpfungswinkel: 180 Grad; vier pneumatisch gefederte Ventile pro Zylinder; vier durch Zahnräder/Kette gesteuerte obenliegende Nockenwellen; Verdichtung: 1:12,6; max. Kolbengeschwindigkeit: 44,7 m/sek.; Literleistung: 201,8 PS; Zündung: Magneti Marelli (statisch); Motormanagement: Magneti Marelli (elektronisch); Maße: 595×591×521 mm; Gewicht: 130 kg; kg pro PS: 0,184; Leistung: ca. 705 PS (Qual. ca. 725); Drehzahl: ca. 13200 U/min (Qual. ca. 13700).

Ligier

Nahezu »herrenlos« gingen die Blauen aus Magny-Cours in die Saison 1994. Firmengründer Guy Ligier hatte sich bereits aus der Schußlinie zurückgezogen und der neue Chef, »Strohmann« Cyril de Rouvre, wurde von der Belegschaft abgelehnt. Außerdem plagten de Rouvre, der 1991 bereits AGS ruiniert hatte, andere Sorgen: Die Steuerfahndung ließ ihm keine Ruhe.

Im Mai wurde endlich der angekündigte Besitzerwechsel amtlich. Nach langen Verhandlungen übernahmen Flavio Briatore und die Benetton Group die Equipe. Finanziert wurde die Umschreibung auf Pump. Weil ein Schwund seiner »Zirkus-Mitglieder« verhindert werden sollte, schoß FOCA-Chef und FIA-Vize Bernie Ecclestone den Kaufpreis aus eigenem Portemonnaie vor! Als im Kreis der Teamchefs beanstandet wurde, daß ein Besitzer gleich zwei Rennställe unter seinen Fittichen hat, wurden diese Bedenken schnell von oberster Stelle vom Tisch gewischt. Ecclestone ließ sich seinen Coup auch nachträglich nicht verderben.

Das neue Management wirkte Wunder. Sofort wurde Konstrukteur Frank Dernie – bis dahin im »Haupt-Team« Benetton tätig – in die Zweigstelle Ligier versetzt. Gérard Ducarouge, einst hochgehandelter Super-Designer, mußte seinen Arbeitsplatz für den Briten räumen. Gesehen wurde der gescheiterte Ducarouge anschließend nicht mehr an den Rennstrecken. Auf seinen Verbleib angesprochen, antwortete Olivier Panis im Oktober lächelnd: »Vermutlich ist er beim Angeln.«

Aerodynamik-Spezialist Dernie nahm sich ohne Zeitverlust den Front- und Heckspoilern sowie des Unterbodens an und siehe da: Aus dem müden Ligier-Renault JS39B wurde in kurzer Zeit ein akzeptabler Bolide. Gedankt wurden die intensiven Bemühungen mit dem Traumresultat von Hockenheim, wo die beiden Ligier-Piloten neben Sieger Gerhard Berger mit auf das Siegerpodest durften. Daß hierzu auch eine Portion Glück gehörte, gestand sogar Mister Hollywood alias Cesare Fiorio ein.

Weitere einschneidende Veränderungen kündigten sich zu Saisonende bei Ligier an. Der von den neuen Eignern eingesetzte Teamchef Cesare Fiorio – Ex-Ferrari – soll innerhalb des Teams »degradiert« und durch Tom Walkinshaw ersetzt werden. Nachdem es allerdings nicht gelang, sich den Ford-Zetec zu sichern, zeigte Walkinshaw wenig Interesse an der neuen Aufgabe.

Ligier-Renault JS39B

Eric Bernard

Olivier Panis

Johnny Herbert

Franck Lagorce

Fahrgestell: Kohlefaser-Composite-Monocoque; Radstand: 2995 mm; Spurweite vorn/hinten: 1690/1600 mm; Tankvolumen: 215 Liter; Gewicht: 525 kg; pushrod-Aufhängung vorn und hinten; halbautomatisches, transversales, sequentielles Williams/xTac-Sechsganggetriebe; Dreischeiben-Kohlefaser AP-Kupplung; Räder: O.Z.; Bremsen: AP und Brembo; Zubehör: Reifen Goodyear, Zündkerzen Champion; Benzin elf; Designer: Frank Dernie; Andere Ingenieure: Gilles Allegoet, Philippe Vié, Steve Clarke; sieben Chassis wurden gebaut.

Renault RS6

Motor: Zehnzylinder-V-Motor im Winkel von 67 Grad; Aluminium-Block; Bohrung×Hub: ca. 98,00×46,38 mm; Verhältnis: 0,47; Hubraum: 3498,4 ccm; Kurbelwellenlager-Anzahl: sechs; Kröpfungswinkel: 144 Grad; vier pneumatisch gefederte Ventile pro Zylinder; vier durch Zahnräder gesteuerte obenliegende Nockenwellen; Verdichtung: 1:12,9; max. Kolbengeschwindigkeit: 37,3 m/sek.; Literleistung: 223,0 PS; Zündung: Magneti Marelli (statisch); Motormanagement: Magneti Marelli (elektronisch); Maße: 623×550×413 mm; Gewicht: 134 kg; kg pro PS: 0,172; Leistung: ca. 780 PS (Qual. ca. 790); Drehzahl: ca. 15000 U/min (Qual. 15400).

Ferrari

Die Umstrukturierung der Scuderia trug 1994 Früchte. Wie versprochen reiften die roten Boliden zu Siegerfahrzeugen. Ex-Peugeot-Stratege Jean Todt, der sich seit dem Sommer 1993 darum bemühte, den Ferrari-Sumpf trockenzulegen, konnte erste Achtungserfolge vorweisen. Sein simples Motto, die richtigen Leute am richtigen Ort einzusetzen, zahlte sich aus. Dabei scheute der Franzose nicht davor zurück, auch Stars auf die Füße zu treten: Erst als Ingenieur Gustav Brunner größere Kompetenzen eingeräumt bekam – parallel begann Star-Designer John Barnard mit vorbereitenden Arbeiten für 1995 –, wurde der 412 T1B schneller.
Aerodynamik, Getriebe, Motor und Radgeometrie wurden optimiert oder durch neue Bauteile ersetzt. Jean Alesi, der noch im Frühjahr während eines Briefings schimpfte, nur die Chassis der Teams Lotus, Ligier und Pacific seien noch schlechter als der Ferrari, hatte nun nur noch wenig Grund, sich zu echauffieren. Perfekt wurde der 412er allerdings bis zuletzt nicht: Konstruktionsbedingt – ein Zwölfzylinder stellt die Chassis-Ingenieure in letzter Konsequenz aufgrund seiner ungünstigen Abmessungen vor nahezu unlösbare Probleme – blieben erkennbare Mängel im Handling. Natürlich brachte der Motor auch Vorteile: Der ab Sommer eingesetzte 75-Grad-Motor entwickelte eine Leistung von deutlich mehr als 800 PS! Entsprechend lagen die Stärken des Rennwagens auf Hochgeschwindigkeits-Pisten mit wenig Kurven. Logischerweise glänzte Ferrari in Hockenheim und Monza. In der persönlichen »Hackordnung« Gustav Brunners rangierte Ferrari auf Rang Drei hinter Williams und Benetton. Klammert man allerdings bei Benetton das Ausnahmetalent Michael Schumacher aus, so Brunner, war Ferrari 1994 die zweitstärkste Kraft hinter Williams.
In der kommenden Saison will die Scuderia zunächst der Zwölfzylinder-Philosophie treubleiben. Die ersten Grand Prix 1995 sollen mit einem hubraumreduzierten 94er-Motor bestritten werden. Anschließend ist man in Maranello »frei« für die unterschiedlichsten Konzepte – vom Acht- bis zum Zwölfzylinder. Parallel hat Todt seinen organisatorischen Umbruch noch nicht abgeschlossen. Vermutlich wird Brunner noch mehr Verantwortung zugesprochen. Er arbeitet in Maranello, Barnard von England aus – eine räumliche Distanz, an der Todt wenig Gefallen findet.

Ferrari 412 T1B

Jean Alesi

Gerhard Berger

Nicola Larini

Fahrgestell: Kohlefaser-Honeycomb-Composite-Monocoque; Radstand: 2950 mm; Spurweite vorn/hinten: 1690/1605 mm; Tankvolumen: 200 Liter; Gewicht: 515 kg; pushrod-Aufhängung vorn und hinten; halbautomatisches, transversales sequentielles Ferrari-Sechsganggetriebe; Dreischeiben-Kohlefaser AP-Kupplung; Räder: BBS; Bremsen: Brembo; Zubehör: Reifen Goodyear, Zündkerzen Champion, Benzin Agip, Designer: John Barnard; Andere Ingenieure: Gustav Brunner, Valerio Bianchi, George Ryton, Claudio Lombardi; acht Chassis wurden gebaut.

Motor: Zwölfzylinder-V-Motor im Winkel von 75 Grad; Gußeisen-Block; Bohrung×Hub: ca. 92,00×43,85 mm; Verhältnis: 0,48; Hubraum: 3498,0 ccm; Kurbelwellenlager-Anzahl: sieben; Kröpfungswinkel: 120 Grad; vier pneumatisch gefederte Ventile pro Zylinder; vier durch Zahnräder getriebene obenliegende Nockenwellen; Verdichtung: 1:12,8; max. Kolbengeschwindigkeit: 38,1 m/sek.; Literleistung: 234,4 PS; Zündung: Magneti Marelli (statisch); Motormanagement: Magneti Marelli (elektronisch); Maße: 660×510×485 mm; Gewicht: 130 kg; kg pro PS: 0,159; Leistung: ca. 820 PS (Qual. ca. 850); Drehzahl: ca. 16200 U/min (Qual. ca. 16500).

Ferrari 043

Sauber

Nach dem Einstiegsjahr 1993 sollte es bei Sauber mächtig aufwärtsgehen. Deutlich sichtbar bekannte sich Mercedes zu dem Formel 1-Projekt des Schweizers: Auf den Motoren prangte jetzt der Name des Untertürkheimer Automobilherstellers. Um Anschluß an die Spitze zu finden, wurde um Ingenieur Walter Näher ein separates Test-Team gegründet. Trotzdem konnten die hochgesteckten Ziele zunächst nicht erfüllt werden. Parallel gab es völlig unerwartete Schwierigkeiten, die mit dem technischen Paket nichts zu tun hatten: Karl Wendlingers schwerer Trainingsunfall in Monaco erleichterte die Arbeit für die Hinwiler nicht. Dann drohte der totale Absturz: Ein von Mercedes klug eingefädeltes Dreiecksgeschäft, das Konzerngelder über einen Schein-Sponsor in die Teamkasse lenken sollte, scheiterte aufgrund unvorhersehbarer wirtschaftlicher Entwicklungen. Die Trennung der Partner Sauber und Mercedes begann sich abzuzeichnen, auch wenn die Stuttgarter durch Vermittlung neuer Geldgeber tatkäftig verhinderten, daß in Hinwil die Lichter ausgingen. Während Mercedes-Sportchef Haug noch mit energischen Worten verkündete, niemand könne sein Haus und Sauber auseinander dividieren, bereitete er selbst die Scheidung vor.

Zu Beginn der zweiten Saisonhälfte gelang trotz der internen Spannungen ein großer Schritt in die richtige Richtung: Die Motorleistung konnte gesteigert werden. Gleichzeitig wurde das Chassis modifiziert: Front- und Heckflügel sowie der Unterboden arbeiteten nun effektiver. Auch der Schwachstelle Differential nahmen sich die Techniker erfolgreich an. Ab Ende August zeigte die Formkurve steil nach oben, auch wenn sich die gesteigerte Wettbewerbsfähigkeit nicht immer in brauchbare Resultate umsetzen ließ.

Trotz der guten Leistungen _ wie Startplätzen in der zweiten Reihe in Jerez und Suzuka _ sagte Mercedes adé. Die Deutschen versüßten den Abschied durch finanziell nobles Verhalten. Dennoch drohte das Aus. Dank des guten Images von Heinz-Harald Frentzen, der bereits dem Kreis der fünf besten F1-Piloten zugerechnet wird, konnte Peter Sauber mit Ford einen neuen Partner finden. Der Schweizer zog nach kurzen Verhandlungen den auf drei Liter Hubraum reduzierten Weltmeister-Motor des Jahres 1994 an Land. Zunächst wird der Ford-Zetec dem Hinwiler sogar exklusiv zur Verfügung gestellt.

Sauber-Mercedes C13

Karl Wendlinger

Heinz-Harald Frentzen

Andrea de Cesaris

JJ Lehto

Fahrgestell: Kohlefaser-Composite-Monocoque; Radstand: 2930 mm; Spurweite vorn/hinten: 1680/1600 mm; Tankvolumen: 205 Liter; Gewicht: 515 kg; pushrod-Aufhängung vorn und hinten; halbautomatisches, transversales. sequentielles Sauber/XTrac-Sechsganggetriebe; Dreischeiben-Kohlefaser Sachs-Kupplung; Räder: Speedline; Bremsen: Brembo; Zubehör: Reifen Goodyear, Zündkerzen NGK, Benzin elf; Designer: Leo Ress; Andere Ingenieure: André de Cortanze, Tim Wright, Willi Rampf, Walter Näher; acht Chassis wurden gebaut.

Mercedes 2175B

Motor: Zehnzylinder-V-Motor im Winkel von 72 Grad; Aluminium-Block; Bohrung×Hub: ca. 93,00×51,50 mm; Verhältnis: 0,55; Hubraum: 3498,3 ccm; Kurbelwellenlager Anzahl: geheim; Kröpfungswinkel: 144 Grad; vier pneumatisch gefederte Ventile pro Zylinder; vier durch Zahnräder gesteuerte obenliegende Nockenwellen; Verdichtung: geheim; max. Kolbengeschwindigkeit: 37,3 m/sek.; Literleistung: 208,7 PS; Zündung: Magneti Marelli (statisch); Motormanagement: Magneti Marelli (elektronisch); Maße: 592×496×545 mm; Gewicht: 123 kg; kg pro PS: 0,168; Leistung: ca. 730 PS (Qual. ca. 745); Drehzahl: ca. 13500 U/min (Qual. ca. 14000).

Simtek

Rückblickend sagte Simtek-Chef Nick Wirth, er habe sich kein schlechteres Rennjahr für den Einstieg in die Formel 1 auswählen können. Zum einen, weil die tödlichen Unfälle von Imola – die auch sein Team betrafen – die Suche nach Geldgebern erschwerten. Zum anderen, weil die Regeländerungen während der laufenden Saison – Reaktionen auf das Katastrophen-Wochenende – sein kleines Team an die Grenzen seiner Leistungsfähigkeit trieb. Auch finanziell entstanden durch die Umbauten nicht einkalkulierte Belastungen. Schließlich mußten aufgrund von Unfällen zwei Chassis ersetzt werden. Da war es schon ein kleiner Trost, daß die Verantwortung nicht ausschließlich auf den Schultern des 28jährigen lastete: Neben Wirth zählen der Deutsche Konrad Schmidt und der dreifache australische Ex-Weltmeister Sir Jack Brabham zu den Simtek-Besitzern. Hilfe kam auch von der Geschäftsfrau Barbara Behlau, der als Dank für ihre Geldspritzen der Titel einer »Team-Präsidentin« verliehen wurde. Gerüchte, FIA-Präsident und Simtek-Vorbesitzer Max Mosley habe seine Firmenanteile mit Hilfe von Strohmännern »geparkt«, konnten nicht bewiesen werden.
Ebensowenig konnte bewiesen werden, daß Roland Ratzenberger ein Opfer der eigenwilligen vorderen Aufhängung des Simtek 941 wurde. Der Chef-Designer eines Konkurrenz-Teams soll allerdings bereits während der winterlichen Testfahrten beim Anblick des Simtek prophezeit haben, die Piloten dieser Boliden würden sich bei Aufprall-Unfällen vermutlich schwerste Verletzungen zuziehen...
Während das ehrgeizige Projekt einerseits reduziert werden mußte – mit Blick auf seine mangelnde Zuverlässigkeit wurden die Arbeiten am halbautomatischen Getriebe eingefroren –, bemühten sich die Verantwortlichen andererseits bis zuletzt um Leistungssteigerungen. So wurde aus dem Transporter noch in Jerez ein flammneues, gewichtsreduziertes Monocoque für David Brabham geladen. Zu diesem Zeitpunkt mußte die Teamkasse entsprechend der Larrousse-Methode bereits durch finanzkräftige Gastfahrer aufgepäppelt werden: Domenico Schiattarella und Taki Inoue gaben sich das Lenkrad des zweiten Simtek abwechselnd in die Hand, ohne leistungsmäßig ihren Vorgänger Jean-Marc Gounon erreichen zu können. Immerhin konnte Nick Wirth nach Saisonende mit berechtigtem Stolz darauf hinweisen, daß die Debütanten-Truppe nur ein einziges Mal – und das wegen technischer Probleme – an der Qualifikationshürde scheiterte.

Simtek-Ford S941

Obere Reihe:

David Brabham

Roland Ratzenberger

Andrea Montermini

2. Reihe:

Jean-Marc Gounon

Domenico Schiattarella

Takachiho Inoue

Fahrgestell: Kohlefaser-Composite-Monocoque; Radstand: 2880 mm; Spurweite vorn/hinten: 1698/1600 mm; Tankvolumen: 210 Liter; Gewicht: 520 kg; pushrod-Aufhängung vorn und hinten; manuelles, transversales XTrac-Sechsganggetriebe; Dreischeiben-Kohlefaser AP-Kupplung; Räder: Dymag; Bremsen: Brembo; Zubehör: Reifen Goodyear, Zündkerzen Champion, Benzin elf; Designer: Nick Wirth; fünf Chassis wurden gebaut.

Motor: Achtzylinder-V-Motor im Winkel von 75 Grad; Aluminium-Block; Bohrung×Hub: ca. 94,00×62,94 mm; Verhältnis: 0,67; Hubraum: 3494,3 ccm; Kurbelwellenlager-Anzahl: fünf; Kröpfungswinkel: 180 Grad; vier stahlgefederte Ventile pro Zylinder; vier durch Zahnräder/Kette gesteuerte obenliegende Nockenwellen; Verdichtung: 1:12; max. Kolbengeschwindigkeit: 42,3 m/sek.; Literleistung: 190,3 PS; Zündung: Ford EED (statisch); Motormanagement: Ford EEC V (elektronisch); Maße: 595×591×521 mm; Gewicht: 130 kg; kg pro PS: 0,195; Leistung: ca. 665 PS (Qual. ca. 670); Drehzahl: ca. 12500 U/min (Qual. ca. 12800).

Ford HB

Pacific

Die Vorstellungen des zweiten Einsteiger-Teams der Saison 1994 waren eine lange Aneinanderreihung frustrierender Pleiten. Auf 32 Qualifikationsversuche folgten nur sieben Starts. Zielankünfte _ und sei es auch nur auf dem letzten Platz _ konnten nicht gefeiert werden. Die extrem negative Bilanz ist erstaunlich, wenn man berücksichtigt, daß Teamchef Keith Wiggins es bisher in allen Championaten, in denen er sich engagierte _ einschließlich der Formel 3000 _ zu Meisterehren brachte!
Unterkriegen ließen sich Wiggins und Miteigner Bertrand Gachot durch die schwarze Serie nicht. Schnell hatten beide erkannt, daß sie sich 1994 auf dem Holzweg befanden. Der PR01, ursprünglich von Reynard für den eigenen Grand Prix-Einstieg entworfen, war zwar durch den Verkauf an Pacific dem wohlverdienten Museums-Schicksal entkommen, doch er war von Saisonbeginn an technisch veraltert und konnte seine »Freiheit« deshalb nicht nutzen. Als dann auch noch Ingenieur Paul Brown das Handtuch warf, konnte es nur noch bergab gehen. Ohne ausreichende technische Betreuung standen Belmondo und Gachot auf verlorenem Posten. Der französische Schauspielersohn ist am Steuer eines Wagens mittlerer Qualität allemal für die Qualifikation und eine Plazierung im hinteren Mittelfeld gut. Pacific-Teilhaber Gachot fuhr immerhin die schnellste Runde des Rennens, als er im August 1991 zum letzten Mal ein halbwegs konkurrenzfähiges Auto pilotierte...
Zusätzliches Pech hatte die Truppe, als ein potentieller Sponsor absprang. Die Werbeaufkleber der Zigaretten-Marke Black Death lagen bereits in der Box bereit, als Roland Ratzenberger in Imola starb. Nach dem Unfall sagte die Firma die komplette Kampagne aus verständlichen Gründen ab. Mehr schlecht als recht schlug sich der Rennstall bis zum Saisonende durch _ kleinere Modifikationen machten den Oldie nicht erkennbar schneller. Trotzdem hätte es wohl für Gachot _ im Kampf gegen Delétraz, Schiattarella und Belmondo _ in Adelaide noch einmal für einen Startplatz gereicht, wenn sein Motor freitags nicht explodiert wäre. Samstags regnete es!
Aber Wiggins hat die Hoffnung nicht aufgegeben. Seit Juli ist das Nachfolgemodell PR02 in Arbeit. Laut Gachot eine vielversprechende Konstruktion. Mit Frank Coppuck, Peter Ellingham, Peter Weston und Dave Watson konnten immerhin vier erfahrene Ingenieure für den Bau des ersten zeitgemäßen Pacific gewonnen werden.

Pacific-Ilmor PR01

Paul Belmondo

Bertrand Gachot

Fahrgestell: Kohlefaser-Composite-Monocoque; Radstand: 2900 mm; Spurweite vorn/hinten: 1636/1613 mm; Tankvolumen: 215 Liter; Gewicht: 525 kg; pushrod-Aufhängung vorn und hinten; längsliegendes, manuelles Pacific/XTrac-Sechsganggetriebe; Dreischeiben-Kohlefaser AP-Kupplung; Räder: Tecnomagnesio; Bremsen: Brembo; Zubehör: Reifen Goodyear, Zündkerzen NGK, Benzin elf; Designer: (Paul Brown); andere Ingenieure: Keith Wiggins, Ian Dawson, Goff Aldridge und Dave Watson; zwei Chassis wurden gebaut.

Ilmor 2175A

Motor: Zehnzylinder-V-Motor im Winkel von 72 Grad; Aluminium-Block; Bohrung×Hub: 89,00×56,20 mm; Verhältnis: 0,63; Hubraum: 3496,3 ccm; Kurbelwellenlager-Anzahl: geheim, Kröpfungswinkel: 144 Grad; vier stahlgefederte Ventile pro Zylinder; vier durch Zahnräder gesteuerte obenliegende Nockenwellen; Verdichtung: geheim; max. Kolbengeschwindigkeit: 38,6 m/sek.; Literleistung: 191,6 PS; Zündung: Zytek (statisch); Motormanagement: Zytek (elektronisch); Maße: 593×519×555 mm; Gewicht: 125 kg; kg pro PS: 0,187; Leistung: 670 PS (Qual. 685); Drehzahl: 12800 U/min (Qual. 13100).

Ayrton Sennas Uhr läuft ab – eine junge Italienerin markiert die letzte Startposition seiner Karriere

Das umstrittene Erfolgsgespann des Jahres 1994 – Benetton-Direktor Flavio Briatore und sein Star-Pilot Michael Schumacher

A. Senna
2
Marlboro

Die Hitze der Motoren läßt die Luft flimmern – Duell um Zentimeter und Zehntelsekunden

Die Mimik der Piloten Bertrand Gachot (links) und Paul Belmondo spricht Bände: Mit dem Pacific PRO1 war nicht viel Staat zu machen

Karl Wendlinger fuhr 1994 nur drei Grand Prix und erzielte trotzdem den bisher größten Sieg seiner Karriere

Bei seinem »Comeback« in Barcelona diskutiert Eddie Irvine mit den beiden Jordan Konstrukteuren Steve Nichols (links) und Gary Anderson

Ernste Gesichter – Mika Häkkinen und Peugeot-Sportchef Jean-Pierre Jabouille

»Fast Food« – Harry Hawelka weiß, was Michael Schumacher schnell macht

Williams-Konstrukteur Patrick Head und Ayrton Senna. Während des Trainings in Imola machen sich die beiden Sorgen, weil der Brasilianer noch immer ohne WM-Punkte dasteht...

Heinz-Harald Frentzen, das zweite deutsche »Eisen« im Grand Prix-Feuer, mit »Coach« Karl Frehsner (Mitte) und Manager Ortwin Podlech

Ohne ernsthafte Blessuren übersteht Rubens Barrichello während des Trainings für den GP von San Marino einen brutalen Abflug

David Coulthard überschreitet auf dem Hungaroring sein Limit und zahlt Lehrgeld

Frühes Aus für Pedro Lamy in Imola – der Portugiese übersah am Start im Eifer des Gefechts den Benetton von JJ Lehto

HITACHI
Mobil 1
Mobil 1
Miller
Miller

Ein Fahrer, zwei Lotus – Alessandro Zanardi auf dem verregneten Hungaroring

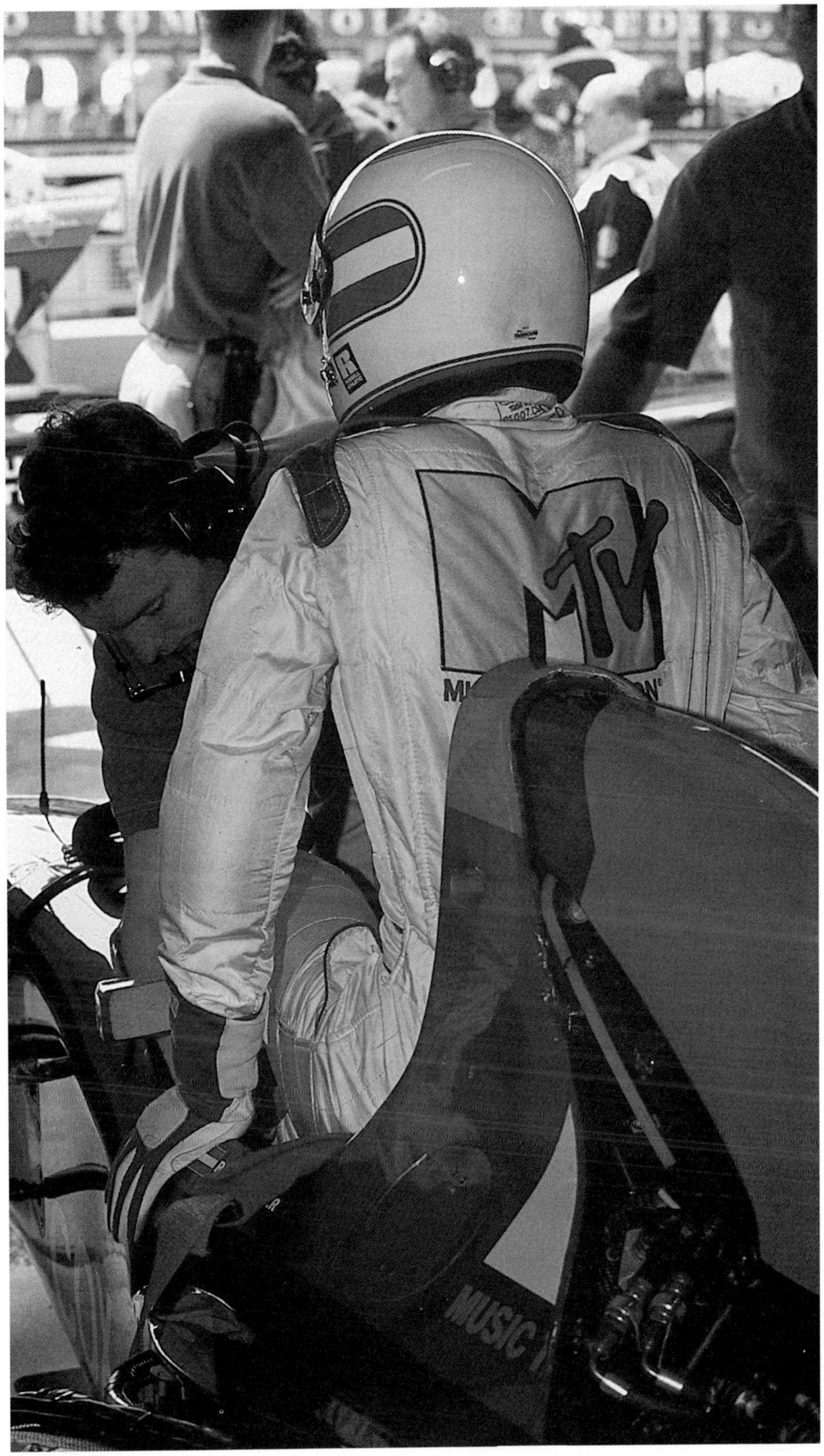

Roland Ratzenberger läßt sich ein letztes Mal in die enge Kohlefaser-Röhre seines Simtek S941 gleiten

Michael Schumacher erobert Sao Paulo, doch die Niederlage des Lokalmatadors Ayrton Senna ändert an dessen Favoritenstellung für den Ausgang der WM nichts

Schumachers Überraschungssieg

Warm-up in Rio de Janeiro – Streik bei Goodyear – Barrichello und der Sex – Frentzen begeistert im Training – Schumacher nach Qualifying optimistisch – Verstappen mit Muskelkater – Alesis Blitzstart – Frentzen mit Limonade im Helm – Senna unter Druck nicht fehlerfrei – Erste Massenkarambolage der Saison – Protest gegen Sieger Schumacher

Zum ersten Mal seit 1989 beginnt die Saison wieder einmal in Brasilien. Diesmal natürlich nicht in Rio de Janeiro, sondern auf der aktuellen Standardpiste am Rand der 16-Millionen-Gemeinde Sao Paulo. Der Kurs in Interlagos, das wird während dieses Wochenendes klargemacht werden, bleibt bis ins Jahr 2001 Schauplatz des brasilianischen WM-Laufs. Bürgermeister Paulo Maluf ist derart happy über den Langzeit-Deal, daß er Bernie Ecclestone den Schlüssel der Stadt überreicht – jahrhundertelang symbolische Geste für die Kapitulation...

Um sich an das recht warme Herbstwetter des Landes der südlichen Hemisphäre mit der extrem hohen Luftfeuchtigkeit rechtzeitig zu gewöhnen, reist die Mehrheit der Piloten frühzeitig an. Gerhard Berger, Heinz-Harald Frentzen und Mika Häkkinen laufen sich während der Akklimatisierungsphase zufälligerweise im Hotel Interconti in Rio über den Weg. Der Tiroler, der aus seiner Freizeitgestaltung nie ein Geheimnis macht, besticht wieder einmal durch seine ehrliche Art. Auf die Frage eines guten Bekannten, wie es ihm denn gefällt, antwortet er offen: »Sehr gut – bis meine Freundin anreiste.«

Formel 1-Neuling Frentzen nutzt intensiv den Fitnessraum der Nobelherberge, die auf halbem Weg zwischen Rio und der ehemaligen GP-Piste in Jacarepaguá liegt. Entlang der breiten Strände joggt der Sauber-Pilot – alles im Dienst einer sorgfältigen Vorbereitung auf den harten Job. Seine Aktion »Trainingslager« wird allerdings ein unerwartetes Nachspiel haben.

Bereits mittwochs herrschen im Fahrerlager rege Aktivitäten. Die Stimmung ist angespannt, denn ohne Einschränkung werden in Sao Paulo Probleme erwartet – große Probleme. Gegenseitig beschuldigten sich die Top-Teams schon während der Vorbereitungsphase, illegale Autos einsetzen zu wollen. Dabei stehen die hinteren Aufhängungen des Williams und des Ferrari im Brennpunkt des Interesses.

Die Piloten läßt das kalt, auch wenn es Michael Schumacher zu heiß ist – der Deutsche hat Fieber. Harry Hawelka, sein österreichischer Physiotherapeut, zieht im Hotel Transamerika alle Register, um den Benetton-Piloten fitzumachen. Heinz-Harald Frentzen, Ex-Busenfreund des Kerpeners, geht derweil eine Runde per pedes, um jeden Meter der ihm unbekannten Piste kennenzulernen. Dann dreht er einige Runden am Steuer des Wagens der Rennleitung, dessen Schlüssel ihm Manager Ortwin Podlech und der Autor besorg-

Nach seinem sensationell guten Abschneiden im Qualifying muß Rookie Heinz-Harald Frentzen den Chronisten Rede und Antwort stehen

GROSSER PREIS VON BRASILIEN (Autodromo José Carlos Pace)

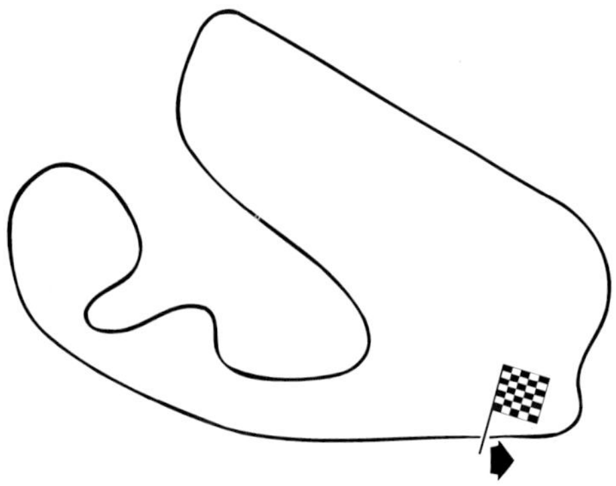

STRECKE

Ort und Datum	Interlagos, 27. März
Wetter	bewölkt, warm
Streckenlänge	4,325 km
Runden	71
Renndistanz	307,075 km
Bestehender Rundenrekord	1.19,490 = 195,874 km/h Riccardo Patrese Williams-Renault FW14B; GP 1992
GP-Sieger 1993	Ayrton Senna, McLaren-Ford MP4/8 1:51.15,485 = 165,601 km/h

TRAININGSZEITEN

		25.März	26.März
1. Ayrton Senna	Williams-Renault FW16	1.16,386	1.15,962◄
2. Michael Schumacher	Benetton-Ford B194	1.16,575	1.16,290◄
3. Jean Alesi	Ferrari 412 T1	1.17,772	1.17,385◄
4. Damon Hill	Williams-Renault FW16	1.18,270	1.17,554◄
5. Heinz-H. Frentzen	Sauber-Mercedes C13	1.18,144	1.17,806◄
6. Gianni Morbidelli	Footwork-Ford FA15	1.18,970	1.17,866◄
7. Karl Wendlinger	Sauber-Mercedes C13	1.17,982	1.17,927◄
8. Mika Häkkinen	McLaren-Peugeot MP4/9	1.18,122◄	1.19,576
9. Jos Verstappen	Benetton-Ford B194	1.18,787	1.18,183◄
10. Ukyo Katayama	Tyrrell-Yamaha 022	1.19,519	1.18,194◄
11. Christian Fittipaldi	Footwork-Ford FA15	1.18,730	1.18,204◄
12. Mark Blundell	Tyrrell-Yamaha 022	1.19,045	1.18,246◄
13. Erik Comas	Larrousse-Ford LH94	1.18,990	1.18,321◄
14. Rubens Barrichello	Jordan-Hart 194	1.18,759	1.18,414◄
15. Pierluigi Martini	Minardi-Ford M193B	1.18,659◄	—
16. Eddie Irvine	Jordan-Hart 194	1.19,269	1.18,751◄
17. Gerhard Berger	Ferrari 412 T1	1.18,931	1.18,855◄
18. Martin Brundle	McLaren-Peugeot MP4/9	1.18,864◄	ohne Zeit
19. Olivier Panis	Ligier-Renault JS39B	1.19,304◄	1.19,533
20. Eric Bernard	Ligier-Renault JS39B	1.19,396◄	1.19,633
21. Johnny Herbert	Lotus-Mugen 107C	1.19,798	1.19,483◄
22. Michele Alboreto	Minardi-Ford M193B	1.19,517◄	—
23. Olivier Beretta	Larrousse-Ford LH94	1.19,922	1.19,524◄
24. Pedro Lamy	Lotus-Mugen 107C	1.21,029	1.19,975◄
25. Bertrand Gachot	Pacific-Ilmor PRO1	1.22,495	1.20,729◄
26. David Brabham	Simtek-Ford S941	1.22,266	1.21,100◄

Nicht qualifiziert:

27. Roland Ratzenberger	Simtek-Ford S941	1.22,707◄	1.23,109
28. Paul Belmondo	Pacific-Ilmor PRO1	—	—

STARTAUFSTELLUNG

2 Ayrton Senna 1.15,962
5 M. Schumacher 1.16,290
27 Jean Alesi 1.17,385
0 Damon Hill 1.17,554
30 H.-H. Frentzen 1.17,806
10 Gianni Morbidelli 1.17,866
29 Karl Wendlinger 1.17,927
7 Mika Häkkinen 1.18,122
6 Jos Verstappen 1.18,183
3 Ukyo Katayama 1.18,194
9 Christian Fittipaldi 1.18,204
4 Mark Blundell 1.18,246
20 Erik Comas 1.18,321
14 Rubens Barrichello 1.18,414
23 Pierluigi Martini 1.18,659
15 Eddie Irvine 1.18,751
28 Gerhard Berger 1.18,855
8 Martin Brundle 1.18,864
26 Olivier Panis 1.19,304
25 Eric Bernard 1.19,396
12 Johnny Herbert 1.19,483
24 Michele Alboreto 1.19,517
19 Olivier Beretta 1.19,524
11 Pedro Lamy 1.19,975
34 Bertrand Gachot 1.20,729
31 David Brabham 1.21,186

Ayrton Senna führt das Feld nach dem Start in die nach ihm benannte S-Passage. Jean Alesi drängelt, Michael Schumacher scheint vorerst geschlagen

ten. Frentzen ist zuversichtlich, daß ihm und seinem Sauber-Mercedes der Kurs liegt. Dann die kalte Dusche: Das Team macht ihm schwere Vorwürfe. Es sei unprofessionell, sich in Rio ein paar schöne Tage zu machen, statt sich seriös vorzubereiten. Der Mönchengladbacher fällt aus allen Wolken, versteht die Welt nicht mehr.

Während der technischen Abnahme, dem Scrutineering, bleibt dann donnerstags überraschend alles ruhig. Charly Whiting, der FIA-Verantwortliche, spielt dabei die Rolle des Naiven. Die Frage, ob es irgendwelche Beanstandungen gibt, beantwortet er stereotyp mit lächelnder Unschuldsmiene: »Nein weshalb?« Trotzdem wird das Thema »faule Autos« die Formel 1 noch monatelang beschäftigen...

Alle Autos erhalten den Sticker – die »TUV-Plakette« – und sind damit zum Rennen zugelassen. Die Boliden eines Teams sind trotzdem nicht koscher, aber das stellt sich erst nach dem Rennen heraus und wird dann als Bagatellefall unter den Tisch gekehrt. Entspannt und fröhlich ist die Atmosphäre allerdings erst, als das traditionelle Radrennen über eine Runde gestartet wird. Wieder einmal trennt der lange, kräftezehrende Anstieg vor Start-und-Ziel die Spreu vom Weizen. Ein Jahr nach dem Sieg JJ Lehtos kreuzt Jos Verstappen den Zielstrich als Erster. Am nächsten Morgen wird er über furchtbaren Muskelkater klagen. Ironie des Schicksals: Der Holländer – dem Trainingsbeginn mit der Ungeduld eines spanischen Kampfstiers entgegenfiebernd – wird jetzt den Benetton des Vorjahrssiegers im Radrennen fahren, der sich bei Testfahrten in Silverstone schwer verletzte.

Untypische Ruhe in der Goodyear-Box sorgt dann für größte Aufregung. Eigentlich müßten jetzt die Reifen für 28 Autos auf die Felgen montiert und ausgewuchtet werden, doch nichts tut sich. Der Pneu-Monopolist ist unzufrieden mit seinem Kontingent an Gast-Pässen, die FIA-Vize Bernie Ecclestone den Amerikanern zugestand: Goodyear streikt. Ohne Reifen kein Grand Prix, so einfach ist die Formel des Druckmittels. Erst um 22.30 Uhr wird der Zwist beigelegt. Ecclestone und Goodyears Leo Mehl einigen sich. Die Reifen-Monteure haben an dieser Nacht wenig Freude: In den folgenden fünf Stunden machen sie 450 Gummiwalzen einsatzbereit!

Lokal-Matador Ayrton Senna, der große Favorit und Titelanwärter, erfüllt freitags die Erwartungen seiner vielen Fans, die die teuren Eintrittspreise nicht davon abhalten konnten, ihr Idol live in action zu erleben. Wie groß die Anzahl seiner Anhänger und Bewunderer in Brasilien und weltweit ist, wird sich allerdings erst im Mai aus traurigstem Anlaß zeigen.

Um 0,2 Sekunden distanziert Senna seinen jungen Herausforderer Michael Schumacher. Doch der – inwischen wieder fit – gibt sich im Kampf um den besten Startplatz noch nicht geschlagen. »Morgen packe ich Ayrton vielleicht«, verkündet er vor der Rückfahrt zum Hotel optimistisch. Sein relativ konservativ konstruierter Benetton ist sieben Wochen älter als der recht revolutionäre Williams. Die sieben Wochen Testvorsprung machen sich jetzt bezahlt. Der Rennwagen des Deutschen liegt – speziell in den Streckenpassagen mit unebenem Asphalt – deutlich besser auf der Piste als das enorm PS-starke Auto des Südamerikaners, der im Cockpit extrem fighten muß, um Schumacher auf Distanz zu halten.

Auch im Duell der »Leutnants« der Stars, Damon Hill contra Jos Verstappen, hat Williams die Nase vorn: Hill belegt am ersten Tag Rang Sieben, der Niederländer erkämpft sich Platz Elf. Verstappens Grand Prix-Debüt löst in der holländischen Presse einen ungeahnten Wirbel aus.

Nie zuvor – außer natürlich in alten Zandvoort-Tagen – arbeiteten derart viele Journalisten und Fotografen aus dem Nordsee-Staat während eines GP-Wochenendes wie jetzt in Sao Paulo. Ein TV-Kamera-Team begleitet Verstappen sogar auf Schritt und Tritt. Weder Hill noch Verstappen sind zufrieden. Der Brite: »Ich stehe so weit hinten, weil ich morgens nicht trainieren konnte. Zuerst ging mein Cockpit-Feuerlöscher hoch, dann spielte der Motor nicht mehr mit – schlimmer konnte es kaum laufen.« Verstappen bringt seine optimistischen Erwartungen und die Realität nicht auf einen Nenner: »Das Auto übersteuerte stark,

»Lehrstunde« – Ayrton Senna zeigt seinem neuen Teamkollegen Damon Hill, wo es lang geht

deshalb drehte ich mich auch einige Male. Ich bin überhaupt nicht zufrieden.«
Samstags verbessert sich Verstappen um zwei Positionen, ist aber auch als Mitglied der Top-Ten-Gruppe nicht glücklich – der Ehrgeiz des Neulings ist unglaublich groß. Das Abschlußtraining dauert praktisch nur 30 Minuten, denn dann geht aus den dunklen Wolken ein Regenguß jener Qualität nieder, der 1993 sogar einen Alain Prost von der Piste wusch. Bevor die Wassermassen fast alle Aktivitäten lähmen, verbessert sich Ayrton Senna als einziger unter die 1,16-Minuten-Barriere: Pole-Position Nummer 63 für den Brasilianer. Schumachers Traum von der besten Startposition ist geplatzt. Der Kerpener wird sich noch bis Monte Carlo gedulden müssen…
Rang Drei hinter Senna und Schumacher geht an Jean Alesi. Für Ferrari-Berater Niki Lauda ist das kein Grund zur Freude. »Der Platz ist gut – die Rundenzeit ist schlecht«, analysiert der Wiener kurz und bündig. Tatsächlich fehlen Alesi fast 1,1 Sekunden auf Schumacher, und Gerhard Berger ist nur 17.! Mit mechanischen Problemen – wegen Getriebeschwierigkeiten blieb Berger gleich am ersten Tag im Leerlauf stehen – und starkem Untersteuern blieb die Barnard-Konstruktion einiges schuldig. Nur eine gute Nachricht gibt es für die Roten aus Maranello: Die FIA erklärt den umstrittenen Agip-Sprit vom Typ F10 für regelkonform, nachdem Straßenautos der Hersteller Lancia und BMW die Powerbrühe klaglos schluckten.
Ferrari wird auch im Rennen mit einem blauen Auge davonkommen, McLaren dagegen steht mitten in einem »Wochenende zum Vergessen«. Während der Rennstall aus Woking in der Vergangenheit mit dem recht komplizierten fly-by-wire-system keine Probleme hatte, stolpert er jetzt über den – offiziell vorgeschriebenen – herkömmlichen Gaszug. Erst klemmen die Züge aufgrund der hohen Fliehkräfte in schnellen Kurven, dann lassen sich die Gasschieber nur zu 92 Prozent öffnen. Die Peugeot-Zehnzylinder verlieren deshalb 60 bis 70 PS. Martin Brundle hat außerdem Schwierigkeiten mit dem Zwei-Pedal-Auto. Anders als Mika Häkkinen, kann der Brite nicht voll mit dem linken Fuß bremsen. Der McLaren-Neuling: »Ich habe die Kraft nicht, das sind Folgen meines Unfalls vor zehn Jahren in Dallas, als ich mir den linken Knöchel brach.«
Zufriedene Gesichter bei den »kleinen« Teams: Arrows belegt die Ränge Sechs und Elf, Tyrrell erobert die Startplätze Zehn und Zwölf. Michele Alboreto fährt morgens die viertschnellste Zeit, verpaßt dann die »Trockenphase« des Abschlußtrainings, weil der Motor seines Minardi gewechselt werden muß. Bei Pacific und Simtek qualifiziert sich je ein Pilot. Simtek-Chef Nick Wirth, der seinen 28. Geburtstag feiert, ist begeistert. Roland Ratzenberger hingegen ist enttäuscht. Als die defekten Stoßdämpfer seines Autos endlich gewechselt sind, regnet es in Strömen – aus ist der Traum vom ersten Grand Prix. Doch »Geburtstagskind« Wirth ist in Geberlaune: »Das war ein Fehler des Teams, dein Vertrag wird bis inklusive Montreal im Juni verlängert.« Jetzt kann auch Ratzenberger wieder lächeln. Er wird nie erfahren, daß Ende Mai Andrea Montermini in seinem Auto sitzen wird.
Nachmittags wird traditionsgemäß ein »Sechserpack« ins Pressezentrum geladen. Diesmal müssen Barrichello, Ratzenberger, Verstappen, Gachot, Frentzen und Fittipaldi Rede und Antwort stehen. Als sich ein Journalist nach den ersten sexuellen Erlebnissen der Piloten erkundigt, antwortet Barrichello brav: »Ich war 13 und erzählte

Erstmals seit 1983 werden während der Routine-Boxenstopps nicht nur Reifen gewechselt, sondern auch Sprit nachgefüllt

anschließend alles meinem Vater. Sicherlich war es leichter, als einen Formel 1-Wagen zu fahren…« Die anderen fünf verweigern die Aussage, und jetzt ärgert sich Barrichello darüber, daß er nicht auch den Mund gehalten hat. Jos Verstappen ist im Anschluß an das »60-Minuten-Verhör« sauer. Auf dem Weg zurück an die Boxen knurrt er: »Für solchen Bullshit habe ich keine Zeit.«

Unten im Fahrerlager wird immer noch das Abschneiden von Heinz-Harald Frentzen diskutiert. Seit Carlos Reutemann 1972 in Argentinien bei seinem F1-Debüt auf dem ersten Startplatz stand, hat kein Neuling so gut abgeschnitten wie der Mönchengladbacher, der die fünftschnellste Trainingszeit fuhr. Jeder staunt begeistert, und auch Schumacher wundert sich – allerdings aus überraschendem Grund. »Welches Problem«, fragt er neugierig, »hatte denn Heinz-Harald? Der kann doch mehr! Sicherlich wollte er um keinen Preis das Auto 'rauswerfen.«

Kurz vor dem Start bricht bei Ferrari das klassische »Grande Casino« aus: Der frische Motor in Bergers Auto gibt seinen Geist auf. Daraufhin erhält Jean Alesi das T-car, und der Tiroler übernimmt den Boliden des Franzosen. Warum einfach, wenn's auch kompliziert geht?

Als die Ampel Grünlicht zeigt, unterläuft Michael Schumacher der einzige – kleine – Fehler des Wochenendes. Der Deutsche erzählt später, sein Start sei wegen eines Kupplungsproblems recht schlecht gewesen. Nicht am Heck des Williams mit Startnummer 2, sondern erst hinter Blitzstarter Alesi – »Als Grün kam, fuhr ich los« – bremst Schumacher die Startkurve an. Senna nutzt die Gunst der Stunde zur Flucht nach vorn, während der Benetton-Fahrer die »Festung Alesi« zunächst vergeblich anrennt. Unter dem Jubel der Fans kommt der Spitzenreiter mit glatten zwei (!) Sekunden Vorsprung aus der ersten Runde zurück. Heimlicher Gewinner des ersten Umlaufs ist allerdings Gerhard Berger, der sich vom 17. auf den achten Rang vorfährt. Sein Erfolgsrezept ist simpel. Mit den Worten »Augen zu und durch«, beschreibt der Österreicher seine Methode, nachdem er kurz darauf wegen eines Motorschadens aufgeben mußte.

Schumacher kommt in Runde zwei endlich an Alesi vorbei und nimmt die Verfolgung Sennas auf. Der dritte Umlauf bringt den ersten Rennunfall der Saison: In »Senna's S« dreht sich Eric Bernard. Olivier Beretta bremst hart, und Bertrand Gachot kann nicht ausweichen. Gachot tobt: »Olivier geriet grundlos in Panik!« Für den Monegassen ergreift Beretta Senior das Wort:

Ford
SANYO
TECHNOGYM
Vaporetto
Polti
M.Schumacher
USAG
CHAMPION
DEKRA
Ford

»Das war allein Gachots Schuld.«
Die 16. Runde bedeutet das Aus für Frentzen, der zunächst lange als Sechster, dann als Fünfter zirkulierte. Er ärgert sich: »Der Dreher war völlig unnötig. Zunächst hatte ich Öl von Hills Williams auf dem Visier, dann floß mir der Inhalt meiner Trinkflasche in den Helm. Ich öffnete das Visier, weil es beschlug, und prompt tränten meine Augen. Als ich keine Probleme mehr hatte, flog ich raus – unmittelbar zuvor dachte ich, jetzt könne ich es endlich etwas ruhiger angehen lassen...«
Vorn fahren Senna und Schumacher ihr »Privatrennen«. Nach 17 Umläufen folgt der Rheinländer mit weniger als einer Sekunde Abstand auf den Williams. Alesi, der vor Hill, Wendlinger und Verstappen liegt, hat bereits fast 30 Sekunden Rückstand auf die »zwei vom anderen Stern«.
Nach 21 Runden wechselt die Führung. Senna und Schumacher bremsen sich fast zeitgleich vor ihren Boxen ein, und der Deutsche wird von seiner Crew schneller abgefertigt als sein Gegner: Knapp vor dem Brasilianer geht er zurück auf die Piste. Noch sind die Zuschauer hoffnungsvoll, doch ihr Liebling wird sich nicht noch einmal nach vorn kämpfen können. Bei der Jagd auf den Benetton-Star – »So richtig unter Druck konnte mich Ayrton nicht setzen. Ich kontrollierte den Abstand und fuhr schneller, wenn er mir zu nahe kam« – dreht sich der WM-Favorit und muß aufgeben. »Mein Fehler«, gesteht er, »mein Auto war okay, aber ich fuhr zu schnell.«
Zu diesem Zeitpunkt sitzt Martin Brundle bereits mit nachdenklicher Miene im Fahrerlager. Bei einer Massenkarambolage flog Verstappens Benetton über ihn hinweg, und jetzt grübelt der Brite, weil nicht viel fehlte, und nicht nur sein Sturzhelm wäre beschädigt worden... Verstappen hingegen hat die Lufteinlage gut verdaut: »Ich hoffte natürlich während des Fluges, auf den Rädern zu landen.«
Ausgelöst wurde der Crash durch Brundle, dessen Motorleistung nachließ. Der bereits überrundete Eric Bernard bremste hinter dem McLaren, und zeitgleich wollten Irvine und dessen Hintermann Verstappen Kapital aus der Situation schlagen. Doch als der Ire seinen Jordan auf Überholkurs zog, lag der Holländer bereits neben ihm...
Vorn fährt Schumacher Saisonsieg Nummer Eins sicher nach Hause. Hill, bereits nach 18 Runden an Alesi vorbeigestürmt, fliegt vor dem Franzosen als Zweiter über den Zielstrich. Der frühreife Barrichello weint vor Freude über Rang Vier, und Ukyo Katayama hat in der Schlußphase leichtes Spiel mit Karl Wendlinger, dessen Mercedes-V10 wegen verschmorter Elektrikkabel unsauber tönt und kaum noch Leistung hat.
»Die Zuschauer tun mir leid«, sagt Schumacher nach dem Rennen mit Blick auf die nach Sennas Ausfall zahlreich abgewanderten Fans, »sie kamen, um Ayrton siegen zu sehen. Ich hoffe, sie haben Verständnis dafür, daß ich andere Interessen hatte.« Senna, so betont er, sei unverändert Titelanwärter Nummer Eins.
Dann muß Schumacher zittern, denn Eddie Jordan protestiert gegen Benetton, weil am Auto des Siegers die silly plates, die dummen Platten, fehlten. Weil die tatsächlich nicht über Sieg und Niederlage entschieden, wird der Protest abgeschmettert. Bestraft wird nun allerdings Jordan-Pilot Eddie Irvine, laut FIA derjenige, der die spektakuläre Karambolage auslöste. 10 000 Dollar Strafe und einen GP Sperre werden dem Iren aufgebrummt. Der kündigt daraufhin Berufung an...

Überraschend kassiert Michael Schumacher in der »Höhle des Löwen« zehn WM-Punkte – auf dem Siegerpodest scheint er es selbst noch nicht fassen zu können

ERGEBNISSE UND AUSFÄLLE

1. Michael Schumacher	Benetton-Ford B 194-02	1:35.38,759 = 192,632 km/h
2. Damon Hill	Williams Renault FW16-3	1 Runde zurück
3. Jean Alesi	Ferrari 412 T1-149	1 Runde zurück
4. Rubens Barrichello	Jordan-Hart 194/004	1 Runde zurück
5. Ukyo Katayama	Tyrrell-Yamaha 022-02	2 Runden zurück
6. Karl Wendlinger	Sauber-Mercedes C13-04	2 Runden zurück
7. Johnny Herbert	Lotus-Mugen 107C/3	2 Runden zurück
8. Pierluigi Martini	Minardi-Ford M193B-04	2 Runden zurück
9. Erik Comas	Larrousse-Ford LH94-01	3 Runden zurück
10. Pedro Lamy	Lotus-Mugen 107C/2	3 Runden zurück
11. Olivier Panis	Ligier-Renault JS39B-02	3 Runden zurück
12. David Brabham	Simtek-Ford S941-02	4 Runden zurück
Ayrton Senna	Williams Renault FW16-2	56. Runde, Dreher
Martin Brundle	McLaren-Peugeot MP4/9-2	35. Runde, Unfall
Eddie Irvine	Jordan-Hart 194/003	35. Runde, Unfall
Jos Verstappen	Benetton Ford B 194-01	35. Runde, Unfall
Eric Bernard	Ligier-Renault JS39B-06	34. Runde, Unfall
Mark Blundell	Tyrrell-Yamaha 022-01	22. Runde, Unfall
Christian Fittipaldi	Footwork-Ford FA15 01	22. Runde, Getriebe
Heinz-Harald Frentzen	Sauber-Mercedes C13-03	16. Runde, Dreher
Mika Häkkinen	McLaren-Peugeot MP4/9-3	14. Runde, Elektrik
Michele Alboreto	Minardi-Ford M193B-01	8. Runde, Motor
Gianni Morbidelli	Footwork-Ford FA15-02	6. Runde, Getriebe
Gerhard Berger	Ferrari 412 T1-150	6. Runde, Motor
Olivier Beretta	Larrousse-Ford LH94-02	3. Runde, Unfall
Bertrand Gachot	Pacific-Ilmor PR01/001	2. Runde, Unfall

Schnellste Runde:
(7. Runde) – Michael Schumacher, Benetton-Ford B194, 1.18,455 = 198,437 km/h
Neuer Rundenrekord

Nach wenigen Sekunden ist das Rennen für einige Piloten bereits beendet. Auf dem Fußmarsch an die Boxen diskutieren Ayrton Senna und Alesi-Ersatz Nicola Larini den Zwischenfall in Turn 1

Der Ruf des Geldes

»Rent a Jordan« – Hausherr verliert inoffiziellen Rundenrekord – Alesis »Sturz vom Eiffelturm« – Ron Dennis attackiert Peter Sauber – Larini kann den Mund nicht halten – Kann Ferrari lesen? – Schulfrei und 1806 Busse – Es grünt nicht nur, wenn's wirklich grünt – Senna sauer – Schumacher glaubt trotz Sieg an Williams' Stärke

Kopfschüttelnd folgt der Grand Prix-Troß der FIA-Weisung, nach Tsuyama zu reisen. Das Rennen in Japan sieht niemand als Bereicherung des Terminkalenders an. Der beschwerliche und lange Weg in die tiefste Provinz der Hauptinsel des Kaiserreichs wird nur für Heinz-Harald Frentzen durch ein Bonbon versüßt: Auf dem Flughafen in Okayama empfängt den Mönchengladbacher ein japanischer Fan-Club, der ihn stürmisch willkommen heißt.

Obwohl Streckenbesitzer Hajime Tanaka das Wochenende bestens organisierte, sind die Europäer nicht gerade begeistert: Volle 48 Stunden der Sechs-Tage-Reise verbringen sie in Flugzeugen, Zügen und Bussen. Aber die Yen-Millionen, die Tanaka-san mit Sicherheit an Bernie Ecclestone überwies, machten den Circuit von Aida für die FIA interessanter als jede andere Piste der Welt…

Drei Golfkurse ließ Tanaka – nach eigenen Plänen – bauen, bevor er die Rennstrecke entwarf. »Japans größte Stadt, Tokio, hat die Fuji-Piste«, argumentiert er, »bei Nagoya, der drittgrößten, liegt Suzuka. Jetzt hat Osaka als Stadt mit der zweitgrößten Einwohnerzahl endlich auch seine GP-Piste.« Wer einmal von Osaka in das 3700-Seelen-Kaff Aida reiste, weiß, daß die räumliche Nähe nicht wirklich existiert. Aber das Asphaltband in die malerische Hügellandschaft zu legen, erwies sich als lohnendes Geschäft. 350 Mitglieder – Privatiers und Firmen – zahlten je 250.000 Mark, um die Piste auf Lebenszeit benutzen zu können. Bevor die GP-Asse ihre ersten Runden drehen, liegt der inoffzielle F1-Rundenrekord bei 1.26,0 Minuten – aufgestellt von Tanaka persönlich. Drei Tyrrell-Boliden nennt der Japaner sein eigen, und am Steuer seines 018 gelang ihm die Zeit, die nun nichts mehr wert ist.

Nicht mit von der Partie sind zwei der Stammpiloten. Eddie Irvine fehlt, weil er bei der Berufungsverhandlung gegen die Sao-Paulo-Strafe keinen Erfolg hatte. Der Ire spielte in Paris nicht den unterwürfig Reumütigen. Die Jury schoß zurück und verdonnerte den Jordan-Fahrer zu einer Sperre für drei Grand Prix. Erst in Barcelona wird Irvine wieder mit um Punkte fahren. In Japan nimmt Aguri Suzuki seinen Platz ein. Lachend kommentiert der Ex-Footwork-Pilot: »Die Formel 1 ist ein merkwürdiges Spiel. Urplötzlich war ich aus dem Geschäft, und urplötzlich bin ich wieder drin.« Nicht für lange. Dem Jordan-Boß paßt die Sperre Irvines klammheimlich recht gut – die »Leihgebühren«, die der meistbietende F1-Arbeitslose für das vorübergehend freie Cockpit zahlen muß, ist ein warmer Regen für die Teamkasse.

Auch Jean Alesi ist im fernen Osten nicht mit dabei. Auf der Rennstrecke von Mugello knallte der Ferrari-Fahrer bei Tests – das Heck voran – mit Tempo 200 km/h in die Leitplanken. »Ich hatte das Gefühl«, scherzte der Franzose bereits wenig später, »ich sei vom Eiffelturm gefallen.« Schwere Rückenprellungen zwingen ihn, bis zum GP von Monaco zu pausieren. Falls Gerhard Berger recht hat, wäre Alesi möglicherweise mit leichteren Verletzungen davongekommen: »Er stemmte sich vermutlich beim Aufschlag mit aller Kraft nach vorn. Das ist

Sekunden nach dem Start verspricht die Konstellation an der Spitze viel Spannung, aber Michael Schumacher (vorn) fehlen schon wenig später zwei starke Verfolger

PACIFIC GRAND PRIX (TI Circuit Aida)

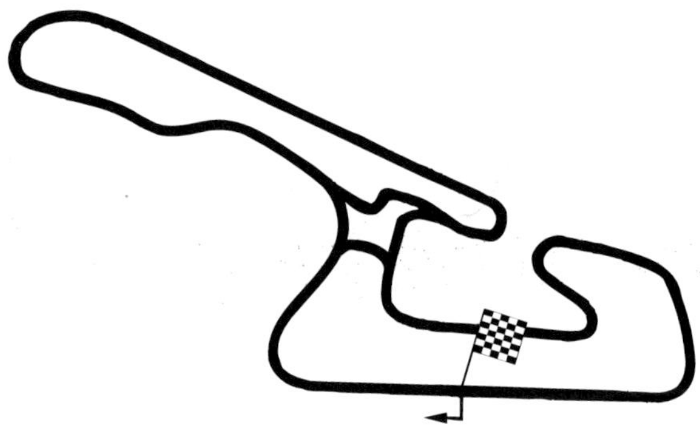

STRECKE

Ort und Datum	Aida, 17. April
Wetter	leicht bewölkt, sehr warm
Streckenlänge	3,703 km
Runden	83
Renndistanz	307,349 km
Bestehender Rundenrekord	1.27,027 = 153,180 km/h Tom Kristensen, RALT-Toyota (F3); 1993
GP-Sieger 1993	Strecke zum ersten Mal Schauplatz eines Grand Prix

TRAININGSZEITEN

		4. Nov.	5. Nov.
1. Michael Schumacher	Benetton-Ford B194	1.37,209◂	1.57,128
2. Damon Hill	Williams-Renault FW16B	1.37,696◂	1.57,278
3. Heinz-H. Frentzen	Sauber-Mercedes C13	1.37,742◂	1.56,935
4. Nigel Mansell	Williams-Renault FW16B	1.37,768◂	2.00,963
5. Johnny Herbert	Benetton-Ford B194	1.37,828◂	1.59,729
6. Eddie Irvine	Jordan-Hart 194	1.37,880◂	1.57,760
7. Jean Alesi	Ferrari 412 T1B	1.37,907◂	1.58,610
8. Mika Häkkinen	McLaren-Peugeot MP4/9	1.37,998◂	1.58,204
9. Martin Brundle	McLaren-Peugeot MP4/9	1.38,076◂	1.56,876
10. Rubens Barrichello	Jordan-Hart 194	1.38,533◂	2.01,905
11. Gerhard Berger	Ferrari 412 T1B	1.38,570◂	1.58,926
12. Gianni Morbidelli	Footwork-Ford FA15	1.39,030◂	2.07,293
13. Mark Blundell	Tyrrell-Yamaha 022	1.39,266◂	2.02,266
14. Ukyo Katayama	Tyrrell-Yamaha 022	1.39,462◂	2.04,187
15. JJ Lehto	Sauber-Mercedes C13	1.39,483◂	1.59,943
16. Pierluigi Martini	Minardi-Ford M194	1.39,548◂	2.01,929
17. Alessandro Zanardi	Lotus-Mugen 109	1.39,721◂	2.02,077
18. Christian Fittipaldi	Footwork-Ford FA15	1.39,868◂	2.00,084
19. Olivier Panis	Ligier-Renault JS39B	1.40,042◂	2.00,575
20. Franck Lagorce	Ligier-Renault JS39B	1.40,577◂	2.02,780
21. Michele Alboreto	Minardi-Ford M194	1.40,652◂	2.02,219
22. Erik Comas	Larrousse-Ford LH94	1.40.978◂	2.01,035
23. Hideki Noda	Larrousse-Ford LH94	1.40,990◂	2.05,354
24. David Brabham	Simtek-Ford S941	1.41,659◂	2.09,453
25. Mika Salo	Lotus-Mugen 109	1.41,805◂	2.01,637
26. Takachiho Inoue	Simtek-Ford S941	1.45,004◂	ohne Zeit
Nicht qualifiziert:			
27. Bertrand Gachot	Pacific-Ilmor PRO1	1.46,374◂	ohne Zeit
28. Paul Belmondo	Pacific-Ilmor PRO1	1.46,629◂	ohne Zeit

STARTAUFSTELLUNG

2 Ayrton Senna 1.10.218
5 M. Schumacher 1.10,440
0 Damon Hill 1.10,771
7 Mika Häkkinen 1.11,683
28 Gerhard Berger 1.11,744
8 Martin Brundle 1.12,351
27 Nicola Larini 1.12,372
14 Rubens Barrichello 1.12,409
9 Christian Fittipaldi 1.12,444
6 Jos Verstappen 1.12,554
30 H.-H. Frentzen 1.12,686
4 Mark Blundell 1.12,751
10 Gianni Morbidelli 1.12,866
3 Ukyo Katayama 1.13,013
24 Michele Alboreto 1.13,016
20 Erik Comas 1.13,111
23 Pierluigi Martini 1.13,529
25 Eric Bernard 1.13,613
29 Karl Wendlinger 1.13,856
15 Aguri Suzuki 1.13,932
19 Olivier Beretta 1.14,101
26 Olivier Panis 1.14,106
12 Johnny Herbert 1.14.424
11 Pedro Lamy 1.14,657
31 David Brabham 1.14,748
32 R. Ratzenberger 1.16,356

Unfreiwillig rammt Nicola Larini den Williams des Titelaspiranten mittschiffs

ein verständlicher Reflex, aber besser ist's, sich an die Rückwand des Cockpits zu pressen.« Als Ersatzfahrer rückt Nicola Larini nach, der an diesem Wochenende gleich zweimal im Rampenlicht stehen wird.
Donnerstags dürfen die Piloten das unbekannte Terrain beschnuppern. Nach zwei 45-minütigen Sitzungen liegt Michael Schumacher mit einer Sekunde vor Ayrton Senna. Die Laune des Brasilianers ist entsprechend, als er erklärt: »Ich war am Limit – mehr gab mein Williams heute nicht her. In den langsamen Kurven haben wir keinen grip.« Aber, so kündigt er an, einige Verbesserungen des Set-up seien geplant, und ab Imola werde ohnehin alles besser. »Dann«, so Senna, »sind einige neue Teile fertig. Für den Einsatz hier konnten sie nicht rechtzeitig produziert werden.« Trotz des »Teilemangels« kann Senna den Spieß im ersten Zeittraining umdrehen.
Während um die 26 Startplätze gekämpft wird, halten politische Themen das Fahrerlager in Atem. Ron Dennis erzählt jedem, der es hören will, daß Sauber mit Traktionskontrolle fährt. Den Beweis hierfür glaubt der McLaren-Chef während der Wintertests in Barcelona in einem Mülleimer der Sauber-Box gefunden zu haben: Ein Papier mit entsprechenden Vermerken. Peter Sauber bestreitet das nicht, versichert aber andererseits glaubhaft: »Unsere Techniker stellten Überlegungen in diese Richtung an, was ihnen außer mir niemand verbieten kann. Ich gab dann persönlich die Anweisung, die Idee nicht weiter zu verfolgen.« Deshalb – so darf logisch gefolgert werden – landete der Vermerk wohl auch im Abfall-Kübel.
Samstags, als angestiegene Temperaturen dem Training die Spannung nehmen – nur sieben Piloten steigern sich –, sorgt dann Ferrari für Furore. Nicola Larini gesteht einem italienischen Journalisten, die Traktionskontrolle seines Boliden funktioniere nicht! Larini bestreitet zwar anschließend die Aussage, aber die Gerüchteküche dampft nun auf vollen Touren. Ferrari-Chef Jean Todt spricht von einer »Einrichtung zur Leistungsreduzierung«, die man verwende. Gegen den Geist der Paragraphen scheint Ferrari jedenfalls tatsächlich zu verstoßen. Die FIA-Funktionäre fordern die Scuderia auf, die umstrittene »Einrichtung« nicht mehr einzusetzen. Ron Dennis tobt: »Erst testeten sie verbotenerweise in Imola, jetzt das! Die können doch die Regeln ebenso lesen wie alle anderen – es steht doch alles schwarz auf weiß geschrieben.«
Um die Straßen während des Trainings und am Rennsonntag frei vom Alltags-Verkehr zu halten, werden die Schulen der Region geschlossen. 392 Schülerinnen und Schüler erhalten von Tanaka Gratis-Eintrittskarten. Auch einige Werke schließen. Die Angestellten murren, denn die freien Tage werden von ihrem ohnehin landestypisch knapp bemessenen Urlaub abgezogen…
Aber die Rechnung der Organisatoren geht auf: Die Bus-Karawanen – die Anreise mit Privat-Pkw ist nicht möglich – rollen ohne das befürchtete Chaos an. Sonntags pendelt immerhin die stolze Zahl von 1806 Bussen! Der GP ist generalstabsmäßig geplant. Im Schwenkbereich der TV-Kameras wurden sogar die wegen Rodungsarbeiten unansehnlichen Partien der umliegenden Berghänge mit grüner Farbe augenfreundlich aufbereitet!
Obwohl er sich für seinen »Stammplatz«, die Pole-Position, qualifizieren konnte, gilt Ayrton Senna vor dem frühen Start um 12.30 Uhr nicht als der große Favorit des Rennens. Schumacher ist optimistisch, den Williams-Star in Rennabstimmung schlagen zu können. Daran ändert es gar nichts, daß er im Warm-up nur die fünftschnellste Runde drehte. Wie auch sein Team-Kollege Jos Verstappen, konzentrierte sich der Deutsche während des

halbstündigen Aufgalopps darauf, die rechte Seite der Startgeraden »sauberzufahren«.

Bevor die Rennwagen auf die Piste gehen, um die Plätze für den Vorstart einzunehmen, liegt Senna lange bewegungslos auf dem Boden des Williams-Containers im Fahrerlager. Er weiß, daß er eine fehlerfreie Vorstellung geben muß, um die angepeilten zehn WM-Punkte zu ergattern. Auf einer Piste wie dieser, die das Überholen so schwierig macht, kann ihn niemand schlagen, wenn er selbst nicht – und sei es durch die kleinste Unaufmerksamkeit – zum Überholen einlädt. Sicherlich muß er an den Grand Prix von Spanien 1981 denken – laut Senna der spannendste WM-Lauf aller Zeiten – ,als Spitzenreiter Gilles Villeneuve dem härtesten Druck seiner Verfolger bis ins Ziel standhielt.

Auf den ersten Metern des Rennens treten die Favoriten mit vertauschten Rollen an: Diesmal kommt Schumacher blendend von der Linie weg und Senna verliert mit durchdrehenden Antriebsrädern entscheidende Meter. Wenig später berichtet der Brasilianer, als Fußgänger zurück in den Boxen: »Ich hätte den Fehler in der ersten Kurve durch einen Angriff auf der Innenseite wettmachen können.« Aber Senna wollte kein unnötiges Risiko eingehen und hielt sich zurück: »83 Runden mit zwei, drei Boxenstopps lagen vor uns. Nichts sprach dafür, etwas übers Knie zu brechen.«

Aber obwohl – oder ironischerweise weil – sich der Südamerikaner klug zurückhält, kracht es: Die Nase kurveneingangs vorn, läßt es Schumacher aus taktischen Gründen »gemütlich« angehen. Der Deutsche will seinem Jäger den Schwung rauben, der ihm ausgangs des Knicks eine Angriffsmöglichkeit erlauben könnte. Mika Häkkinen, als Dritter knapp hinter Senna, wird durch die unerwartet langsame Fahrt überrascht. Der Bug des McLaren berührt das Heck des Williams, der sich sofort querstellt und unmittelbar darauf von Larinis Ferrari seitlich torpediert wird. »Ich konnte nichts tun«, entschuldigt sich der Italiener, der von einem schöneren F1-Comeback geträumt hatte, »plötzlich stand Sennas Auto wie eine Mauer vor mir.« Tatsächlich blieb dem Alfa-Tourenwagen-Piloten kein Raum für Ausweichmanöver. Die Alternative – den auf Parallelkurs fahrenden Berger-Ferrari zu rempeln – berücksichtigte er aus verständlichen Gründen gar nicht erst...

Wütend macht sich Senna bei den Funktionären Luft. Er fordert keine Bestrafung des Finnen, wohl aber eine allgemein bessere Aufsicht über die »jungen Wilden«. Die Arbeit von vier Tagen sei zunichte gemacht, wettert Senna, und er um mögliche zehn WM-Punkte gebracht. Das sei unangenehm genug, aber die Funktionäre sollten handeln, bevor etwas wirklich Schlimmes passiert. Aus dem Munde des Mannes, der 1990 in Suzuka in voller Absicht einen Konkurrenten bei einer Geschwindigkeit von deutlich mehr als 200 km/h abschoß, klingen die Vorwürfe seltsam. Häkkinens Manager Keke Rosberg, F1-Champion des Jahres 1982, läßt die Schelte kalt: »Vor zehn Jahren beschwerten wir uns auch über die jungen Fahrer. Wir sagten den Verantwortlichen, schaut sie euch an – sie sind hochbegabt, benehmen sich aber wie Hooligans. Speziell Senna. Der soll sich mal an den Nürburgring 1984 erinnern...«

Aber Sennas Reaktion ist verständlich. Senna steht unter Druck. Als einziger der »alten Garde« ist er noch im Geschäft. Auf 41 Siege blickt er zurück. Gerhard Berger folgt mit acht ersten Plätzen. Senna ist der einzige der Aktiven, der bereits Weltmeister war. Damit ist er allein die Zielscheibe der

Larinis Ferrari wird neu bereift und aufgetankt. Die Generalprobe klappt problemlos. Im Rennen fällt der Italiener aus, bevor die Gummi- und Sprit-Vorräte spürbar verbraucht sind

BRAKE
Ferrari
Marlboro
FIAT
EAGLE
Agip

neuen Generation. Schumacher, Alesi, Häkkinen, Frentzen und Barrichello wollen allein ihm ans Leder.
Mika Häkkinen reicht Senna später entschuldigend die Rechte, doch der schlägt sie aus. Der Finne geht. »Die Atmosphäre sprach nicht für eine Fortsetzung des Gesprächs«, erklärt er achselzuckend.
Michael Schumacher verfolgt Ayrton Sennas Abgang in den Rückspiegeln. Ein Schreck fährt ihm durch die Glieder, er befürchtet einen Abbruch des Rennens. Daß sich weiter hinten Erik Comas die Nase seines Larrousse am Heck des Blundell'schen Tyrrell – der dadurch eliminiert wird – abfährt, bekommt der Deutsche nicht mit.
Sofort kann sich der Benetton von Häkkinen lösen, und die potentielle Gefahr durch die stärksten Konkurrenten wird zusätzlich kleiner, als Häkkinen den zweiten Williams ausschaltet. Hill, zunächst an dritter Stelle zirkulierend, will sich den Finnen schnappen, doch der wirft ihm die Tür vor der Nase zu. Der Brite gerät auf einen Kerb, dreht sich und reiht sich als Neunter, hinter Schumacher, Häkkinen, Berger, Barrichello, Brundle, Fittipaldi, Frentzen und Verstappen, wieder ins Geschehen ein.
In der 31. Runde erobert Hill nach einer sehenswerten Aufholjagd Platz Zwei. Offensichtlich hatte es die Team-Führung verpaßt, ihn davon zu unterrichten, daß man auf diesem Kurs nicht überholen kann… Doch 41,9 Sekunden trennen ihn nun von dem führenden Benetton. Häkkinen ist zu diesem Zeitpunkt bereits nicht mehr mit von der Partie. Sinkender Hydraulik-Druck im Inneren des MP4/9 ließ ihn während des 20. Umlaufs stranden. Das Getriebe läßt sich nicht mehr schalten.
Nur ein Defekt oder ein unaufmerksamer Gegner kann Schumacher jetzt noch am Sieg hindern. Tatsächlich verwechselt Christian Fittipaldi den Niederländer Verstappen in der 36. Runde mit dem Spitzenreiter, der hart, mit rauchenden Reifen, bremsen muß, um den Brasilianer nicht abzuschießen. Laut wird Schumacher nach dem Rennen darüber nachdenken, wie er seinen Benetton künftig optisch vom Schwester-Auto absetzen kann.
Auch die beiden Stopps zum Tanken und Reifenwechseln – dem Halt nach 23 Umläufen folgt ein zweiter zum Ende des 51. – verdrängen Schumacher nicht von der Spitze. Berger erbt Platz Zwei, als Hills Rennwagen streikt. Doch für die sechs WM-Punkte interessiert sich auch Barrichello. Als der Tiroler ein letztes Mal an den Boxen

Karl Wendlinger und Michele Alboreto kreiseln von der Piste, als der gewöhnlich so besonnene Italiener versucht, die Vorfahrt mit der Brechstange zu erzwingen

stoppt, rückt der Brasilianer tatsächlich vor, doch auch er muß noch einmal halten, und damit wird die alte Reihenfolge wieder hergestellt. Schumacher ist jetzt so überlegen, daß er auf eine Überrundung Bergers nur deshalb verzichtet, weil er kein unnötiges Risiko eingehen will.

Auf »Ankommen fahrend«, liegt hinter Fittipaldi auch Frentzen in den Punkten. Eine Plazierung, die auch Wendlinger erreichen will. Bedrängt von Alboreto fährt er in der 70. Runde auf Platz Sieben. In der Redman-Kurve greift der Mailänder ungestüm an, die Autos berühren sich und fliegen in den Sand der Auslaufzone. Fast zeitgleich fällt vor ihnen Morbidelli aus, dessen Motorschaden beide »in die Punkte« hätte aufrücken lassen...

Später ärgert sich Wendlinger weniger über die wilde Attacke Alboretos als darüber, daß »sich Sauber wie im Vorjahr mit den Footwork und Minardi herumbalgen muß«.

Im Ziel bezeichnet Berger Platz Zwei als Seelen-Balsam für Ferrari und ihn selbst. Barrichello vergießt – anders als in Sao Paulo – keine Freudentränen, denn »diesmal stand ich auf dem Podest, und Millionen Leute schauten zu«. Weder auf dem Podium, noch unter den ersten Sechs finden sich Namen der Piloten von Williams und McLaren. Seit dem italienischen Grand Prix vor sechs (!) Jahren hat es das nicht gegeben.

Bevor sich Schumacher in einen bereitstehenden Helikopter schwingt, um sein Flugzeug Richtung Europa recht zeitig zu erwischen, dämpft er den Optimismus derjenigen, die ihn zum neuen Titelfavoriten machen wollen: »Die 20 Punkte kann mir niemand nehmen, die Freude über die zwei Siege auch nicht. Aber Williams hat das beste Potential, die Meisterschaft zu gewinnen. In Imola wird Williams das beweisen.« Was in Imola tatsächlich geschieht, liegt außerhalb des Vorstellungsvermögens aller.

Was tut man nicht alles für Geld? Skeptischen Blickes leert Bernie Ecclestone mit japanischen Honaratioren ein Holzkistchen Sake

ERGEBNISSE UND AUSFÄLLE

1.	Michael Schumacher	Benetton Ford B194-03	1:46.01,693 = 173,925 km/h
2.	Gerhard Berger	Ferrari 412 T1-151	1.15,300 Minuten zurück
3.	Rubens Barrichello	Jordan-Hart 194/004	1 Runde zurück
4.	Christian Fittipaldi	Footwork-Ford FA15-01	1 Runde zurück
5.	Heinz-Harald-Frentzen	Sauber-Mercedes C13-03	1 Runde zurück
6.	Erik Comas	Larrousse-Ford LH94-01	3 Runden zurück
7.	Johnny Herbert	Lotus-Mugen 107C/3	3 Runden zurück
8.	Pedro Lamy	Lotus-Mugen 107C/2	4 Runden zurück
9.	Oliver Panis	Ligier-Renault JS39B-04	5 Runden zurück
10.	Eric Bernard	Ligier-Renault JS39B-06	5 Runden zurück
11.	Roland Ratzenberger	Simtek-Ford S941-01	5 Runden zurück
	Gianni Morbidelli	Footwork-Ford FA15-02	70. Runde, Dreher
	Karl Wendlinger	Sauber-Mercedes C13-01	70. Runde, Unfall
	Michele Alboreto	Minardi-Ford M193B-01	70. Runde, Unfall
	Martin Brundle	McLaren-Peugeot MP4/9-4	68. Runde, Motor
	Pierluigi Martini	Minardi-Ford M193B-04	64. Runde, Dreher
	Jos Verstappen	Benetton-Ford B194-04	55. Runde, Dreher
	Damon Hill	Williams-Renault FW16-3	50. Runde, Kraftübertragung
	Aguri Suzuki	Jordan-Hart 194/003	45. Runde, Aufhängung vorn
	Ukyo Katayama	Tyrrell-Yamaha 022-02	43. Runde, Motor
	Mika Häkkinen	McLaren-Peugeot MP4/9-3	20. Runde, Getriebe
	Olivier Beretta	Larrousse-Ford LH94-02	15. Runde, Elektronik
	David Brabham	Simtek-Ford S941-02	3. Runde, Motor
	Ayrton Senna	Williams-Renault FW16-2	1. Runde, Unfall
	Mark Blundell	Tyrrell-Yamaha 022-05	1. Runde, Unfall
	Nicola Larini	Ferrari 412 T1-150	1. Runde, Unfall

Schnellste Runde:
(10. Runde) – Michael Schumacher, Benetton-Ford 194, 1.14,023 = 180,053 km/h
Neuer Rundenrekord

GRAN PREMIO DI SAN MARINO
Imola, 1. Mai

Dreimal siegte Ayrton Senna auf der Piste von San Marino, achtmal eroberte er sich dort den besten Startplatz. Das Autodromo schien »seine« Piste zu sein…

Blut und Tränen

Gute Laune vor Trainingsbeginn – Europäischer Saisonauftakt verspricht Spannung – Barrichello übersteht Horror-Crash mit leichten Verletzungen – Der Tod meldet sich zurück, Ratzenberger chancenlos – JJ Lehto und Lamy im Glück – Superchampion Ayrton Senna stirbt – Drama in der Boxengasse – Die Formel 1 versinkt in Trauer

Traditionsgemäß reisen die Mitglieder des Grand Prix-Zirkus bei WM-Läufen auf europäischem Boden donnerstags an. Imola 1994 macht in diesem Punkt keine Ausnahme. Die Stimmung ist ausgezeichnet. Nur bei Williams hat man sich immer noch nicht mit dem überraschenden Zwischenstand der Tabelle anfreunden können. Michael Schumacher liegt 20 Punkte vor dem haushohen Meisterschaftsfavoriten – an Spannung wird es vorläufig nicht mangeln. Niemand kann ahnen, daß nach dem Grand Prix von San Marino nichts mehr so sein wird wie zuvor.

Auf dem Flughafen von Bologna sucht JJ Lehto nach einigen Freunden. Gemeinsam mit Roland Ratzenberger hat er den Weg von Monaco per Auto zurückgelegt. Blendend gelaunt, plaudert er über die Fahrt. Langweilig war die Tour offenbar nicht. Weder der Finne noch sein österreichischer Begleiter sind Kinder von Traurigkeit.

Ist möglicherweise auch JJs Comeback für die gute Laune mitverantwortlich? »Klar«, antwortet der Benetton-Pilot, »ich fahre am Wochenende.« Und was ist mit Jos Verstappen, der vor 30 Minuten landete? »Der Holländer? Der bekam die schlechte Nachricht schon gestern gesteckt.« Mitgefühl für den Teamkollegen gibt es nicht. JJ Lehto weiß: Verstappen hat seine F1-Karriere noch vor sich. Aber er selbst muß seinen »Genesungsurlaub« abbrechen, sonst hat er die seine hinter sich...

Nichts verrät die Dramatik der nächsten Tage. In den Notizbüchern des Chronisten finden sich vor Trainingsbeginn Eintragungen über eine erneute Erkältung Heinz-Harald Frentzens, die verbesserte hintere Radaufhängung der Williams und Aussagen von FIA-Funktionären, die plötzlich sehr bezweifeln, daß die Formel 1 im Oktober in Buenos Aires antreten wird.

Auch der spektakuläre Unfall des Jordan-Piloten Rubens Barrichello stört die Atmosphäre nur für Sekunden. Während des ersten Qualifying unterläuft dem Brasilianer im Rechts-Links-Knick eingangs der Variante Basso ein Fahrfehler. Auf den Kerbs steigt der Bolide auf und fliegt raketengleich in Richtung Drahtzaun und Reifenstapel. Das System funktioniert. Barrichellos Bolide wird zurückgeworfen und bleibt nach turbulentem Flug umgestürzt liegen. Recht unsanft werfen einige Marshals den Wagen zurück auf die Räder. Barrichello ist kurz bewußtlos und erhält innerhalb kürzester Zeit ärztliche Hilfe. Die braucht er dringend, denn ohnmächtig droht er, am eigenen Blut zu ersticken.

In der kleinen Strecken-Klinik kann er sich zunächst an gar nichts erinnern, dann dämmert ihm das Wesentliche: »Was passierte, weiß ich nicht. Aber eins kann ich genau sagen – ich war verdammt schnell!« Das bestätigt Jordan-Konstrukteur Gary Anderson: »Zuvor, als er Anlauf für seine erste schnelle Runde nahm, fuhr er an der

1. Mai 1994 – Sennas letzter Start

GROSSER PREIS VON SAN MARINO (Autodromo Enzo & Dino Ferrari)

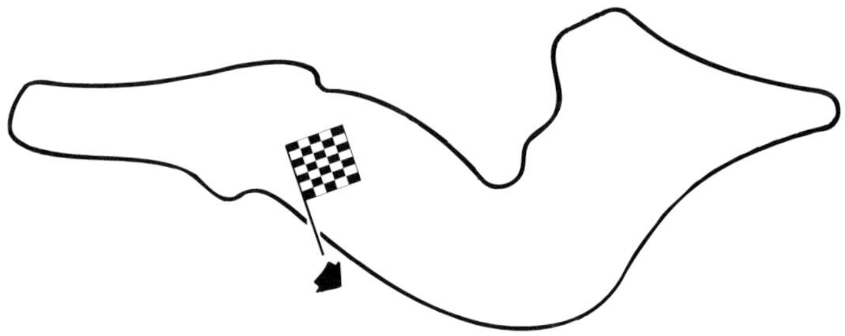

STRECKE

Ort und Datum	Imola, 1. Mai
Wetter	leicht bewölkt, schwül
Streckenlänge	5,040 km
Runden	61 – wegen Sennas Unfall und Neustart auf 58 Runden gekürzt
Renndistanz	292,320 km
Bestehender Rundenrekord	1.26,100 = 210,732 km/h Riccardo Patrese, Williams-Renault FW14B; GP 1992
GP-Sieger 1993	Alain Prost, Williams-Renault FW15C 1:33.20,413 = 197,625 km/h

TRAININGSZEITEN

		29. April	30. April
1. Ayrton Senna	Williams-Renault FW16	1.21,548◂	—
2. Michael Schumacher	Benetton-Ford B194	1.22,015	1.21,885◂
3. Gerhard Berger	Ferrari 412 T1	1.22,113◂	1.22,226
4. Damon Hill	Williams-Renault FW16	1.23,199	1.22,168◂
5. JJ Lehto	Benetton-Ford B194	1.22,717◂	1.24,029
6. Nicola Larini	Ferrari 412 T1	1.22,841◂	1.23,006
7. Heinz-H. Frentzen	Sauber-Mercedes C13	1.23,119◂	—
8. Mika Häkkinen	McLaren-Peugeot MP4/9	1.23,611	1.23,140◂
9. Ukyo Katayama	Tyrrell-Yamaha 022	1.24,000	1.23,322◂
10. Karl Wendlinger	Sauber-Mercedes C13	1.23,788	1.23,347◂
11. Gianni Morbidelli	Footwork-Ford FA15	1.23,663◂	1.24,682
12. Mark Blundell	Tyrrell-Yamaha 022	1.23,703◂	1.23,831
13. Martin Brundle	McLaren-Peugeot MP4/9	1.24,443	1.23,858◂
14. Pierluigi Martini	Minardi-Ford M193B	1.24,078◂	1.24,423
15. Michele Alboreto	Minardi-Ford M193B	1.24,276◂	1.24,780
16. Christian Fittipaldi	Footwork-Ford FA15	1.24,655	1.24,472◂
17. Eric Bernard	Ligier-Renault JS39B	1.24,678◂	1.40,411
18. Erik Comas	Larrousse-Ford LH94	1.26,295	1.24,852◂
19. Olivier Panis	Ligier-Renault JS39B	1.24,996◂	1.25,160
20. Johnny Herbert	Lotus-Mugen 107C	1.25,114◂	1.25,141
21. Andrea de Cesaris	Jordan-Hart 194	1.25,234◂	1.25,872
22. Pedro Lamy	Lotus-Mugen 107C	1.26,453	1.25,295◂
23. Olivier Beretta	Larrousse-Ford LH94	1.27,179	1.25,991◂
24. David Brabham	Simtek-Ford S941	1.27,607	1.26,817◂
25. Bertrand Gachot	Pacific-Ilmor PRO1	1.27,732	1.27,143◂
26. Roland Ratzenberger	Simtek-Ford S941	1.27,657	1.27,584◂
Nicht qualifiziert:			
27. Paul Belmondo	Pacific-Ilmor PRO1	1.28,361	1.27,881◂
28. Rubens Barrichello	Jordan-Hart 194	ohne Zeit	—

STARTAUFSTELLUNG

2 Ayrton Senna 1.21,548
5 M. Schumacher 1.21,885
28 Gerhard Berger 1.22,113
0 Damon Hill 1.22,168
6 JJ Lehto 1.22,717
27 Nicola Larini 1.22,841
30 H.-H. Frentzen 1.23,119
7 Mika Häkkinen 1.23,140
3 Ukyo Katayama 1.23,322
29 Karl Wendlinger 1.23,347
10 Gianni Morbidelli 1.23,663
4 Mark Blundell 1.23,703
8 Martin Brundle 1.23,858
23 Pierluigi Martini 1.24,078
24 Michele Alboreto * 1.24,276
9 Christian Fittipaldi 1.24,472
25 Eric Bernard 1.24,678
20 Erik Comas 1.24,852
26 Olivier Panis 1.24,996
12 Johnny Herbert 1.25,114
15 Andrea de Cesaris 1.25,234
11 Pedro Lamy 1.25,295
19 Olivier Beretta 1.25,991
31 David Brabham 1.26,817
34 Bertrand Gachot 1.27,143

* Start aus der Boxengasse

Unfallstelle 208 km/h. Als er rausflog, hatte er 223 km/h drauf – vielleicht hätte er es zunächst einmal mit 215 probieren sollen…« Bereits vor dem Abtransport nach Bologna ins Maggiore Hospital spricht Barrichello wieder mit Team-Mitgliedern, Ayrton Senna und – telefonisch – mit seinen Eltern. Am nächsten Morgen ist er zurück an der Piste. Mit Prellungen des rechten Arms und der Nase sowie einer kleinen Rißwunde im Mund ist er glimpflich davongekommen.

Während Barrichello sein Comeback für den GP von Monaco ankündigt, wendet sich das Interesse wieder dem Geschehen auf der Piste zu. Das freie Einschießen für das Abschlußtraining am Mittag hat begonnen. In der Tosa-Kurve kommt es zu einem Mißverständnis zwischen den beiden Simtek-Fahrern Roland Ratzenberger und David Brabham. Beide Boliden stranden. Kein Grund zur Panik, aber die meisten Fahrer sind seit dem Crash am Vortag sehr nachdenklich. Auch Ratzenberger sagt: »So ein Abflug geht unter die Haut – es kann ja täglich jeden von uns treffen.«

Um 13.18 Uhr trifft es Ratzenberger. Der Salzburger – das zeigt die Telemetrie – unterbricht zunächst eine schnelle Runde. Weil er offensichtlich von der Piste abgekommen ist, fährt er zickzack, um Lenkung und Aufhängung durchzuchecken. Dann gibt er wieder Gas, nimmt Anlauf für eine neue schnelle Runde… Sie endet ausgangs der Tamburello im Streckenabschnitt Villeneuve. Weil vorn links ein Teil des Frontflügels wegbricht, kann der Salzburger seinen Simtek nicht auf der Bahn halten. Mit 314,9 km/h durchfliegt er eine Lichtschranke. Zwei Meter dahinter kommt er links aufs Gras und prallt keine 50 Meter weiter gegen eine Mauer. Bis in die Tosa-Kurve rutscht das völlig zerstörte Auto. Als Rennarzt Sid Watkins sich nach kurzer Zeit von dem Unfallopfer abwendet, besteht für Roland Ratzenber-

Wenige Minuten, bevor die Welt den Atem anhält – das Safety-car sammelt nach dem Startunfall das Feld

Ayrton Senna wird mit schwersten Kopfverletzungen vom Unfallort abtransportiert

ger keine Überlebenschance mehr. »Er blickte ihm in die Augen«, sagt ein Mitglied des Rettungsteams, »und wußte, daß es aus ist.« Verletzungen der Nackenwirbel, des Kopfes und eine große Wunde im Brustbereich stellen die Ärzte vor eine unlösbare Aufgabe. Noch bevor der Simtek-Fahrer per Helikopter ins Maggiore Krankenhaus geflogen wird, informiert Bernie Ecclestone Ferrari-Berater Niki Lauda über den Tod seines Landsmanns. Die offizielle Nachricht geben die Ärzte um 14.15 Uhr bekannt – acht Minuten nach der Ankunft in Bologna.

Im Fahrerlager herrscht Bestürzung und Trauer. Weil keine Zeit zu verlieren ist, beginnt parallel eine Diskussion über die Sicherheit in der Formel 1, die Anfang Juni zu brauchbaren Ergebnissen führen wird. Gestritten wird auch. Als einige der Ferrari-Mitarbeiter die unsinnige Theorie vertreten, der Unfall sei auf die Finanzschwäche Simteks und minderwertiges Material zurückzuführen, schimpft Gerhard Berger: »Jetzt haltet den Mund. Ich flog hier 1989 auch wegen eines Flügeldefekts ab – auf Ferrari.« Der Tiroler kann auch nicht verstehen, daß Flavio Briatore seine Fahrer von einer möglichen Fortsetzung des Trainings abhält: »Es ist schändlich, wenn eine solche Tragödie dazu benutzt wird, Politik zu machen.« Jeder Fahrer, so Berger, müsse selbst wissen, ob und wann er sich wieder ins Cockpit setzt. Ihm, der nach der Unterbrechung weitere Runden dreht, sei die Entscheidung nicht leicht gefallen. »Ich saß im Cockpit«, berichtet er, »und sah auf dem Monitor, wie sie Roland aus dem Wagen holten. Ich sah, wie schlimm es war.« Erstmals habe er im Anschluß an einen Unfall am ganzen Leib gezittert. Ratzenberger war Österreicher, und Berger kannte ihn gut. »Eigentlich darf es in einer solchen Situation keinen Unterschied machen, ob du den Fahrer gut kennst oder nicht. Aber es berührt doch die Gefühle in besonderer Weise.« Ihm war übel. Sollte er fahren, oder nicht? »Im Motorhome wurde mir klar«, sagt der Tiroler, »daß die Frage lauten muß: Soll ich überhaupt noch jemals fahren, oder nicht?« Als er spürt, seinen Beruf weiter ausüben zu wollen, steigt er wieder ins Cockpit. Sofort gibt er mächtig Gas – auch nachdem er in der Acque Minerale-Schikane durch den Sand rumpelte!

Ohne daß er sich im letzten Qualifying überhaupt auf die Piste begibt, sichert sich Ayrton Senna die 65. Pole-Position seiner F1-Karriere. Aber das interessiert nur ganz am Rande. Die historische Bedeutung dieses Resultats wird erst einen Tag später deutlich.

Sonntags erscheinen die Mitglieder des Teams Simtek mit Trauerflor. Spät am Abend des Vortags wurde der Entschluß gefaßt, zu starten, vorausgesetzt, David Brabham ist im Warm-up mit seinem S941 zufrieden. »Nick überließ mir die Entscheidung«, erklärt der Australier, »ich kann Roland ohnehin nicht zurückbringen, und ich bin sicher, er hätte gewollt, daß wir an den Start gehen.« Auch der Teamchef glaubt, im Sinne des verstorbenen Rennfahrers zu handeln: »Was wir tun, tun wir aus Respekt vor Roland und zu seinem Gedenken.« Leere Worte sind das nicht, das weiß jeder, der je mit Roland Ratzenberger über den Grand Prix-Sport sprach.

Als der Österreicher am folgenden

Schwarzes Reifengummi als stummer Zeuge des Aufpralls gegen die Mauer im Bereich der Tamburello-Kurven. Trauernde Fans haben nach der Todesmeldung Blumen und Souvenirs niedergelegt

Freitag in Salzburg beigesetzt wird, bittet Ratzenberger Senior nach den Beerdigungsfeierlichkeiten die Team-Eigner Nick Wirth und Konrad Schmidt an seinen Tisch. »Ich danke ihnen«, sagt er, »daß sie meinem Sohn den großen Wunsch, Formel 1 zu fahren, erfüllt haben.«

Während des obligatorischen Briefing im Anschluß an das Warm-up, gedenken die Piloten Roland Ratzenberger durch eine Schweigeminute. Später beschließen Senna, Schumacher und Alboreto, in Monaco alle Kollegen zusammenzutrommeln, um die »Fahrergewerkschaft« GPDA wieder ins Leben zu rufen. Ziel soll es sein, ein Mitspracherecht – speziell in sicherheitsrelevanten Angelegenheiten – zu erwirken. Notfalls zu erzwingen. Das Meeting wird stattfinden – ohne Roland Ratzenberger und ohne Ayrton Senna.

Die Atmosphäre ist unverändert bedrückt, als das Rennen gestartet wird. JJ Lehto, der im Training an seine gewohnt guten Leistungen anknüpfen konnte, würgt den Achtzylinder seines Benetton ab, als die Ampel die Fahrt freigibt. Die hinter dem Benetton des Finnen aufgereihten Piloten scheinen alle dem Hindernis ausweichen zu können. Dann fliegt Pedro Lamys Lotus 107C heran. Vor ihm schlägt ein Bolide einen Haken nach rechts, um die blaue Straßensperre zu umgehen. Das Manöver wird Lamy zur Falle. »Links tat sich eine Lücke auf«, erinnert er sich später, »also stieß ich hinein...« Voll kracht der Lotus gegen den Benetton und von dort zunächst links, dann rechts gegen Mauern. Gleich zwei Räder fliegen über den Schutzzaun, der die Piste von den Zuschauern trennt, – einer sogar über das Tribünendach. Die Piloten bleiben unverletzt, aber neun Zuschauer werden ins Krankenhaus transportiert.

Um das Chaos bei Start-und-Ziel in Ruhe beseitigen zu können, geht sofort das Safety-Car auf die Piste, dem Senna, Schumacher, Berger, Hill, Frentzen und die anderen mit Beginn der zweiten Runde folgen. Alle – Senna allerdings erst ungewöhnlich spät – fahren Schlangenlinien, um die Reifen vor drohender Abkühlung zu bewahren. Während der fünften Runde fragt der führende Brasilianer über Funk, ob die Freigabe des Rennens tatsächlich unmittelbar bevorstehe. Die Williams-Crew bestätigt seine Vermutung. Anschließend werden keine Worte mehr zwischen den Boxen und dem Fahrer des Rennwagens mit Startnummer zwei gewechselt.

Sofort nach dem Neustart setzen sich Senna und Schumacher von den Verfolgern ab. Sennas Flucht nach vorn verläuft nicht nach Maß. Imola, das ist ein Williams-Kurs – hier muß nach dem verpatzten Saisonstart ein klarer Sieg heimgefahren werden. Aber nach sechs Runden trennen ihn gerade 0,6 Sekunden von dem Rheinländer. Schumacher beobachtet in der Tamburello-Kurve, daß der Rennwagen des Spitzenreiters »nervös ist und immer wieder aufsetzt«. Beinahe, so der Deutsche, wäre er rausgeflogen.

Die Szene wiederholt sich in der folgenden Runde, und diesmal verliert Senna seinen Williams tatsächlich aus der Kontrolle. Schumacher: »Wieder setzte er auf, dann stellte er sich ganz leicht quer und schoß von der Bahn. Der Aufprall sah gefährlich aus, aber ich dachte nicht ansatzweise daran, er könne ähnliche Folgen haben wie Rolands Unfall.«

So empfindet es auch Ex-Formel 1-Fahrer John Watson. Als Sennas Auto ramponiert, aber mit intaktem Monocoque, um 14.12 Uhr zum Stillstand kommt, schwant dem Briten nichts Böses. »Vielleicht«, so vermutet er, »tut ihm irgendetwas weh, und er wartet auf Sid Watkins.« Tatsächlich bewegt Senna kurz den Kopf, doch dann regt sich nichts mehr im Cockpit. Von über 300 auf knapp 200 km/h konnte der Champion seinen Boliden noch abbremsen, leicht lenkte er sein Auto nach links. Williams-Konstrukteur Patrick Head: »Zeit und Raum reichten nicht aus.« Beim Aufprall stieß ein Aufhängungsteil wie ein Speer durch den Helm. Die Ärzte erkennen sofort schwerste Kopfverletzungen. Die Stirn des Champion ist völlig zertrümmert. Die Helfer haben größte Mühe, die starken Blutungen zu stillen. »It's his head« – es ist sein Kopf, wird Bernie Ecclestone per Funk mitgeteilt. Der alternde F1-Zampano versteht »He's dead« – er ist tot.

Auf dem Weg zum Rettungshubschrauber, der auf der Piste gelandet ist, muß die Tragbahre noch einmal abgesetzt werden. Die Hektik der Ärzte läßt das Schlimmste befürchten. Dann entschwebt der Helikopter – gut 20 Minuten nach dem Unfall – in Richtung Maggiore Hospital. An der Unfallstelle bleiben die Trümmer des Autos, Aufprallspuren an der Betonmauer, eine Blutlache sowie Verpackungsmaterial medizinischer Hilfsmittel aller Art als stumme Zeugen zurück.

In der Schlußphase des Rennens, das nach fast 45-minütiger Unterbrechung neu gestartet wird, ereignet sich ein weiterer Unfall: Im Anschluß an seinen Boxenstopp verliert Alboretos Minardi beim Beschleunigen das rechte Hinterrad! Rad und Zentralverschluß werden in die einsatzbereit wartenden Mechaniker anderer Teams geschleudert. Fünf Mitarbeiter der Rennställe Ferrari, Lotus und Benetton werden verletzt! Zu diesem Zeitpunkt fährt Michael Schumacher bereits einem klaren Sieg entgegen, nachdem in der Anfangsphase Gerhard Berger den Ton angegeben hatte. Aber der Ferrari des Tirolers lag schlecht auf der Piste. Die Unfälle Ratzenbergers und Sennas vor Augen, gab Berger auf. Die Entscheidung bewahrte ihn möglicherweise vor einem schweren Unfall, denn seine Techniker finden ein großes Loch im Unterboden.

Während des Rennens, das an diesem Tag aufgrund der schrecklichen Ereig-

3
Agip
Marlboro
MAGNETI MARELLI

nisse nur als störender Lärm im Hintergrund empfunden wird, treffen ermutigende Nachrichten aus Bologna ein: Sennas Kreislauf stabilisiert sich vorübergehend. Ron Dennis läßt den McLaren-Jet startklar machen, um einen Gehirn-Spezialisten aus Paris zu Hilfe zu holen. Weil aber dann doch keine Aussicht auf Hilfe mehr besteht, wird die Aktion gestoppt. Die Ärzte können nichts mehr tun. Aus Mailand wird ein Geistlicher eingeflogen, um Senna den Segen der katholischen Kirche zu geben. Nach verzweifelten Bemühungen gibt die leitende Ärztin, Dr. Maria Teresa Fiandri, den Kampf um Sennas Leben auf. Sie läßt die medizinischen Apparate abstellen und verkündet: »Sennas Herz hörte um 18.40 Uhr auf zu schlagen. Wir haben alles getan, was in unserer Macht lag.« Senna ist tot.

In Brasilien wird eine dreitägige Staatstrauer ausgerufen. Senna wird der höchste Orden seines Landes verliehen. Eine Boeing 747 der VARIG – im brasilianischen Luftraum von Militärflugzeugen begleitet – bringt den Leichnam des dreifachen Weltmeisters und Nationalhelden zurück nach Sao Paulo, wo er am 5. Mai im Stadtteil Morumbi beigesetzt wird. Millionen säumen die Straßen, um Ayrton Senna die letzte Ehre zu erweisen. Als der Feuerwehrwagen, der den Sarg während des Trauerzuges transportiert, auf das Friedhofsgelände einbiegt, schwenken die Marshals des brasilianischen Grand Prix stumm ihre Signalflaggen.

Alain Prost, mit dem Senna am Morgen seines Todestages gemeinsam frühstückte, Gerhard Berger, Emerson Fittipaldi, Rubens Barrichello, Thierry Boutsen und Damon Hill geleiten den Sarg.

Chaos in den Boxen. Das Unglücksrennen fordert Verletzte unter den Mechanikern, als der Minardi Michele Alboretos ein Hinterrad verliert

Roland Ratzenberger am Ziel seiner Träume, die ihm zum Verhängnis werden

ERGEBNISSE UND AUSFÄLLE

1.	Michael Schumacher	Benetton-Ford B194-05	1:28.28,642 = 189,234 km/h
2.	Nicola Larini	Ferrari 412 T1-150	54,942 Sekunden zurück
3.	Mika Häkkinen	McLaren-Peugeot MP4/9-3	1.10,679 Minuten zurück
4.	Karl Wendlinger	Sauber-Mercedes C13-06	1.13,658 Minuten zurück
5.	Ukyo Katayama	Tyrrell-Yamaha 022-02	1 Runde zurück
6.	Damon Hill	Williams-Renault FW16-3	1 Runde zurück
7.	Heinz-Harald-Frentzen	Sauber-Mercedes C13-03	1 Runde zurück
8.	Martin Brundle	McLaren-Peugeot MP4/9-4	1 Runde zurück
9.	Mark Blundell	Tyrrell-Yamaha 022-01	2 Runden zurück
10.	Johnny Herbert	Lotus-Mugen 107C/3	2 Runden zurück
11.	Olivier Panis	Ligier-Renault JS39B-04	2 Runden zurück
12.	Eric Bernard	Ligier-Renault JS39B-06	3 Runden zurück
13.	Christian Fittipaldi*	Footwork-Ford FA15-01	4 Runden zurück
	Andrea de Cesaris	Jordan-Hart 194/005	50. Runde, Unfall
	Michele Alboreto	Minardi-Ford M193B-03	46. Runde, Radverlust re./hi.
	Gianni Morbidelli	Footwork-Ford FA15-02	41. Runde, Motor
	Pierluigi Martini	Minardi-Ford M193B-04	38. Runde, Dreher
	David Brabham	Simtek-Ford S941-02	28. Runde, Dreher
	Bertrand Gachot	Pacific-Ilmor PR01/001	24. Runde, Motor
	Olivier Beretta	Larrousse-Ford LH 94-02	18. Runde, Motor
	Gerhard Berger	Ferrari 412 T1-151	17. Runde, Aufgabe
	Ayrton Senna	Williams-Renault FW16-2	6. Runde, Unfall
	Eric Comas	Larrousse-Ford LH 94-01	6. Runde, Handling
	JJ Lehto	Benetton-Ford B194-04	1. Runde, Unfall
	Pedro Lamy	Lotus-Mugen 107C/2	1. Runde, Unfall

*Nicht im Ziel, aber aufgrund der zurückgelegten Distanz gewertet.

Schnellste Runde:
(10. Runde) – Damon Hill, Williams-Renault FW16, 1.24,335 = 215,132 km/h
Neuer Rundenrekord

GRAND PRIX DE MONACO
Monte Carlo, 15. Mai

Die Formel 1 steht unter Schock und ist in Monaco unfähig, zur Tagesordnung überzugehen. Über der Williams-Box erinnert die brasilianische Flagge an Ayrton Senna

Klassiker ohne Glanz

Tiefe Trauer in Monte Carlo – Die Krise des Gerhard Berger – Bangen um Karl Wendlinger – Sauber-Rückzug unter Schock – Wiedergeburt der GPDA – Schumacher übernimmt Favoritenrolle – Frühes Aus für Häkkinen und Hill – Brundle und de Cesaris in Topform – Erster deutscher WM-Sieg am Mittelmeer – Bis Adelaide ist es noch weit

Gewöhnlich zelebriert der Grand Prix-Zirkus das Monaco-Weekend als eine gigantische viertägige Party. Jetzt ist alles anders. Die Stimmung ist bedrückt. 1994 ist die Perle des F1-Kalenders kaum mehr als eine Pflichtübung. Bestünde da nicht die Gewißheit, daß sich auch Roland Ratzenberger und Ayrton Senna entschieden für eine Fortsetzung der Meisterschaft ohne jede Verzögerung ausgesprochen hätten – alles wäre noch schwerer.

Über der Williams-Box weht die brasilianische Flagge auf Halbmast. Während der großen Party des Supersponsors Marlboro im Loews Hotel wird auf die traditionelle Cabaret-Vorführung verzichtet. Stattdessen wird ein Fünf-Minuten-Film über Ayrton Senna gezeigt, der ans Herz geht. Offen und verstohlen werden Tränen weggewischt.

Bereits mittwochs gibt Gerhard Berger eine Pressekonferenz und spricht über seine persönlichen Schwierigkeiten, zum PS-Alltag zurückzufinden: »Wenn man jung ist, berühren einen eigene Unfälle oder die von Kollegen nicht stark. Wenn man älter wird, ändert sich das. Bei aller Begeisterung wird deutlich, daß es auch andere wichtige Dinge im Leben gibt. Der Montag nach Ayrtons Tod war der schwierigste meines Lebens.«

Während der folgenden Tage ertappt sich der Tiroler immer wieder bei dem Gedanken, »Ayrton müsse jeden Augenblick um die nächste Ecke kommen«, doch wenn er im Cockpit sitzt und das Visier 'runterklappt, konzentriert er sich in gewohnter Weise auf seinen Job. Berger: »Wenn ich das nicht könnte, müßte und würde ich sofort aufhören.« Erst Ende Juli wird er erstmals wieder echte Freude während eines GP-Weekend empfinden.

Bei anderen leidet die Leistung unter den Ereignissen, die noch keine 14 Tage zurückliegen: Rubens Barrichello ist völlig von der Rolle, ebenso JJ Lehto und auch Jean Alesi, der die Verletzungen, die er sich beim »Sturz vom Eiffelturm« zuzog, auskuriert hat. Barrichello erklärt: »Es liegt nicht an meinem Trainingsunfall in Imola – es ist, weil Ayrton starb.« Der finnische Benetton-Pilot will nicht so recht heraus mit der Sprache. Hilflos druckst er herum: »Ich habe keine Erklärung. Ich weiß nicht, weshalb ich langsam bin.« Bei Jean Alesi wird die Formschwäche zusätzlich durch das Privatleben beeinflußt: Der Franzose steht kurz vor der Scheidung.

Weder Williams, noch Simtek besetzen in Monte Carlo die freigewordenen Cockpits. Simtek könnte das auch gar nicht, denn das Team besitzt nur noch ein Chassis. Williams läßt den Sitz zu Ehren Sennas frei, denkt aber bereits über eine Neuverpflichtung nach. Riccardo Patrese und Rubens Barrichello werden hoch gehandelt. Auch der Name Nigel Mansell, den Sponsor Rothmans gern sähe, taucht plötzlich

Während der Schlußminuten des ersten freien Trainings kommt Karl Wendlingers Sauber-Mercedes nach einem Unfall im Notausgang der Hafen-Schikane zum Stillstand – der Tiroler ist schwer verletzt und wird...

GROSSER PREIS VON MONACO

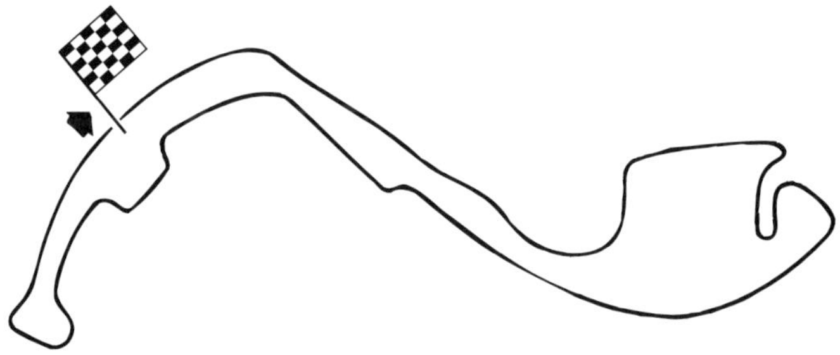

STRECKE

Ort und Datum	Monte Carlo, 15. Mai
Wetter	warm, aufgelockert bewölkt
Streckenlänge	3,328 km
Runden	78
Renndistanz	259,584 km
Bestehender Rundenrekord	1.21,598 = 146,827 km/h Nigel Mansell, Williams-Renault FW14B; GP 1992
GP-Sieger 1993	Ayrton Senna, McLaren-Ford MP4/8 1:52.10,947 = 138,837 km/h

TRAININGSZEITEN

			12. Mai	**14. Mai**
1.	Michael Schumacher	Benetton-Ford B194	1.20,230	1.18,560◂
2.	Mika Häkkinen	McLaren-Peugeot MP4/9	1.21,881	1.19,488◂
3.	Gerhard Berger	Ferrari 412 T1	1.22,038	1.19,958◂
4.	Damon Hill	Williams-Renault FW16	1.22,605	1.20,079◂
5.	Jean Alesi	Ferrari 412 T1	1.22,521	1.20,452◂
6.	Christian Fittipaldi	Footwork-Ford FA15	1.23,588	1.21,053◂
7.	Gianni Morbidelli	Footwork-Ford FA15	1.23,580	1.21,189◂
8.	Martin Brundle	McLaren-Peugeot MP4/9	1.21,580	1.21,222◂
9.	Pierluigi Martini	Minardi-Ford M193B	1.23,162	1.21,288◂
10.	Mark Blundell	Tyrrell-Yamaha 022	1.23,522	1.21,614◂
11.	Ukyo Katayama	Tyrrell-Yamaha 022	1.24,488	1.21,731◂
12.	Michele Alboreto	Minardi-Ford M193B	1.25,421	1.21,793◂
13.	Erik Comas	Larrousse-Ford LH94	1.23,514	1.22,211◂
14.	Andrea de Cesaris	Jordan-Hart 194	1.24,519	1.22,265◂
15.	Rubens Barrichello	Jordan-Hart 194	1.24,731	1.22,359◂
16.	Johnny Herbert	Lotus-Mugen 107C	1.24,103	1.22,375◂
17.	JJ Lehto	Benetton-Ford B194	1.23,885	1.22,679◂
18.	Olivier Beretta	Larrousse-Ford LH94	1.24,126	1.23,025◂
19.	Pedro Lamy	Lotus-Mugen 107C	1.25,859	1.23,858◂
20.	Olivier Panis	Ligier-Renault JS39B	1.25,115	1.24,131◂
21.	Eric Bernard	Ligier-Renault JS39B	1.27,694	1.24,377◂
22.	David Brabham	Simtek-Ford S941	1.26,690	1.24,656◂
23.	Bertrand Gachot	Pacific-Ilmor PRO1	1.48,173	1.26,082◂
24.	Paul Belmondo	Pacific-Ilmor PRO1	1.29,984◂	ohne Zeit

STARTAUFSTELLUNG

5 M. Schumacher
1.18,560

7 Mika Häkkinen
1.19,488

28 Gerhard Berger
1.19,958

0 Damon Hill
1.20,079

27 Jean Alesi
1.20,452

9 Christian Fittipaldi
1.21,053

10 Gianni Morbidelli
1.21,189

8 Martin Brundle
1.21,222

23 Pierluigi Martini
1.21,288

4 Mark Blundell
1.21,614

3 Ukyo Katayama
1.21,731

24 Michele Alboreto
1.21,793

20 Erik Comas
1.22,211

15 Andrea de Cesaris
1.22,265

14 Rubens Barrichello
1.22,359

12 Johnny Herbert
1.22,375

6 JJ Lehto
1.22,679

19 Olivier Beretta
1.23,025

11 Pedro Lamy
1.23,858

26 Olivier Panis
1.24,131

25 Eric Bernard
1.24,377

31 David Brabham
1.24,656

34 Bertrand Gachot
1.26,082

33 Paul Belmondo
1.29,984

... in tiefer Bewußtlosigkeit geborgen

auf... Aber heimlich trifft sich Chef Frank Williams auch mit seinem persönlichen Wunschkandidaten – dem Deutschen Heinz-Harald Frentzen. Frentzen lehnt bedauernd ab: »Herr Sauber holte mich – gegen Widerstände im eigenen Lager – aus Japan und gab mir die Formel 1-Chance. Deshalb kann ich Sauber nur dann verlassen, wenn mich der Rennstall nicht mehr haben will.« In Barcelona wird Frank Williams den Schweizer direkt auf Transfermöglichkeiten Frentzens ansprechen.

Als Folge des Boxengassen-Unfalls in Imola dürfen in Monte Carlo die Mechaniker erstmals nur dann die Boxen verlassen, wenn sie an einem Auto arbeiten müssen. Außerdem drosseln Schikanen An- und Abfahrt zu den Boxen, die nur noch mit einem Tempo von maximal 50 km/h im Training und 80 km/h während des Rennens passiert werden dürfen. Pedro Lamy, der nicht ahnen kann, daß er seinen vorläufig letzten Grand Prix bestreiten wird, rollt samstags mit 115 km/h durch die Boxengasse und bekommt ein Bußgeld in Höhe von 5000 Dollar aufgebrummt.

Aber beim Boxengassen-Speedlimit soll es nicht bleiben. Freitags verkündet FIA-Präsident Max Mosley einen ganzen Katalog von Regeländerungen für die nähere und mittlere Zukunft. »Imola zwingt zum Handeln«, verkündet der Brite, »für demokratische Einigungen fehlt es an Zeit.« In Barcelona wird der unrealistische Abrüstungs-Katalog wieder vom Tisch gewischt werden, aber darauf deutet zunächst wenig hin, als sich Mosley energisch stark macht. Gegen den Präsidenten spricht allerdings der straffe Zeitplan der Maßnahmen, der nach Aussage der Konstrukteure unmöglich eingehalten werden kann. Mosley argumentiert unlogisch, als er eine Leistungsreduzierung der Motoren fordert, gleichzeitig aber feststellt: »Auf die PS-Zahl sind die Unfälle von Imola nicht zurückzuführen. Senna starb und auch Ratzenberger, dessen Auto sicherlich um 100 PS schwächer war, als der Wagen des Brasilianers.«

Aber Mosley steht unter Druck und muß der Öffentlichkeit ein Signal geben, denn seit dem Vortag liegt der Tiroler Karl Wendlinger im Koma. Während der Schlußminuten des ersten freien Trainings überfuhr »Karli« den Bremspunkt der Hafenschikane und prallte seitlich gegen die »Plastikpolster«, die die Piste vom Notausgang trennen. Die Unfallursache bleibt

Vor dem Start gedenken die Formel 1-Piloten ihrer in Imola tödlich verunglückten Kollegen

Michael Schumacher stürmt davon (links), während sich Mika Häkkinen und Damon Hill (dahinter) in die Quere kommen

ungeklärt. Verwegene Theorien tauchen auf. So wird behauptet, die Piste sei an der Unfallstelle immer naß, weil dort die monegassischen Fischer nach der Landung im Hafen ihre Netze über den Asphalt schleifen...

Sogar Teamchef Peter Sauber wurde zunächst der kritische Gesundheitszustand Wendlingers verschwiegen, der per Helikopter vom Princess Grace-Krankenhaus in Monte Carlo ins Saint Roch Hospital der Nachbarstadt Nizza geflogen wird. Dort erlangt der Österreicher nach zwölf Tagen wieder das Bewußtsein. Am 6. Juni – längst zeichnet sich ab, daß keine dauerhaften Schäden zurückbleiben – wird er nach Innsbruck verlegt.

Aber der Freitag bringt noch mehr als die von Verzweiflung gekennzeichnete Pressekonferenz Max Mosleys. In den Räumen des ehrwürdigen Automobilclubs von Monaco rufen die F1-Piloten die »Fahrer-Gewerkschaft« GPDA wieder ins Leben und folgen damit Ayrton Sennas Rat, den er wenige Stunden vor seinem Tod gab. Neben den Aktiven – Michael Schumacher, Christian Fittipaldi und Gerhard Berger – wird »Oldie« Niki Lauda zu einem der vier GPDA-Sprecher gewählt. Die Arbeit der Vereinigung beschränkt sich in Monaco auf eine kurzfristig angesetzte Streckenbegehung, in deren Anschluß in einigen kritischen Streckenabschnitten die Montage zusätzlicher Plastik-Tanks anstelle der herkömmlichen Reifenstapel gefordert wird.

Parallel zu den Aktivitäten im Sicherheitsbereich zeichnet sich in Monaco auch zaghaft eine Rückkehr zur Normalität ab. Freitags kauft Flavio Briatore nach monatelangen Verhandlungen das Team Ligier und verspricht: »Wunder können wir nicht bewirken, aber Ligier wird in relativ kurzer Zeit wieder wettbewerbsfähig sein. Eventuell 1995, vielleicht schon 1994.« Erst im Juli setzt der Italiener einen neuen Mann an die Spitze der blauen Equipe: Seinen Landsmann Cesare Fiorio, der einst die Geschicke bei Ferrari lenkte.

Auf der Rennstrecke gibt Michael Schumacher den Ton an. Im ersten Qualifying behauptet er sich vor Brundle und Häkkinen. Samstags erkämpfen sich Häkkinen und Berger die Plätze Zwei und Drei. Schumacher bleibt vorn. Damit hat erstmals seit dem italienischen Grand Prix im Jahr 1961 – als Wolfgang Graf Berghe von Trips die Pole-Position errang – ein deutscher Pilot den besten Startplatz erobert. Martin Brundles Hoffnung, zum ersten Mal einen Grand Prix aus der ersten Startreihe anzugehen, ist geplatzt: Schon auf dem ersten Reifensatz kommt er vom rechten Weg ab und beschädigt die hintere Radaufhängung seines McLaren.

Aufgrund der Imola-Tragödie wird der Sicherheitsaspekt zwangsläufig immer wieder angesprochen. Gerhard Berger bringt die Problematik auf den Punkt: »Nicht nur vom Pistenrand aus sieht es spektakulär aus. Ich sage dir, auch aus der Cockpit-Perspektive... Gute Rundenzeiten schaffst du nicht nur, weil du am Loews schnell bist. Der Grundstein für Topzeiten wird in der Tabak-Kurve, am Schwimmbad und oben am Casino gelegt. Es wird unglaublich spät gebremst...!« Angst jage es einem nicht ein, während man unterwegs sei. »Aber«, so der Tiroler, »wenn du abends daran denkst, dann sagst du dir, da gibt es ein paar Ecken, die verlangen viel Respekt...«

Sonntags bleibt die erste Startreihe unbesetzt. Auf den Asphalt gemalte Flaggen der Länder Brasilien und Österreich erinnern an die beiden Piloten, die nicht mehr dabei sein können. Für eine Schweigeminute versammeln sich die Rennfahrer an der Startlinie. Die Aktion ist umstritten. Natürlich spricht sich niemand dagegen aus, die Imola-Opfer in Erinnerung zu behalten. Aber äußerste Konzentration ist eine der Voraussetzungen, um im GP-Sport unfallfrei über die Runden zu kommen. Die gefühlsaufwallende Zeremonie aber unterbricht die Phase der Startvorbereitung in gefährlicher Weise.

Niemand zweifelt daran, daß Michael Schumacher der große Favorit ist. Aber mit Mika Häkkinen und Damon Hill – dessen Vater den Klassiker am Mittelmeer gleich fünfmal für sich entscheiden konnte – sind zwei Mitfavoriten am Start, die keinesfalls übersehen werden dürfen.

Der Trainingsschnellste kommt im Augenblick des Farbwechsels der Ampel sehr gut von der Linie weg. Auch Damon Hills Start ist nicht von schlechten Eltern. Dann bereits die Vorentscheidung: Im gefürchteten Nadelöhr der Ste.-Devote-Schikane berühren sich die Autos von Hill und Häkkinen. Der McLaren dreht sich gegen den Uhrzeigersinn, schlägt mit seiner empfindlichen »Nase« gegen die Leitplanken und rutscht in den Notausgang – Feierabend. Der britische Williams-Pilot scheint mit einem blauen Auge davonzukommen: Als Vierter – hinter Schumacher und den beiden Ferrari-Fahrern – geht er in die Casino-Steigung. Aber weit kommt er nicht. Im Gefälle zwischen Casino-Platz und dem Hotel Mirabeau stellt er seinen blauweißen Boliden am Pistenrand mit defekter Lenkung ab.

Frustriert gibt Häkkinen nur wenige Worte zu Protokoll: »Mein Start war ganz gut, aber bei weitem nicht perfekt. Hinter Schumacher bremste ich die Schikane an, dann spürte ich einen Schlag im Heck.« Wie nicht anders zu erwarten, macht Hill abweichende Aussagen: »Es war bisher mein bester Start des Jahres. Ich kam an Berger vorbei und lief auf Häkkinen auf, den ich mir ebenfalls schnappen wollte. Links wollte ich vorbei, aber er machte zu. Ich wußte nicht wohin und schlug zuerst gegen die Armcos, dann gegen sein Auto – das war's.«

Abseits des Brennpunkts scheitern am selben Eck zwei weitere Piloten: Pierluigi Martini schießt Gianni Morbidelli ab, und damit sind bereits vier Piloten aus dem Rennen, das noch keine 20 Sekunden alt ist.

Hauptnutznießer der Wirren auf den ersten Metern ist Michael Schumacher: Mit satten 3,7 (!) Sekunden Vorsprung kommt er aus der ersten Runde zurück – eindeutiger kann in der Startrunde der Anspruch auf den Sieg nicht angemeldet werden.

Schnell wird deutlich, daß all diejenigen, die auf Überholmanöver warten, fehl am Platz sind. Zwar kann der blendend aufgelegte Christian Fittipaldi für viele Runden den auf Rang Vier zirkulierenden Jean Alesi unter Druck setzen – vorbei an dem Franzosen kommt der Brasilianer aber nicht. Boxenstopps allerdings ermöglichen Platzverschiebungen. In diesem Punkt fehlt es in Monaco jedoch an taktischem Spielraum: Aus Sicherheitsgründen einigten sich die Teams darauf, wer in welcher Runde zum Service anhält. Die von der FIA angebotene Alternative – die Reihenfolge der Reifenwechsel- und Tankstopps per Los zu entscheiden – wurde von allen Rennställen abgelehnt.

Während Schumacher seiner Favoritenrolle unverändert gerecht wird, zeichnet sich ein Duell um Platz Zwei – den Gerhard Berger hält – und Martin Brundle ab. Kurz vor »Halbzeit« trennen 13,2 Sekunden das Pärchen. Meter um Meter kämpft sich der Brite an den Ferrari heran: Innerhalb von sechs Umläufen schmilzt Bergers Vorsprung auf knapp neun Sekunden.

Völlig unerwartet wird nun Mark Blundell zu einer Schlüsselfigur des Rennens. Der Tyrrell-Pilot liegt bereits auf Rang Sechs und hofft auf weitere Verbesserungen, da blockieren die Antriebsräder seines Rennwagens, weil der Yamaha-Zehnzylinder schlagartig den Geist aufgibt. Blundell rutscht ins Aus – »natürlich« bei Ste. Devote, dem Schauplatz der Vorentscheidung nach dem Start.

Auf dem Öl des verendeten asiatischen Zehnzylinders gerät zunächst der Spit-

Martin Brundle fuhr in Monte Carlo ein ausgezeichnetes Rennen. Hier lenkt er seinen McLaren in die Hafen-Schikane ein; der Streckenposten scheint mit kaltem Blut gesegnet

zenreiter in Schwierigkeiten. Sein Benetton kommt von der Linie ab und droht, in den Leitplanken zu landen... Doch Schumacher meistert die kritische Situation. »Beinahe«, sagt er später, »wäre ich rausgeflogen. Es war verdammt knapp.« Es soll bis ins Ziel die einzige wahre Herausforderung für den Deutschen bleiben. Gerhard Berger aber kommt auf dem schmierigen Streckenabschnitt nicht ungeschoren davon. Er landet im Notausgang. Der Tiroler: »Ich sah gelbe Warnflaggen, aber keinen Hinweis auf Öl. Daß es glatt war, merkte ich erst, als ich auf der Bremse stand...«

Unmittelbar vor seinem Jäger ordnet sich der Alpensohn wieder in den Verkehr ein, aber im Verteidigungsgefecht sind ihm mit den angeschmutzten Reifen die Hände gebunden: Auf dem Casino-Platz attackiert Brundle, und die Rechtskurve am Hotel Mirabeau bremst er bereits als Zweiter an. Sein

Auch das Mittelfeld passiert das Nadelöhr Ste. Devote nicht problemlos...

Das frühe Aus für Damon Hill, dessen Vater den Klassiker am Mittelmeer fünfmal gewinnen konnte. Während der Williams des Briten das Gefälle zum Hotel Mirabeau hinabrollt, wird er von einem Auto der Streckensicherung überholt

Boxenstopp wirft ihn noch einmal hinter den Österreicher zurück, doch als auch Berger Gummi und Sprit holt, ist die erkämpfte Reihenfolge wieder hergestellt.

Brundle ist in Top-Form und greift nach den Sternen. Nach 57 Runden liegt er 37 Sekunden hinter dem führenden Benetton – nur 25,2 nach dem 66. Umlauf. Während Schumacher mit gemütlichen 26er-Zeiten um den Kurs bummelt, dreht der McLaren-Pilot 22er-Runden. Dann aber läßt der Spitzenreiter seine Muskeln spielen: Bei 1.22,7 Minuten bleiben die Uhren zunächst stehen. Dann knallt er demonstrativ 1.21,2 auf den Asphalt, um zu zeigen, wer Herr im Haus ist. Brundle, dem seitens Berger keine Gefahr droht, weil dessen V12 überhitzt, versteht den Wink mit dem Zaunpfahl und konzentriert sich zunehmend darauf, den McLaren sicher ins Ziel zu bringen.

Hinter der stabilen Dreierformation kreuzt ein überglücklicher Andrea de Cesaris die Linie und legt damit den Grundstein für einen Vertrag mit Peter Sauber. »Wenn du dich in nur zwei Rennen für einen Anschluß-Vertrag empfehlen mußt, stehst du unter brutalem Druck«, erklärt der routinierteste aller aktiven Piloten im Ziel.

»Das war«, sagt der Gewinner nach dem Etappensieg in seiner Wahlheimat stolz, »kein gewöhnlicher Sieg. Es war knapper als in Sao Paulo, Aida oder Imola. Außerdem erlaubt die Piste nicht die kleinste Verschnaufpause.« Vom möglichen Titelgewinn will er allerdings immer noch nichts wissen: »Darüber denke ich nicht nach – der Weg bis Adelaide ist noch weit.« Und es stehen mehr Hindernisse bereit als der Deutsche ahnen kann!

ERGEBNISSE UND AUSFÄLLE

1.	Michael Schumacher	Benetton-Ford B194-05	1:49.55,372 = 141,690 km/h
2.	Martin Brundle	McLaren-Peugeot MP4/9-4	37,278 Sekunden zurück
3.	Gerhard Berger	Ferrari 412 T1-149	1.16,824 Minuten zurück
4.	Andrea de Cesaris	Jordan-Hart 194/005	1 Runde zurück
5.	Jean Alesi	Ferrari 412 T1-150	1 Runde zurück
6.	Michele Alboreto	Minardi-Ford M193B-03	1 Runde zurück
7.	JJ Lehto	Benetton-Ford B194-06	1 Runde zurück
8.	Olivier Berotta	Larrousse-Ford LH94-02	2 Runden zurück
9.	Olivier Panis	Ligier-Renault JS39B-04	2 Runden zurück
10.	Erik Comas	Larrousse-Ford LH94-01	3 Runden zurück
11.	Pedro Lamy	Lotus-Mugen 107C/1	5 Runden zurück
	Johnny Herbert	Lotus-Mugen 107C/3	69. Runde, Getriebe
	Paul Belmondo	Pacific-Ilmor PRO1/001	54. Runde, Aufgabe
	Bertrand Gachot	Pacific-Ilmor PRO1/002	50. Runde, Getriebe
	Christian Fittipaldi	Footwork-Ford FA15-01	48. Runde, Getriebe
	David Brabham	Simtek-Ford S941-02	46. Runde, Unfall
	Mark Blundell	Tyrrell-Yamaha 022-01	41. Runde, Motor
	Ukyo Katayama	Tyrrell-Yamaha 022-02	39. Runde, Getriebe
	Eric Bernard	Ligier-Renault JS39B-06	35. Runde, Dreher
	Rubens Barrichello	Jordan-Hart 194/002	28. Runde, Elektrik
	Damon Hill	Williams-Renault FW16-3	1. Runde, Unfall
	Mika Häkkinen	McLaren-Peugeot MP4/9-3	1. Runde, Unfall
	Gianni Morbidelli	Footwork-Ford FA15-02	1. Runde, Unfall
	Pierluigi Martini	Minardi-Ford M193B-04	1. Runde, Unfall

Schnellste Runde:
(35. Runde) – Michael Schumacher, Benetton-Ford B194, 1.21,076 = 147,772 km/h
Neuer Rundenrekord

Gegensätze – »Steinzeitliches« Windrad und funkensprühender F1-Bolide

Triumph des Eingang-Getriebes

Saisonende für Lamy – Neuer Schotte bei Williams – Machtkämpfe hinter den Kulissen – Reifenstapel drosseln Tempo – Trainings-Boykott zum Auftakt – Eddie Irvines Comeback – Spaghetti im Kopf – Schumacher zunächst ohne ernsthaften Gegner – Sechs Punkte mit nur einem Gang – Williams-Sieg zu Ehren Sennas – Champagner beendet Trauerzeit

Die schwarze Serie, die mit JJ Lehtos Testunfall im Januar begann, will nicht abreißen. Drei Tage vor dem Beginn des Trainings für den spanischen WM-Lauf schlägt das Schicksal in Silverstone zu. Lotus dreht mit der Neukonstruktion 109 mit Johnny Herbert am Steuer und Pedro Lamy, der einen 107C bewegt, Proberunden, um die Möglichkeiten der neuen Aerodynamik-Vorschriften auszuloten.

Bei Abbey bricht der Heckflügel an Lamys Auto, wie Augenzeuge Herbert beobachtet. Der Abflug ist gigantisch. In Sorge um seinen Teamkollegen stoppt der Brite, doch weder er, noch andere Helfer finden zunächst den Unfallwagen. Herbert: »Es war gespenstisch. Wir sahen den Motor, das Getriebe und einige Räder mit Aufhängungsteilen – vom Monocoque keine Spur…« Weil das Wrack kurzfristig Feuer fängt und Rauch aufsteigt, werden die besorgten Männer dann doch noch fündig: Die Überreste des Boliden liegen jenseits aller Absperrungen in einer Zuschauerunterführung!

Im General Hospital der wenige Kilometer entfernt liegenden Stadt Northampton diagnostiziert der Orthopädie-Chirurg Maurice McLain komplizierte Brüche beider Knie und des rechten Handgelenks. Noch am selben Nachmittag wird der ehemalige Champion der Deutschen Formel 3-Meisterschaft erstmals operiert. Obwohl zunächst befürchtet wird, Lamy könne frühestens im November wieder gehen, wird er seinen Kollegen bereits während des Grand Prix von Portugal live bei der Arbeit zuschauen.

Natürlich ist die Stimmung im Fahrerlager von Barcelona immer noch bedrückt. Ein Formel 1-Rennen ohne Ayrton Senna ist unverändert nur schwer vorstellbar. Anstelle des Brasilianers tritt der Schotte David Coulthard für Williams an. In diesem Zusammenhang kann Boß Frank Williams erstmals seit der Tragödie von Imola wieder scherzen. Die Frage, weshalb seine Wahl auf den Testfahrer fiel, beantwortet er lachend. »Weil er eine so verdammt gutaussehende Freundin hat.« Auch die übrigen Lücken werden geschlossen: Simtek nennt den Italiener Andrea Montermini, Lotus dessen Landsmann Alessandro Zanardi.

Nicht unerwartet wird die – in Monaco nur scheinbar abgeschlossene – Sicherheitsdiskussion neu entfacht. Parallel zeichnet sich eine Palastrevolution ab. Benetton-Chef Flavio Briatore wirft dem FIA-Präsidenten Max Mosley schriftlich vor, er und seine Mitarbeiter seien unfähig. Die neuen aerodynamischen Vorschriften, so argumentiert der Italiener, vergrößern die Unfallge-

Niki Lauda (halbverdeckt) diskutiert mit einigen Piloten die aktuellen Probleme. Ferrari-Sprecher Giancarlo Bacchini (rechts) lauscht interessiert

GROSSER PREIS VON SPANIEN (Circuit de Catalunya)

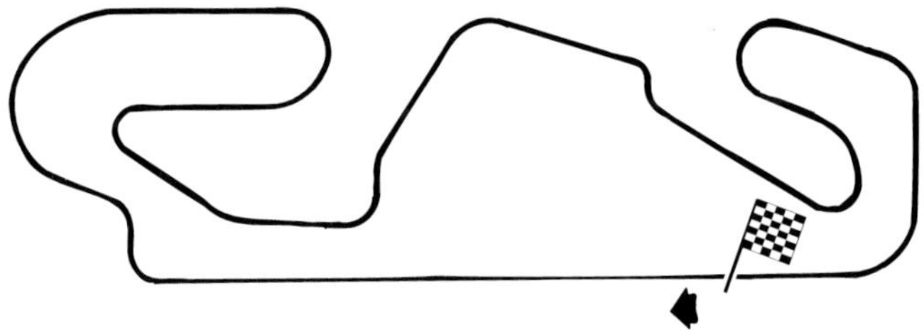

STRECKE

Ort und Datum	Granollos, 29. Mai
Wetter	leicht diesig, warm
Streckenlänge	4,747 km
Runden	65
Renndistanz	308,555 km
Bestehender Rundenrekord	1.20,989 = 211,006 km/h Michael Schumacher, Benetton-Ford B193B; GP 1993
GP-Sieger 1993	Alain Prost, Williams-Renault FW15C 1:32.27,685 = 200,227 km/h

TRAININGSZEITEN

		27. Mai	28. Mai
1. Michael Schumacher	Benetton-Ford B194	1.23,426	1.21,908◂
2. Damon Hill	Williams-Renault FW16	1.24,716	1.22,559◂
3. Mika Häkkinen	McLaren-Peugeot MP4/9	1.24,580	1.22,660◂
4. JJ Lehto	Benetton-Ford B194	1.25,587	1.22,983◂
5. Rubens Barrichello	Jordan-Hart 194	1.25,990	1.23,594◂
6. Jean Alesi	Ferrari 412 T1	1.24,957	1.23,700◂
7. Gerhard Berger	Ferrari 412 T1	1.26,121	1.23,715◂
8. Martin Brundle	McLaren-Peugeot MP4/9	1.26,614	1.23,763◂
9. David Coulthard	Williams-Renault FW16	1.27,428	1.23,782◂
10. Ukyo Katayama	Tyrrell-Yamaha 022	1.27,017	1.23,969◂
11. Mark Blundell	Tyrrell-Yamaha 022	1.25,863	1.23,981◂
12. Heinz-Harald Frentzen	Sauber-Mercedes C13	1.25,115	1.24,254◂
13. Eddie Irvine	Jordan-Hart 194	1.26,368	1.24,930◂
14. Michele Alboreto	Minardi-Ford M193B	1.26,595	1.24,996◂
15. Gianni Morbidelli	Footwork-Ford FA15	1.27,459	1.25,018◂
16. Erik Comas	Larrousse-Ford LH94	1.26,097	1.25,050◂
17. Olivier Beretta	Larrousse-Ford LH94	1.28,011	1.25,161◂
18. Pierluigi Martini	Minardi-Ford M193B	1.25,502	1.25,247◂
19. Olivier Panis	Ligier-Renault JS39B	1.27,872	1.25,577◂
20. Eric Bernard	Ligier-Renault JS39B	1.28,289	1.25,766◂
21. Christian Fittipaldi	Footwork-Ford FA15	1.27,631	1.26,084◂
22. Johnny Herbert	Lotus-Mugen 109	1.59,009	1.26,397◂
23. Alessandro Zanardi	Lotus-Mugen 107C	1.30,379	1.27,685◂
24. David Brabham	Simtek-Ford S941	1.30,797	1.28,151◂
25. Bertrand Gachot	Pacific-Ilmor PRO1	1.34,318	1.28,873◂
26. Paul Belmondo	Pacific-Ilmor PRO1	1.31,750	1.30,657◂
Nicht qualifiziert:			
27. Andrea Montermini	Simtek-Ford S941	1.31,111◂	—

STARTAUFSTELLUNG

5 M. Schumacher 1.21,908
0 Damon Hill 1.22,559
7 Mika Häkkinen 1.22,660
6 JJ Lehto 1.22,983
14 Rubens Barrichello 1.23,594
27 Jean Alesi 1.23,700
28 Gerhard Berger 1.23,715
8 Martin Brundle 1.23,763
2 David Coulthard 1.23,782
3 Ukyo Katayama 1.23,969
4 Mark Blundell 1.23,981
30 H.-H. Frentzen 1.24,254
15 Eddie Irvine 1.24,930
24 Michele Alboreto 1.24,996
10 Gianni Morbidelli 1.25,018
20 Erik Comas 1.25,050
19 Olivier Beretta * 1.25,161
23 Pierluigi Martini 1.25,247
26 Olivier Panis 1.25,577
25 Eric Bernard 1.25,766
9 Christian Fittipaldi 1.26,084
12 Johnny Herbert 1.26,397
11 Alessandro Zanardi 1.27,685
31 David Brabham 1.28,151
34 Bertrand Gachot 1.28,873
33 Paul Belmondo 1.30,657

* wegen Motorschaden nicht am Start

Betroffen betrachtet Pierluigi Martini den Reifenstapel, in den sein Landsmann Montermini einschlug. Glücklicherweise ist der Simtek-Fahrer nur leicht verletzt

fahr, weil die Motorleistung dem reduzierten Flügelwerk nicht angepaßt sei. Die FIA, so folgert Briatore, trage die Verantwortung für den Einsatz seiner Wagen. Die Funktionäre verweigern den Benetton-Boliden daraufhin den Segen der technischen Abnahme!

Die Lage spitzt sich zu. Weder Ober-Guru Bernie Ecclestone noch Max Mosley lassen sich donnerstags im Fahrerlager sehen. »Eierstein« – wie ihn Niki Lauda oft scherzhaft nannte – wartet den Lauf der Dinge zunächst in seiner Hotel-Suite im nahen Barcelona ab. Telefonisch wird er auf dem laufenden gehalten. »Mister President« verfolgt die Eskalation zunächst aufmerksam von London aus und präpariert sich.

Auch die Piloten sind nicht untätig. Sie sind besorgt. Lamys Unfall, zwei abgebrochene Heckflügel bei Ligier während Testfahrten in Lercy Levis – niemand will der Nächste sein… Die in Monaco wiedergeborene GPDA tagt bis 22 Uhr und macht die Durchführung des Rennens anschließend von der Errichtung einer provisorischen Schikane abhängig, die den schnellen Fünfter-Gang-Streckenabschnitt »Nissan« entschärfen soll. Noch in der Nacht werden zwei versetzt plazierte Reifenmauern – sieben Pneus hoch – errichtet. Eine schmale Gasse dazwischen zwingt die Fahrer zu einem langsamen Rechts-Links-Knick. Weil die Gummi-Schikane an jene Straßensperren erinnert, die jahrelang die Hauptstadt des Libanon verunzierten, ist schnell ein Spitzname für sie gefunden: Die Beirut-Schikane!

Schon am frühen Morgen des ersten Trainingstages wird im Fahrerlager die politische Debatte fortgesetzt. Teamchefs stecken die Köpfe zusammen, um zu tuscheln, und die Journalisten träumen vom großen Lauschangriff. Zunächst übernimmt Benetton wieder die Verantwortung für die eigenen Autos, und die dringend benötigten »Sticker« werden auf die babyblauen Autos geklebt. Friede kehrt deshalb noch nicht ein: Die Mehrheit der F1-Bosse verlangt ein verstärktes Mitspracherecht bei der Verabschiedung der Abrüstungsparagraphen. Mit der Durchführung dieser Absicht soll der Kopf des Diktators Mosley rollen.

Zunächst bewegen sich die Fronten nicht. FOCA-Chef Ecclestone empfiehlt den Teams deshalb, das freie Morgentraining zu boykottieren. Das Gros pariert. Aber Ferrari, Sauber, Tyrrell, Minardi und Larrousse schicken ihre Fahrer auf die Piste. Während die wenigen Rennwagen kreisen, diskutieren die übrigen neun Teamchefs mit den Funktionären – jetzt ist auch Mosley angereist – hinter verschlossenen Türen. Peter Sauber tobt: »Das ist reine Heuchelei. Angeblich geht es um die Sicherheit – da ist es doch wohl das Wichtigste, weitere Erfahrungen mit den neuen aerodynamischen Hilfsmitteln zu sammeln.« Ecclestone läßt ihm ausrichten, daß diejenigen, die nicht mitdiskutieren, kein seriöses Interesse an Verbesserungen der Sicherheitsvorschriften haben… Sauber ist außer sich.

Während der Pause zwischen den beiden Trainingssitzungen einigt man sich hinter den Kulissen: Alle in Monaco verkündeten Beschlüsse werden – abgesehen von den bereits durchgeführten Änderungen – zunächst außer Kraft gesetzt. Neue Bestimmungen und ein neuer Zeitplan sollen nun unter Mitarbeit von F1-Konstrukteuren und Fahrervertretern ausgearbeitet werden. Benetton-Miteigner Tom Walkinshaw jubelt. Mit seinem harten schottischen Akzent verkündet er, Mosley sei damit entmachtet. Ferrari-Berater Niki Lauda läßt seinem Zorn freien Lauf: »Es ist skandalös, daß die Sicherheitsgespräche in einen offenen Machtkampf ausarten.« Mosley glättet die Wogen. Er schluckt die Streichung seines »Monaco-Diktats«, kann aber mit dieser Niederlage gut leben: »Es gab keine entscheidenden Meinungsverschiedenheiten. Die Durchführung der Formel 1-WM ist allein Sache der FIA. Auf dieser Basis nehmen die Teams teil,

Die »Beirut-Schikane« nimmt der brisanten Passage auf der Rückseite des Kurses das Tempo

BROKER

Saubers Konsequenzen aus Wendlingers Monaco-Sturz – der C13 mit seitlichem Cockpit-Schutz

oder sie lassen es bleiben.« Fünf Tage später wird endgültig Ruhe einkehren, nachdem Flavio Briatore in einem Brief an Mosley schriftlich zu Kreuze kriecht und »bedauerliche Mißverständnisse« einräumt.
Im Qualifying geht Michael Schumacher erstmals auf die Piste. Der Rheinländer dreht eine Abstimmungsrunde. Wenig später nimmt er Anlauf und nach seinem ersten (!) ernstgemeinten Versuch bleiben die Uhren bei 1.25,8 Minuten stehen. So schnell hatten morgens selbst die Ferrari-Piloten den Kurs nicht umrundet. Im weiteren Verlauf der Sitzung steigert sich der Benetton-Star auf 1.23,4. Damit liegt er mehr als eine Sekunde vor Mika Häkkinen. Michael vor Mika – die Reihenfolge klingt nicht unbekannt, wenn man sich an das Training in Monaco erinnert. Beginnt sich eine verläßliche Hackordnung der Nach-Senna-Ära abzuzeichnen?
Als Dritter liegt Damon Hill, der jetzt für Williams die Kastanien aus dem Feuer holen soll, zwei weitere Zehntel zurück. Während der Sitzung kann er sich Schumacher einmal bis auf eine knappe halbe Sekunde nähern. Dann will er noch eins draufsetzen und fliegt in der Startkurve ab. »Mit der neuen Flügel-Konfiguration«, schimpft Hill, »läßt sich der FW16 kaum fahren. Draußen auf der Piste komme ich mir vor wie ein Seiltänzer ohne Balance-Stange.« Tatsächlich macht sich der Abtriebverlust dramatisch bemerkbar. Heinz-Harald Frentzen, dessen Chef in einem Gespräch mit Frank Williams die Transfer-Möglichkeit des Mönchengladbachers endgültig beendet, zuckt mit den Schultern und urteilt: »In puncto downforce sind die Formel 1-Autos jetzt schlechter als F3000-Autos.« Über seinen neuen Kopfschutz – seitlich hochgezogene Cockpitwände – äußert er sich positiv: »Zunächst dachte ich, meine Sicht sei stark eingeschränkt und ich könne in den Kurven den Kopf nicht mehr richtig bewegen. Aber da gibt's keine Probleme. Die Wülste kosten wegen des erhöhten Luftwiderstands zwar etwas Zeit, geben mir aber andererseits ein beruhigendes Gefühl…«
Was die Neulinge betrifft, so enttäuscht David Coulthard mit Rang 16, doch der Schotte hat gleich zwei plausible Erklärungen für die bescheidene Vorstellung parat: »Ich konnte mich morgens nicht einschießen, und nach dem ersten Versuch ging die Kupplung kaputt.« Tatsächlich zweifelt niemand daran, daß der Williams-Testfahrer mehr »drauf hat«.
Formel 1-Heimkehrer Eddie Irvine, dessen Sperre beendet ist, rangiert freitags auf Platz zwölf. Das Selbstbewußtsein des Iren hat unter der Zwangspause nicht gelitten: »Ich ändere meinen Fahrstil nicht. Dafür gibt es keinen Grund, denn ich hab' in Sao Paulo ja nichts falsch gemacht.« Der Jordan-Pilot plaudert aus dem Nähkästchen und erzählt, warum er in der Berufungsverhandlung härter bestraft wurde, als ursprünglich vorgesehen: »Ich fragte einen der alten Knacker, der natürlich selbst nie ein Rennen fuhr, wann er denn das letzte Mal in einem Formel 1 gesessen hätte. Mir schien die Frage wichtig, aber der Funktionär nahm sie mir sehr, sehr übel.« Tatsächlich liegt es den Funktionären erst seit dem GP von San Marino wieder am Herzen, die Cockpit-Perspektive zu berücksichtigen…
Samstags steigert sich Schumacher auf imposante 1.21,9 Minuten. Hinter ihm tauschen Hill und Häkkinen die Plätze. Coulthard rückt auf Position neun vor und ärgert sich trotzdem: »Ich machte ein paar kleine Fehler, kam von der Linie ab und verschmutzte so meine Reifen – mir fehlt die Routine. Wäre ich nur 0,09 Sekunden schneller

gefahren, stünde ich vor Brundle und den beiden Ferrari, aber das ist kein Trost.« Happy ist allerdings Coulthards Vater: »Das ist Davids erstes Rennen, für das ich nichts bezahlen muß.«
Für bange Minuten rückt während des Abschlußtrainings das Interesse an den Rundenzeiten in den Hintergrund: Andrea Montermini unterläuft eingangs der Startgeraden ein Fahrfehler. In der Hoffnung, den Patzer ausbügeln zu können, geht der 29jährige keinen Millimeter vom Gas. Trotzdem verliert er den Simtek aus der Kontrolle. Auf 212 km/h schätzt Simtek-Chef Nick Wirth das Tempo, mit dem Montermini fast rechtwinklig gegen eine Leitplanke mit Reifenpolster schlägt. Der vorn völlig zerstörte Bolide kommt nach einer Rutschpartie auf dem Startplatz zum Stand. Der Schweizer Fotograf Daniel Reinhard beobachtet den Crash durchs Tele. »Als ich eins der Pedale auf mich zufliegen sah, nahm ich sofort volle Deckung«, berichtet er später geschockt.
Damon Hill beobachtet den Horror-Unfall in den Boxen am Monitor und verliert die Nerven. »Er ist tot, er ist tot«, murmelt er immer wieder mit versteinerter Miene. Er ist nicht ansprechbar, als er sich ins Motorhome zurückzieht. Glücklicherweise täuscht der Eindruck, den das Bild des bewußtlos in seinen Gurten hängenden Piloten bei allen Beobachtern weckt: Der Rookie ist nur geringfügig verletzt. Abends schaut er sich im Hospital General de Catalunya den Unfall im Fernsehen an und scherzt bereits wieder: »Die Ärzte haben meinen Kopf untersucht. Alles ist okay – sie fanden nur Spaghetti.«
Die Erwartungen, die Michael Schumacher im Training weckte, scheint er am Renntag problemlos erfüllen zu können. Nach nur einer Runde – in der sich das komplette Feld gegen alle Spekulationen fehlerfrei durch die Beirut-Schikane schlängelt – führt der Deutsche bereits mit 2,5 Sekunden! Hill und die anderen können dem Benetton mit Startnummer fünf nicht folgen. Schumachers Vorsprung wächst, als säße die Konkurrenz in F3000-Autos: 4,0 – 5,2 – 6,5 – 7,7 Sekunden. Der Spitzenreiter später: »Es war recht leicht, Hill davonzufahren. Mein Wagen war in dieser Phase perfekt.«
Die zehn Punkte für den Sieger scheinen bereits vorzeitig vergeben. Hinter dem Deutschen liefern sich die frustrierten Kollegen allerdings spannende Kämpfe. Hill und Häkkinen fighten um Platz Zwei. Dahinter rangelt das Trio Alesi, JJ Lehto und Coulthard um den vierten Rang. Auch Barrichello, Brundle, Irvine und Blundell dürfen sich noch Hoffnungen machen. Sogar Frentzen, der am Start wegen durchdrehender Antriebsräder Boden verlor, spekuliert als 14. noch auf WM-Punkte. Der Mönchengladbacher plant nur einen Boxenstopp und ist sich sicher, daß »die Rechnung aufgeht«, bis sein Getriebe zunächst im Leerlauf steckenbleibt und dann in wildem Durcheinander wahllos Gänge einlegt. Frentzen muß aufgeben.

Michael Schumacher (unterer Bildrand) fährt dem Rest des Feldes bereits in der Startrunde auf und davon – Berger hat Probleme

Bereits nach 15 Runden eröffnet Häkkinen die Serie der ersten Boxenstopps, die sechs Runden später beendet ist. Für Coulthard wird der Service-Halt zum Desaster. Seit Rennbeginn hat der Schotte Probleme mit der Elektronik. Die Augenzeugen glauben, die Nerven des Neulings seien blankgescheuert, als er seinen Williams-Renault gleich dreimal abwürgt. In Wahrheit spielt die Technik verrückt. Coulthard: »Es war unglaublich schwierig, die Drehzahl oben zu halten.« Als 20. (!) findet er sich wieder.

Schumachers Benetton ist von seiner »perfekten Form« plötzlich weit entfernt. Eine Runde früher als geplant stoppt er. Getriebeprobleme alarmieren den Spitzenreiter, doch seine Crew kann ihm nicht helfen. Bis ins Ziel wird ihm nur noch ein einziger Gang – der fünfte – zur Verfügung stehen. Schnell macht Häkkinen den waidwunden Benetton nieder und auch gegen Hill kann sich Schumacher zunächst nicht wehren.

Erst nach dem Rennen werden die Ingenieure des Kerpeners herausfinden, daß die Getriebehydraulik nicht korrekt arbeitet. Die technische Panne zwingt Schumacher, ein Rennen zu fahren, daß Briatore als das »beste seiner Karriere« bezeichnen wird. »Zunächst«, so der Deutsche, »war es sehr schwierig, alle Kurven im Fünften zu fahren. Dann aber gewöhnte ich mich daran und fand eine Linie, die brauchbare Zeiten zuließ. Dabei half mir die Gruppe C-Erfahrung sehr viel. Um Sprit zu sparen, mußte man die Sportwagen in ähnlichem Fahrstil bewegen.« Ohne »Eingang-Getriebe« fuhr Schumacher seine beste Runde in 1.25,1 Minuten. Der tückische Defekt, der das Losfahren nach den beiden Stopps zur nahezu unlösbaren Aufgabe machte, drosselte ihn – nur vorübergehend – um knapp drei Sekunden! Einige Konkurrenten schwören allerdings, Gangwechsel des Deutschen akustisch wahrgenommen zu haben…

Größte Sorgen macht er sich allerdings, als er in der Schlußphase den Rennwagen seines Teamkollegen abgestellt am Pistenrand entdeckt. Doch seine Truppe beruhigt ihn per Sprechfunk: »JJ's Motor streikte.« Die Ventilpneumatik versagte.

Die Jahrhundertfahrt des Titelanwärters wird mit dem zweiten Platz belohnt, weil sich Häkkinens Hoffnungen zunächst durch Leistungsverlust, dann durch einen spektakulären Motorschaden zerschlagen. Die Rauchwolke seines Peugeot-V10 kann allerdings nicht mit dem Feuerball konkurrieren, mit dem sich später der zweite McLaren-Peugeot verabschiedet.

Hill siegt vor Schumacher und Blundell. Jubelnd kreuzt der Brite die Linie. Erstmals seit Sennas Tod sieht man die Williams-Crew wieder lächeln, und der Gewinner nennt seinen Triumph die »beste Medizin« für sein Team und die Formel 1. Frank Williams fallen Zentnerlasten vom Herzen: »Ich bin erleichtert. Aus einer Million Gründe brauchten wir diesen Sieg. In erster Linie, um Ayrton Senna zu ehren. Ich bin stolz auf Damon, und mit David haben wir einen neuen Star gesehen.«

Schumacher sieht sich selbst als den moralischen Sieger, und niemand zweifelt seine Worte an, als er sagt: »Ohne die Probleme hätte ich wohl gewonnen.« Mark Blundell, der dritte Mann auf dem Podest, hat sein Plansoll hingegen mehr als erfüllt. Trotz ansteigender Form der Tyrrell-Yamaha hatte er nicht einmal davon zu träumen gewagt, an der Champagner-Dusche – der ersten in der Formel 1 seit Aida – teilnehmen zu dürfen.

ERGEBNISSE UND AUSFÄLLE

1. Damon Hill	Williams-Renault FW16-3	1:36.14,374 = 192,366 km/h
2. Michael Schumacher	Benetton-Ford B194-05	24,166 Sekunden zurück
3. Mark Blundell	Tyrrell-Yamaha 022-01	1.26,969 Minuten zurück
4. Jean Alesi	Ferrari 412 T1-151	1 Runde zurück
5. Pierluigi Martini	Minardi-Ford M193B-05	1 Runde zurück
6. Eddie Irvine	Jordan-Hart 194/005	1 Runde zurück
7. Olivier Panis	Ligier-Renault JS39B-02	2 Runden zurück
8. Eric Bernard	Ligier-Renault JS39B-06	3 Runden zurück
9. Alessandro Zanardi	Lotus-Mugen 107C/3	3 Runden zurück
10. David Brabham	Simtek-Ford S941-02	4 Runden zurück
11. Martin Brundle*	McLaren-Peugeot MP4/9-4	6 Runden zurück
JJ Lehto	Benetton-Ford B194-04	54. Runde, Motor
Mika Häkkinen	McLaren-Peugeot MP4/9-5	49. Runde, Motor
Johnny Herbert	Lotus-Mugen 109/1	42. Runde, Dreher
Rubens Barrichello	Jordan-Hart 194/002	40. Runde, Dreher
Christian Fittipaldi	Footwork-Ford FA15-01	36. Runde, Getriebe
David Coulthard	Williams-Renault FW16-1	33. Runde, Elektronik
Bertrand Gachot	Pacific-Ilmor PR01/002	33. Runde, Heckflügel
Gerhard Berger	Ferrari 412 T1-153	28. Runde, Getriebe
Gianni Morbidelli	Footwork-Ford FA15-02	25. Runde, Tankverschluß
Heinz-Harald-Frentzen	Sauber-Mercedes C13-03	22. Runde, Getriebe
Eric Comas	Larrousse-Ford LH 94-01	20. Runde, Kühlung
Ukyo Katayama	Tyrrell-Yamaha 022-02	17. Runde, Dreher
Michele Alboreto	Minardi-Ford M193B-01	5. Runde, Motor
Paul Belmondo	Pacific-Ilmor PR01/001	3. Runde, Dreher

*Nicht im Ziel, aber aufgrund der zurückgelegten Distanz gewertet.

Schnellste Runde:
(18. Runde) – Michael Schumacher, Benetton-Ford B194, 1.25,155 = 200,683 km/h
Rundenrekord – Strecke in dieser Form erstmals Schauplatz eines Grand Prix

Warten auf den Beginn des Trainings – die Boliden haben sich in der Boxengasse aufgereiht

Schumacher nicht zu stoppen

Wasserschlacht mit starkem Simtek-Team zum Auftakt – Ungebetener Besuch bei Barnards – Löcher in der Airbox – Frentzen mag Blümchen und Gräser – Jean Todt verärgert – Häkkinen und das Murmeltier – Alesi glänzt im Training – Bruderkrieg bei Williams – Erste Punkte für verkrampften Coulthard – JJ Lehto fällt bei Benetton in Ungnade

Traditionsgemäß steht der Donnerstag in Montreal im Zeichen des Bootsrennens auf der olympischen Ruderregatta-Strecke des Jahres 1968. Erneut präparieren die Teams skurrile Wassergefährte, für die selbst Lloyd's in London keine Versicherung übernehmen würde. Die Wasserschlacht sieht – zum vierten Mal hintereinander (!) – Jordan als Sieger. Auf den Plätzen folgen Goodyear und Benetton. Aber mehr als die Erstplazierten freut sich die Simtek-Mannschaft, die sich auf Rang Sechs rudert. Chef Nick Wirth: »Erstmals sind wir unter den ersten Sechs ins Ziel gekommen – schade, daß es für diesen Wettbewerb keine WM-Punkte gibt…«
Nur kurz lenkt der Wasserspaß vom Ernst des Formel 1-Alltags ab. Gerhard Berger malt – in seiner Eigenschaft als einer der vier GPDA-Sprecher – ein düsteres Bild vom italienischen GP-Kurs in Monza: »Wenn die Sturzräume im Bereich der Lesmo-Kurven nicht vergrößert werden, fahren wir dort nicht. Das Risiko ist viel zu hoch. Es sieht nicht so aus, als könnten unsere Forderungen erfüllt werden, denn Monzas Grüne lassen es nicht zu, daß Bäume gefällt werden, um den notwendigen Sturzraum zu schaffen.« Ferrari-Berater Niki Lauda kommt wie so oft einmalig auf den Punkt: »Den Grünen ist das Leben der Bäume wichtiger als das Leben der Rennfahrer.« Bis Anfang August beschäftigt dieses Thema die Verantwortlichen. Erst dann fällt die Entscheidung pro Monza.

Ganz andere Sorgen plagen Star-Designer John Barnard. Erinnerungen an ein schreckliches Erlebnis beschäftigen ihn. Maskierte, mit Baseball-Schlägern bewaffnete Räuber waren in sein Haus eingedrungen, hatten die komplette Familie gefesselt und das Domizil geplündert! Klar, daß sein Kopf nicht völlig frei für den Job ist.
Wie schon in Barcelona, werden aus Sicherheitsgründen technische Modifikationen verlangt. Das Mindestgewicht der Rennwagen ist um zehn Kilogramm erhöht, nur noch Tankstellensprit darf verwendet werden. Außerdem verhindern Löcher in der Airbox, daß die Motoren mit hochwertiger »Stauluft« gespeist werden. Mager-Sprit und Lufthutzen im Schweizer-Käse-Look reduzieren die Motorleistung um circa 50 bis 70 PS. Ein Konstrukteur, der namentlich nicht genannt werden will, analysiert die neuen Paragraphen: »Die Spritregel geht in Ordnung, aber der Rest ist Unfug. Als einzige Auswirkung der Gewichtserhöhung sehe ich eine Massenvergrößerung, die sich bei Unfällen negativ auswirkt. Die Airbox-Bestimmung ist Alibi-Schnickschnack. Es gibt keine

Beim traditionellen Bootsrennen kann die Sauber-Crew mit ihrer verwegenen Konstruktion nicht in den Kampf um den Sieg eingreifen

GROSSER PREIS VON KANADA (Circuit Gilles Villeneuve)

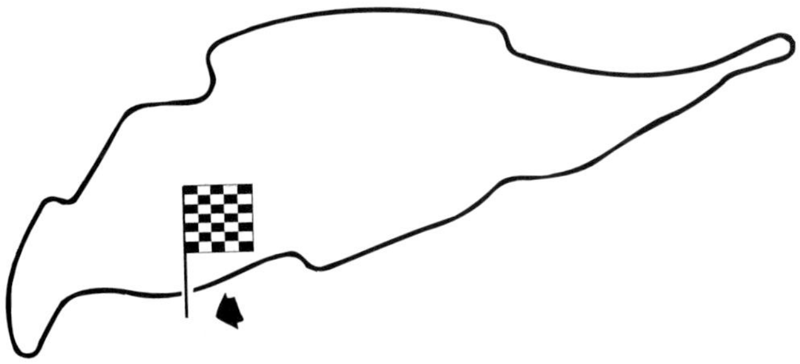

STRECKE

Ort und Datum	Montreal, 12. Juni
Wetter	wechselnd bewölkt, leichter Regen bei Rennmitte
Streckenlänge	4,450 km
Runden	69
Renndistanz	307,050 km
Bestehender Rundenrekord	1.21,500 = 195,681 km/h Michael Schumacher, Benetton-Ford B193B; GP 1993
GP-Sieger 1993	Alain Prost, Williams-Renault FW15C 1:36.41,822 = 189,667 km/h

TRAININGSZEITEN

			10. Juni	11. Juni
1.	Michael Schumacher	Benetton-Ford B194	1.26,820	1.26,178◂
2.	Jean Alesi	Ferrari 412 T1	1.26,277◂	1.26,319
3.	Gerhard Berger	Ferrari 412 T1	1.27,652	1.27,059◂
4.	Damon Hill	Williams-Renault FW16	1.28,011	1.27,094◂
5.	David Coulthard	Williams-Renault FW16	1.28,636	1.27,211◂
6.	Rubens Barrichello	Jordan-Hart 194	1.28,612	1.27,554◂
7.	Mika Häkkinen	McLaren-Peugeot MP4/9	1.27,616◂	1.27,851
8.	Eddie Irvine	Jordan-Hart 194	1.28,843	1.27,780◂
9.	Ukyo Katayama	Tyrrell-Yamaha 022	1.27,827◂	1.27,953
10.	Heinz-Harald Frentzen	Sauber-Mercedes C13	1.28,048	1.27,977◂
11.	Gianni Morbidelli	Footwork-Ford FA15	1.28,730	1.27,989◂
12.	Martin Brundle	McLaren-Peugeot MP4/9	1.28,451	1.28,197◂
13.	Mark Blundell	Tyrrell-Yamaha 022	1.29,108	1.28,579◂
14.	Andrea de Cesaris	Sauber-Mercedes C13	1.29,793	1.28,694◂
15.	Pierluigi Martini	Minardi-Ford M193B	1.29,691	1.28,847◂
16.	Christian Fittipaldi	Footwork-Ford FA15	1.29,493	1.28,882◂
17.	Johnny Herbert	Lotus-Mugen 109	1.30,063	1.28,889◂
18.	Michele Alboreto	Minardi-Ford M193B	1.29,597	1.28,903◂
19.	Olivier Panis	Ligier-Renault JS39B	1.29,630	1.28,950◂
20.	JJ Lehto	Benetton-Ford B194	1.29,580	1.28,993◂
21.	Erik Comas	Larrousse-Ford LH94	1.29,653	1.29,039◂
22.	Olivier Beretta	Larrousse-Ford LH94	1.31,167	1.29,403◂
23.	Alessandro Zanardi	Lotus-Mugen 107C	1.31,698	1.30,160◂
24.	Eric Bernard	Ligier-Renault JS39B	1.30,806	1.30,493◂
25.	David Brabham	Simtek-Ford S941	1.32,376	1.31,632◂
26.	Bertrand Gachot	Pacific-Ilmor PRO1	1.32,838◂	1.32,877

Nicht qualifiziert:

27.	Paul Belmondo	Pacific-Ilmor PRO1	1.33,291	1.33,006◂

STARTAUFSTELLUNG

5 M. Schumacher 1.26,178	
	27 Jean Alesi 1.26,277
28 Gerhard Berger 1.27,059	
	0 Damon Hill 1.27,094
2 David Coulthard 1.27,211	
	14 Rubens Barrichello 1.27,554
7 Mika Häkkinen 1.27,616	
	15 Eddie Irvine 1.27,780
3 Ukyo Katayama 1.27,827	
	30 H.-H. Frentzen 1.27,977
10 Gianni Morbidelli 1.27,989	
	8 Martin Brundle 1.28,197
4 Mark Blundell 1.28,579	
	29 Andrea de Cesaris 1.28,694
23 Pierluigi Martini 1.28,847	
	9 Christian Fittipaldi 1.28,882
12 Johnny Herbert 1.28,889	
	24 Michele Alboreto 1.28,903
26 Olivier Panis 1.28,950	
	6 JJ Lehto 1.28,993
20 Erik Comas 1.29,039	
	10 Olivier Beretta 1.29,403
11 Alessandro Zanardi 1.30,160	
	25 Eric Bernard 1.30,493
31 David Brabham 1.31,632	
	34 Bertrand Gachot 1.32,838

Gerhard Berger zwingt seinen 412 T1 in die neue Schikane

klaren Vorschriften für die Löcher, also ist es der FIA letztlich egal, was gemacht wird.«
Prompt gibt es Ärger. Jean Alesi ist unglaublich schnell. Schon bald kursieren bei den Konkurrenten Gerüchte: Das Benzin sei nicht legal, außerdem seien die – von den Funktionären für gut befundenen – Airbox-Löcher wirkungslos. Ferrari-Rennleiter Jean Todt tobt: »Unglaublich, was sich die Engländer herausnehmen. Die Teams von der Insel machen, was sie wollen. Okay, wir verändern die Lufthutzen noch einmal, aber keiner der britischen Rennställe würde sich so etwas gefallen lassen.«
Die beiden ersten Trainingssitzungen gehen an Jean Alesi, und auch das freie Samstagstraining kann der Franzose, der seinen 30. Geburtstag feiert, für sich entscheiden. Michael Schumacher kommt zunächst nicht so recht in Fahrt. Der neue Heckflügel à la Williams – vor Wochenfrist in Le Castellet erstmals getestet – bringt nicht den gewünschten Erfolg. Schumacher: »Theorie und Praxis stimmen nicht überein. Der gebogene Heckflügel paßt unerwartet nicht zu dieser Piste.« Das Urteil des Deutschen erweist sich später als voreilig. Sonntags wird er siegen – mit dem neuen Flügel. Völlig überraschend wird der Rheinländer durch einen Motorschaden gestoppt. Der Kollaps des Zuverlässigkeits-Wunders ZR, das Schumacher erst Ende Juli erstmals ernsthaft im Stich lassen wird, wirkt auf die Beobachter wie ein kleiner Schock. Doch Ford-Ingenieur Dick Scammel wiegelt ab: »Der Motor sollte ohnehin gewechselt werden, seine Kilometerleistung hatte er bereits überschritten.«
Zwischen dem alten und dem neuen Start-und-Ziel-Bereich drosselt eine Schikane die Fahrt. Die Modifikation wurde dezent installiert. Im Vergleich zu der wuchtigen »Beirut-Schikane« von Barcelona wirkt die Montreal'sche »Umleitung« geradezu zierlich. Natürlich bringt das künstliche Nadelöhr ein Sicherheits-Plus, doch nach dem Geschmack der Rennfahrer sind solch langsame Ecken nicht. Heinz-Harald Frentzen spottet: »Die Schikane gefällt mir. So haben auch wir Fahrer einmal Zeit, die Besonderheiten der kanadischen Vegetation am Pistenrand zu studieren – die Blümchen und die Gräser…«
Nicht mit der Flora, sondern mit der Fauna des zweitgrößten Flächenstaates der Erde macht Mika Häkkinen freitags Bekanntschaft. Seit dem ersten Grand Prix auf der Isle de Notre Dame im Jahr 1978 gehören die Marmods oder Groundhogs – ein Familienmitglied der Murmeltiere – zu den Besuchern des kanadischen WM-Laufs. Auch jetzt fehlen die pelzigen Nager, deren Freude über die Ruhestörung sich in engsten Grenzen hält, nicht. Auf der Rückseite des Kurses will einer der Marmods just in dem Moment die Piste kreuzen, als Häkkinens McLaren naht. Die Kreatur unterschätzt das Tempo des Boliden. Obwohl der Pilot bremst und eine Kurskorrektur vornimmt, kommt es zur tödlichen Kollison. Dem Finnen fehlt es nicht an Mitleid: »Das Tier tut mir leid – es kann ja wirklich nichts dafür, daß wir auf seinem Gelände fahren.« Als ein europäischer Journalist das Opfer als Biber bezeichnet, legt ein kanadischer Kollege kritisch die Stirn in Falten: »Ein Biber? Wäre das ein Biber gewesen, müßten die McLaren-Mechaniker jetzt nicht nur den Frontflügel wechseln…«
Drei Sitzungen sahen Jean Alesi vorn, aber die vierte – alles entscheidende – nicht: Schumacher zieht alle Register und unterbietet die Zeit des Franzosen um eine Zehntelsekunde. »Das ist meine dritte Pole-Position«, sagt der Benetton-Pilot nicht ohne berechtigten

Michael Schumacher, »eingerahmt« von den beiden Ferrari – dahinter setzt sich David Coulthard gegen Damon Hill durch

Stolz, »und sie herauszufahren, hat weitaus mehr Spaß gemacht als in Monaco und Barcelona, weil ich hart kämpfen mußte.« Trotz des Widerstandes, den Alesi leistete, kann in diesem Moment allerdings niemand ahnen, daß Michael Schumacher in Montreal vorläufig zum letzten Mal den besten Startplatz erobern konnte. Erst neun Wochen später, in Ungarn, wird er sich im Qualifying wieder durchsetzen können.

Ungeachtet des nur knappen Vorsprungs im Training, wird Schumacher sonntags als der große Favorit gehandelt. Und er wird dieser Rolle bereits auf den ersten Metern gerecht. Dank eines gelungenen Starts – auf diesem Sektor wird er sich in Magny-Cours sogar noch steigern – führt er das Feld in die erste Kurve. Dahinter folgen Jean Alesi, Gerhard Berger und David Coulthard, der seinen Team-Kollegen Damon Hill ausbeschleunigen kann, weil der seine PS in blauen Reifenqualm statt Vortrieb umsetzt. Die Team-interne Reihenfolge der beiden Williams-Piloten wird Folgen haben…

Alessandro Zanardi wird die erste Runde so schnell nicht vergessen. Der Italiener läßt sich – der Ideallinie folgend – ausgangs der Haarnadelkurve an den linken Pistenrand tragen. Vor der Zusatzschikane, in deren Bremszone während des ersten Umlaufs Überholverbot herrscht, kommt ihm JJ Lehto bedrohlich nahe. Um seine Position in jedem Fall zu verteidigen, zieht der Lotus-Pilot nach rechts – Raumdeckung. Unsinnigerweise interpretieren die Marshals das Manöver als Überholvorgang, und Zanardi wird mit einer Zehn-Sekunden-Strafe belegt. Später wettert er: »In Barcelona mußte ich 5000 Dollar Strafe zahlen, weil ich in der Boxengasse zu schnell fuhr. Die möchte ich jetzt zurück, denn weshalb sollen die Marshals ungeschoren davonkommen, wenn sie einen Fehler machen?«

Martin Brundle hat das zweifelhafte Vergnügen, als erster in die Ausfall-Liste eingetragen zu werden – ohne Vorwarnung stirbt der Peugeot V10 ab. »Keine Ahnung, was passiert ist«, knurrt der Brite mißgelaunt an den Boxen, »in meiner Not spielte ich noch ein paar Mal mit dem Zündungsschalter, aber es nutzte nichts.« Kurz darauf fehlt auch der schwarze Sauber-Mercedes von Heinz-Harald Frentzen. Der weiß genau, weshalb er nicht mehr auf der Piste zirkuliert: »Ich fuhr zu schnell in die Schikane. Mein Fehler.« Über die Kerbs ging die Fahrt des Mönchengladbachers, die in den Reifenstapeln der Pistenbegrenzung endete. Teamchef Peter Sauber hat nichts zu lachen. Auch Andrea de Cesaris, Neuling im 200er-Club, kommt nicht über die Runden, und schlimmer noch: Sponsor Broker hat immer noch nicht gezahlt…

An der Spitze wird schnell deutlich, daß Michael Schumacher seinem fünften Saisonsieg entgegenfährt. Von Jean Alesi geht keine Gefahr aus, und auch der Franzose spürt zunächst keinen Druck. Gerhard Berger kann als Drittplazierter das Tempo seines Teamkollegen nicht mitgehen. Aber hinter dem Tiroler werden die Verfolger langsam ungeduldig. David Coulthard kann die »Alpenfestung« nicht knacken. Der Schotte wird Opfer seines Routinemangels. Zu früh, zu ungestüm verschleißt er den Grip seiner Pneus in den Turbulenzen des roten Boliden. Damon Hill, Rubens Barrichello und Mika Häkkinen folgen im Stau hinter dem Duo Berger/Coulthard. Hills verzweifelte Attacken – einmal schiebt er sich sogar längsseits – schmettert Coulthard ab, bis die Boxen-Crew eingreift: Über Funk wird der Nachwuchsfahrer aufgefordert, Hill den Vortritt zu lassen. Coulthard gehorcht.

Schnell schließt der Spanien-Sieger die kleine Lücke zu Berger, kommt aber erst in der 15. Runde an ihm vorbei, als dem Österreicher vor der Schikane ein kleiner Fehler unterläuft, den Hill eiskalt nutzt. Nach dem Rennen auf das Duell mit Coulthard angesprochen, reagiert Hill recht diplomatisch: »Ich werde mit ihm darüber reden müssen – als ich hinter ihm festhing, verstand ich die Welt nicht mehr! Auf meine Hilfe darf er nicht mehr zählen.«

Über diese Äußerung ärgert sich der Schotte: »Ich sagte Damon, daß es falsch war, in der Öffentlichkeit zu sprechen, ohne vorher meine Meinung zu hören. Ich habe ihn für reifer gehalten.« Den Befehl, Hill vorzulassen, habe er innerhalb einer Runde befolgt, deshalb habe er kein Verständnis dafür, daß ihm Hill für die Zukunft jede Form von Unterstützung verweigern wolle. In Silverstone wird Hill seinen Worten Taten folgen lassen.

Zunächst aber versucht der Weltmeistersohn, den hinter Coulthard verlorengegangenen Boden wieder gutzumachen. Nach 25 Runden führt Schumacher mit zehn Sekunden Vorsprung auf Alesi, dem Hill kontinuierlich näherrückt. Nur drei Umläufe später konzentriert sich das Interesse zunächst auf das Wetter. Regenfälle wurden für den Nachmittag bereits 24 Stunden zuvor angekündigt, und nun färbt sich der Himmel über der nahen Skyline von Montreal tatsächlich tiefschwarz. Grelle Blitze leuchten downtown auf. Aber das Gewitter und der damit verbundene sintflutartige Regen streiften knapp am Rennkurs vorbei. Nur auf der Rückseite wird die Bahn leicht feucht. Bei Start-und-Ziel platzen nur wenige dicke Tropfen auf dem Asphalt. Michael Schumacher wartet während der Feuchtphase klug ab, wie sich seine Verfolger verhalten. Die Benetton-Strategie erlaubt jetzt einen Boxenstopp, macht ihn aber nicht zwingend notwendig. Nach 31 Runden bremst sich Alesi zum Service ein, zwei Umläufe später Hill. In den entscheidenden Minuten dreht der Brite dank günstigerer »Verkehrslage« schnellere Runden, und als beide wieder ihren Rhythmus gefunden haben, liegt er vor

dem Ferrari auf Rang Zwei. Schumacher aber fährt unbeirrt weiter. Nun ist klar, daß ihn nur noch ein Fahrfehler oder ein technischer Defekt daran hindern kann, seinen ersten Montreal-Sieg heimzufahren. Ohne die Spitzenposition zu gefährden, holt sich der Deutsche erst in der 40. Runde frische Reifen und eine Ladung Sprit.
Die Podium-Ränge sind damit praktisch bezogen, aber der Kampf um den vierten Platz ist noch lange nicht entschieden. Nur knapp behauptet sich Gerhard Berger vor Mika Häkkinen. In den langsamen Streckenabschnitten und den Bremszonen glänzt der McLaren, doch dank Maranello-Power zieht der Ferrari beim Beschleunigen und auf den Geraden immer wieder so weit davon, daß der Finne nicht zuschlagen kann. Auch Rubens Barrichello scheint noch in das Ringen um die drei WM-Punkte eingreifen zu können, fällt dann aber doch noch entscheidend zurück. »Ich gebe jedesmal mehr als 100 Prozent«, stöhnt das Super-Talent später, »aber wegen der Probleme nutzt es mir nichts.« Diesmal sind es wieder die Jordan-typischen Getriebeschwächen – speziell beim Herunterschalten – die sich störend auswirken.
In der 62. Runde kann Berger endgültig durchatmen: Häkkinens McLaren bleibt auf der Boxengeraden stehen, weil das System der pneumatischen Ventilfedern ein Leck bekommt. Häkkinen enttäuscht: »Erst spürte ich Fehlzündungen und dachte, vielleicht reicht's noch bis ins Ziel, aber dann verabschiedete sich der Motor.«
David Coulthard erbt den Rang des Skandinaviers, der ihm die ersten WM-Punkte seiner jungen F1-Karriere beschert. Etwas kleinlaut gibt er, der so viel Wert auf körperliche Fitness legt, zu, ein Krampf im rechten Bein habe ihn behindert. Aber auch mit seiner Taktik ist der Schotte nicht zufrieden: »Ich wußte nicht so recht, wie ich's anstellen sollte. Einerseits wollte ich fighten, andererseits auf jeden Fall ins Ziel kommen. Vielleicht ließ ich es heute zu vorsichtig angehen.« Eine Runde Rückstand handelte sich Coulthard ein, und eine Runde wird er auch zurückliegen, wenn er sein Punktekonto in Silverstone aufpolieren wird.
Der letzte WM-Punkt wird erst nach dem Rennen vergeben. Zunächst scheint er Christian Fittipaldi sicher. Beim Check im parc fermé stellt sich dann jedoch heraus, daß der Footwork-Ford des Brasilianers 2,5 Kilogramm zu wenig auf die Waage bringt. Der Fahrer des Wagens mit Startnummer neun wird disqualifiziert. »Pech«, murmelt ein frustrierter Chef-Konstrukteur Alan Jenkins, »etwas zuviel Öl, Benzin und Reifen verbraucht, und schon addieren sich die Verluste entscheidend.«
Nutznießer des Ausschlusses von Fittipaldi ist JJ Lehto. Das Pünktchen, das der Finne kassiert, ist der erste »Benetton-Punkt« des Jahres, den das Team nicht Michael Schumacher verdankt! Die Plazierung in den Top-Six nutzt dem Rosberg-Schützling nichts. Wegen seiner anhaltenden Formschwäche wird er von Flavio Briatore aus dem ersten »Kader« verbannt. Sein GP-Comeback darf er erst in Monza feiern.
Während das Gros der Piloten abends in Montreal noch einmal die Puppen tanzen läßt und erst am Montag nach Europa zurückfliegt, steigt Sieger Michael Schumacher schon kurz nach der Siegerehrung in einen bereitstehenden Helikopter, der ihn zum Flughafen Mirabel transportiert. Eine Großmutter des Titelanwärters ist erkrankt, und der Enkel möchte sie möglichst schnell im Krankenhaus besuchen.

ERGEBNISSE UND AUSFÄLLE

1. Michael Schumacher	Benetton Ford B194-05	1:44.31,887 = 176,243 km/h
2. Damon Hill	Williams-Renault FW16-3	39,660 Sekunden zurück
3. Jean Alesi	Ferrari 412 T1-154	1.13,388 Minuten zurück
4. Gerhard Berger	Ferrari 412 T1-153	1.15,609 Minuten zurück
5. David Coulthard	Williams Renault FW16-1	1 Runde zurück
Christian Fittipaldi**	Footwork-Ford FA15-04	1 Runde zurück
6. JJ Lehto	Benetton-Ford B194-04	1 Runde zurück
7. Rubens Barrichello	Jordan-Hart 194/002	1 Runde zurück
8. Johnny Herbert	Lotus-Mugen 109/1	1 Runde zurück
9. Pierluigi Martini	Minardi-Ford M193B-05	1 Runde zurück
10. Mark Blundell	Tyrrell-Yamaha 022-01	2 Runden zurück
11. Michele Alboreto	Minardi-Ford M193B-01	2 Runden zurück
12. Oliver Panis	Ligier-Renault JS39B-04	2 Runden zurück
13. Eric Bernard	Ligier-Renault JS39B-06	3 Runden zurück
14. David Brabham	Simtek-Ford S941-02	4 Runden zurück
15. Alessandro Zanardi*	Lotus-Mugen 107C/3	7 Runden zurück

Mika Häkkinen	McLaren-Peugeot MP4/9-6	62. Runde, Motor
Olivier Beretta	Larrousse-Ford LH94-02	58. Runde, Motor
Gianni Morbidelli	Footwork-Ford FA15-05	51. Runde, Getriebe
Bertrand Gachot	Pacific-Ilmor PR01/002	48. Runde, Öldruck
Erik Comas	Larrousse-Ford LH94-01	46. Runde, Kupplung
Ukyo Katayama	Tyrrell-Yamaha 022-02	45. Runde, Dreher
Eddie Irvine	Jordan-Hart 194/005	41. Runde, Unfall
Andrea de Cesaris	Sauber-Mercedes C13-04	25. Runde, Öldruck
Heinz-Harald-Frentzen	Sauber-Mercedes C13-03	6. Runde, Unfall
Martin Brundle	McLaren-Peugeot MP4/9-4	4. Runde, Elektrik

*Nicht im Ziel, aber aufgrund der zurückgelegten Distanz gewertet
**disqualifiziert

Schnellste Runde:
(31. Runde) – Michael Schumacher, Benetton-Ford B194, 1.28,927 = 180,147 km/h
Rundenrekord – Strecke in dieser Form erstmals Schauplatz eines Grand Prix

GRAND PRIX DE FRANCE
Magny-Cours, 3. Juli

Das vorläufige Ende eines Comeback – Nigel Mansell klettert aus dem Cockpit seines defekten Williams

Comeback des Löwen

Nigel Mansell sorgt für Schlagzeilen – Krach bei Sauber – Ferrari mit neuem Boliden – Eddie Jordan ärgert Italiener – Erste Startreihe für Williams-Duo – Ecclestones Verdacht – Gounons Angst vor dem Boxenstopp – Blinder Alesi – Mansell läßt grüßen – Vorsprung durch Taktik – Platz Vier für Frentzen – Schumacher pulvertrocken

Das Vorspiel des siebten WM-Laufs der Saison beginnt bereits am 27. Juni – vier Tage vor Beginn des Trainings. Mittags um zwölf Uhr trifft Nigel Mansell gemeinsam mit Ehefrau Roseanne aus den USA kommend auf dem Flughafen London Heathrow ein. Sofort führt sein Weg nach Didcot zu Williams, wo ein Sitz für den Weltmeister des Jahres 1992 gegossen wird. Abends um 21.15 Uhr steigt das Ehepaar Mansell in Brands Hatch im Thistle Hotel – unmittelbar an der ehemaligen Grand Prix-Piste gelegen – ab.

Das tonnenschwere Mansell'sche Gepäck läßt die Vermutung zu, die beiden seien für immer in ihre alte Heimat zurückgekehrt. Aber der Ex-Champ, der sich zu vorgerückter Stunde durch eine Sonnenbrille eher kenntlich macht, als tarnt, legt sofort klar: »Ich bin nur für den französischen Grand Prix nach Europa gekommen. Nach dem Rennen geht's wieder zurück.« Der legendäre Schnauzbart checkt ein und … steht bereits nach wenigen Minuten wieder im Foyer: »Ich kann das Zimmer nicht finden.« Keine Frage, Mansell ist noch ganz der Alte!

Am nächsten Morgen versammeln sich nahezu 10 000 Fans, um ihrem Idol bei Testfahrten auf dem kurzen Club-Circuit der traditionsreichen Piste zuzuschauen. Bevor Mansell in den Wagen klettert, stellt er sich den Fragen der Presse. Er habe, so argumentiert er, der Formel 1 sehr viel zu verdanken. Jetzt wolle er dem Grand Prix-Sport etwas zurückgeben. Bernie Ecclestone persönlich machte den Deal möglich, denn die unterschiedlichen Partner und Sponsoren aus IndyCar und Formel 1 konnten sich ohne Hilfe des FIA-Vize und FOCA-Chefs nicht einigen. Der Star ist gut aufgelegt und wagt einen Scherz: »Dies ist wie ein Traum – denn aufgrund der Zeitverschiebung ist es für mich jetzt ein Uhr nachts.« Der wichtigsten Frage – »Weshalb ein Comeback bei Williams, dem Team, mit dem er 1992 im Streit auseinanderging?« – begegnet Mansell mit diplomatischem Geschick: »In den USA wurde ich ein bißchen älter und auch ein bißchen weiser.« Jetzt wird er um 1,5 Millionen Dollar reicher – dieses nette Sümmchen wird als Gage für den Magny-Cours-Auftritt hingeblättert.

Dann dreht Nigel Mansell seine ersten Comeback-Runden – donnerstags wird man sich wiedersehen.

Erster Nutznießer des Mansell-Gastspiels ist Michael Schumacher. Der stets umlagerte Titelanwärter Nummer eins erlebt nach seiner Ankunft in Magny-Cours zunächst ungewohnt ruhige Stunden: Die Aufmerksamkeit der Chronisten konzentriert sich auf den F1-Heimkehrer. Wer den Briten nicht erwischt, der recherchiert bei Sauber-Mercedes. Bei der Truppe aus Hinwil hängt der Haussegen schief. Alle Embleme von Hauptsponsor Broker sind von den Rennwagen, Transportern und Team-Uniformen verschwunden: Broker hat nicht gezahlt. Für Tage stand die Zukunft des Rennstalls auf der Kippe – es ging um Sein oder Nichtsein. Dann wurden mit Mercedes-Hilfe neue Geldgeber gefunden. Jetzt sind die Stuttgarter sauer. Sauber heißt der Sündenbock, obwohl die Broker-Posse im Zeichen des Sterns ausgebrütet wurde …

Mansell schildert Chefkonstrukteur Patrick Head (links) nach dem ersten Training seine Eindrücke

GROSSER PREIS VON FRANKREICH (Circuit de Nevers Magny-Cours)

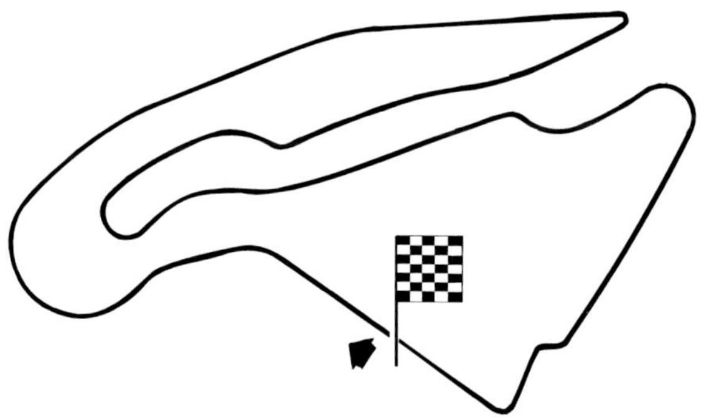

STRECKE

Ort und Datum	Magny-Cours, 3. Juli
Wetter	aufgelockert bewölkt, heiß
Streckenlänge	4,250 km
Runden	72
Renndistanz	306,000 km
Bestehender Rundenrekord	1.17,070 = 198,521 km/h Nigel Mansell Williams-Renault FW14B; GP 1992
GP-Sieger 1993	Alain Prost, Williams-Renault FW15C 1:38.35,241 = 186,231 km/h

TRAININGSZEITEN

			1. Juli	2. Juli
1.	Damon Hill	Williams-Renault FW16	1.17,539	1.16,282◂
2.	Nigel Mansell	Williams-Renault FW16	1.18,340	1.16,359◂
3.	Michael Schumacher	Benetton-Ford B194	1.17,085	1.16,707◂
4.	Jean Alesi	Ferrari 412 T1B	1.17,855	1.16,954◂
5.	Gerhard Berger	Ferrari 412 T1B	1.17,441	1.16,959◂
6.	Eddie Irvine	Jordan-Hart 194	1.19,463	1.17,441◂
7.	Rubens Barrichello	Jordan-Hart 194	1.18,326	1.17,482◂
8.	Jos Verstappen	Benetton-Ford B194	1.18,669	1.17,645◂
9.	Mika Häkkinen	McLaren-Peugeot MP4/9	1.19,041	1.17,768◂
10.	Heinz-H. Frentzen	Sauber-Mercedes C13	1.19,318	1.17,830◂
11.	Andrea de Cesaris	Sauber-Mercedes C13	1.20,145	1.17,866◂
12.	Martin Brundle	McLaren-Peugeot MP4/9	1.18,112	1.18,031◂
13.	Olivier Panis	Ligier-Renault JS39B	1.19,097	1.18,044◂
14.	Ukyo Katayama	Tyrrell-Yamaha 022	1.19,969	1.18,192◂
15.	Eric Bernard	Ligier-Renault JS39B	1.19,292	1.18,236◂
16.	Pierluigi Martini	Minardi-Ford M194	1.20,084	1.18,248◂
17.	Mark Blundell	Tyrrell-Yamaha 022	1.20,001	1.18,381◂
18.	Christian Fittipaldi	Footwork-Ford FA15	1.20,801	1.18,568◂
19.	Johnny Herbert	Lotus-Mugen 109	1.20,108	1.18,715◂
20.	Erik Comas	Larrousse-Ford LH94	1.20,576	1.18,811◂
21.	Michele Alboreto	Minardi-Ford M194	1.20,097	1.18,890◂
22.	Gianni Morbidelli	Footwork-Ford FA15	1.20,707	1.18,936◂
23.	Alessandro Zanardi	Lotus-Mugen 109	1.20,122	1.19,066◂
24.	David Brabham	Simtek-Ford S941	1.22,527	1.19,771◂
25.	Olivier Beretta	Larrousse-Ford LH94	1.21,964	1.19,863◂
26.	Jean-Marc Gounon	Simtek-Ford S941	1.23,264	1.21,829◂
Nicht qualifiziert:				
27.	Bertrand Gachot	Pacific-Ilmor PRO1	1.24,048	1.21,952◂
28.	Paul Belmondo	Pacific-Ilmor PRO1	1.24,637	1.23,004◂

STARTAUFSTELLUNG

0 Damon Hill 1.16,282	
	2 Nigel Mansell 1.16,359
5 M. Schumacher 1.16,707	
	27 Jean Alesi 1.16,954
28 Gerhard Berger 1.16,959	
	15 Eddie Irvine 1.17,441
14 Rubens Barrichello 1.17,482	
	6 Jos Verstappen 1.17,645
7 Mika Häkkinen 1.17,768	
	30 H.-H. Frentzen 1.17,830
29 Andrea de Cesaris 1.17,866	
	8 Martin Brundle 1.18,031
26 Olivier Panis 1.18,044	
	3 Ukyo Katayama 1.18,192
25 Eric Bernard 1.18,236	
	23 Pierluigi Martini 1.18,240
4 Mark Blundell 1.18,381	
	9 Christian Fittipaldi 1.18,568
12 Johnny Herbert 1.18,715	
	20 Erik Comas 1.18,811
24 Michele Alboreto 1.18,890	
	10 Gianni Morbidelli 1.18,936
11 Alessandro Zanardi 1.19,066	
	31 David Brabham 1.19,771
19 Olivier Beretta 1.19,863	
	32 Jean-Marc Gounon 1.21,829

Jean Alesi verzweifelt an der »Festung« Mansell

Dann sprechen endlich die Motoren. Nigel Mansell beendet den ersten Trainingstag bei brütender Hitze als Siebtschnellster. Ein Landsmann des Briten, der als Beobachter der Szene mehr als 300 Grand Prix »auf dem Buckel« hat, kommt von der Piste zurück ins Fahrerlager und sagt nachdenklich: »Nigels Fahrweise erinnert mich an die letzten F1-Jahre Riccardo Patreses.« Als Kompliment sind diese Worte nicht zu verstehen. Mansell selbst ist gelöst. Daß gleich sechs Kollegen vor ihm rangieren, ruft bei ihm keine Panik hervor: »Das Auto ist nervöser als ein Indy-Wagen. Auch muß ich mich erst wieder an den Umgang mit den Reifen gewöhnen. Die paar Runden, das sagt noch nicht viel – mal sehen, was morgen drin ist.« Hinter den Kulissen wird er konkreter. Mit einer Zeit von 1.18,4 Minuten steht er zu Buche. Eine tiefe 17er-Zeit traut er sich im Abschlußtraining zu. Damit unterschätzt er das eigene Leistungsvermögen gewaltig.

Der Wirbel um den Briten drängt andere Neuigkeiten etwas in den Hintergrund. Der Ferrari 412 T1 läuft jetzt als überarbeiteter Typ B. Weitere Modifikationen sollen in Silverstone folgen. Peugeot nahm sich der Nockenwellen an – 500 U/min mehr und sechs Prozent Leistungsplus. Nur für das Abschlußtraining packt Renault Zehnzylinder vom Typ RS6B aus – 400 U/min mehr, kein Wort über den Power-Zuwachs. Bei Jordan arbeitet eine neue Getriebe-Elektronik, für mehr Wirbel sorgt allerdings ein Schriftzug auf den Boliden: Ireland 1 – Italy 0 steht in Erinnerung an den Ausgang des Vorrundenspiels der Fußball-WM auf den Flanken!

Ein Gewitter in der Nacht auf Samstag bringt für den zweiten Trainingstag etwas gemäßigtere Temperaturen. Das Abschlußtraining entwickelt sich zum Krimi. Michael Schumacher findet keinen Tritt. Morgens flog er zweimal ab. Zuerst aus unbekannten Gründen. Schon vor dem Einlenken stellte sich sein Benetton in der Bremszone quer. Bereits während er durch den Kies rodelt, gibt er per Sprechfunk an die Boxen durch: »Ich weiß nicht, was passiert ist.« Die komplette Bremsanlage wird ausgewechselt. Beim zweiten Mal kennt der Pilot die Ursache: »Ich war zu schnell.«

Im zweiten Qualifying ist es dann Jean Alesi, der den ersten Stein wirft: Bei 1.17,205 Minuten bleiben die Uhren stehen. Schumacher ist schneller. Er unterbietet die Zeit des Franzosen deutlich und läßt sich 1.17,063 gutschreiben. Aber auch der Benetton-Pilot findet seinen Meister. Auf der jetzt deutlich schnelleren Strecke gelingt Nigel Mansell in 1.16,987 ein neuer Bestwert! Dann hat Jos Verstappen das Wort: Der Holländer schmettert übersteuernd in Höhe der Williams-Crew gegen die Boxenmauer! Das linke Vorderrad reißt bei McLaren die rückwärtige Verkleidung der Monitore ab. Gegenüber von Eddie Jordans »Feldherrnhügel« kommt der Benetton zum Stand. Die Sitzung wird zehn Minuten lang unterbrochen, um den Schrott wegzuräumen.

Kurz nach der Zwangspause verdrängt Damon Hill seinen Teamkollegen von Platz Eins. Jetzt gilt es, 1.16,609 zu unterbieten, und das gelingt Mansell – dem mit 81 Kilogramm Kampfgewicht schwersten aller Piloten – nur sieben Minuten später. Seine Zeit von 1.16,359 scheint unschlagbar, doch sechs Minuten, bevor die schwarz-weiß-karierte Flagge geschwenkt wird, steigert sich Hill auf 1.16,252 und holt sich damit seine dritte Pole-Position. Seit dem Pacific GP sah die Formel 1 kein so spannendes Qualifying, und erstmals seit 1977 stehen zwei Briten in der ersten Startreihe eines Grand Prix. Mansell ist einer der ersten, die Hill gratulieren. »Gestern dachte ich, ich müßte über einen Platz unter den ersten Sechs glücklich sein«, sagt er stolz und zufrieden, »jetzt bin ich Zweiter und entsprechend überglücklich.«

Nach der leichten Abkühlung am Vortag ist es sonntags wieder tropisch heiß. Alles scheint nach dem aufregenden Abschlußtraining möglich – auch wenn Renault auf den Einsatz der B-Versionen des RS6 verzichtet. Seit dem Pacific-GP lag während der Einführungsrunde nicht mehr so viel Spannung in der Luft wie jetzt.

Aber es kommt völlig anders als erwartet: Damon Hill beschleunigt fehlerfrei von der Linie weg, während Mansells Sprintbemühungen keine Bestnoten verdienen. Was allerdings Michael Schumacher auf den Asphalt zaubert, schlägt alles, was bisher unter dem Namen Start verkauft wurde: Der Benetton mit Startnummer fünf – mit Rücksicht auf »Nigel – the red five« diesmal nicht in rot lackiert – schießt in Front, als setzte er sich mit Formel 3-

Während ein Marshal die Flammen erstickt, verläßt Alessandro Zanardi fluchtartig das Cockpit seines Lotus und...
... stolpert in der Hektik über das rechte Vorderrad

Autos auseinander und biegt als Spitzenreiter in die langgezogene erste Kurve ein. Nur ein Wort murmelt Beobachter Bernie Ecclestone entgeistert: »Traction-control!«
Damon Hill äußert einen solchen Verdacht nicht, als er nach dem Rennen zu Protokoll gibt: »Mein Start war gut. 1994 kam ich bisher nur in Monaco noch besser weg. Ich freute mich richtig, aber dann kam Michael mit einem Höllentempo vorbeigeflogen.« Der Deutsche selbst spricht von einer perfekten Leistung: »Besser geht's nicht. Ich fuhr exakt in dem Augenblick los, als das Rotlicht erlosch. Etwas Glück gehörte dazu.«
In der Reihenfolge Schumacher, Hill, Mansell, Alesi, Berger und Irvine werden die Positionen bezogen. Neben dem Kerpener zählt auch Heinz-Harald Frentzen zu den großen Gewinnern der Startrunde: Der Sauber-Pilot erobert sich von Platz Zehn aus die siebte Position.
Nach der Raketeneinlage auf den ersten Metern kann sich Schumacher nicht von Hill absetzen. Wie ein Schatten folgt der Williams dem grünblauen Benetton. Der Deutsche: »Es war anders als sonst. Gewöhnlich zählte ich während der letzten Rennen von Beginn an die Restrunden bis zum Ziel, beobachtete die Instrumente und lauschte auf den Klang des Motors. Diesmal hing mir Damon im Getriebe. Es war ein unglaublicher Fight – für mich zwar nicht gemütlich, aber für die Fans interessant und spannend.« Mansell kann dem Duo nicht folgen. Kontinuierlich wächst sein Rückstand. Platz Drei verteidigt er allerdings mit Zähnen

Kritischer Augenblick für den Spitzenreiter – Michael Schumacher umrundet zwei Havaristen

Jean Alesi übersieht nach einem Dreher den Brasilianer Rubens Barrichello

und Klauen gegen Jean Alesi, der keinen Weg vorbei an dem Löwen findet.
Runde elf bringt das erste »besondere Vorkommnis«: Jos Verstappen, anstelle des formschwachen JJ Lehto im zweiten Benetton unterwegs, glaubt, im Gefälle vor Start-und-Ziel endlich einen Weg vorbei an Martin Brundle gefunden zu haben. Glaubt, denn der Holländer landet im Kies der Auslaufzone, der die Nase seines Boliden abreißt. »Als sich Martin vor der Schikane verbremste«, berichtet Verstappen später, »und einen weiten Bogen fuhr, sah ich meine Gelegenheit – doch dann machte er zu.« Geistesgegenwärtig biegt der blonde Wunderknabe sofort in die Boxengasse ab. Der Reparaturstopp wirft ihn vom elften Rang auf den allerletzten Platz zurück.
Nur vier Runden später läuft die Spitze auf Verstappen auf, um ihn zu überrunden. Wie wird er sich verhalten? Schumacher zieht vorbei und dann auch Hill. In der Bremszone vor »Adelaide« spielt der Niederländer fair mit, und versucht erst gar keine Tricks, um dem Teamkollegen Schützenhilfe zu leisten. 0,6 Sekunden trennen Hill von Schumacher – das Rennen scheint offen.
In der 18. Runde holt sich Nigel Mansell als erster Sprit und Reifen. Der 9,7-Sekunden-Stopp wirft ihn zunächst auf Platz Sechs zurück. Nur einen Umlauf später wird Alesi in weniger als acht Sekunden abgefertigt und kommt so an Mansell vorbei.
Unvermutet konzentriert sich das Interesse auf Alessandro Zanardi, dessen Lotus lichterloh in Flammen steht! Eine Schraube der Notölpumpe hat sich gelöst – das Feuer findet reiche Nahrung. Nachdem er fluchtartig stolpernd das Cockpit verlassen hat, schildert der Italiener den Vorgang cool: »Nach Imola und Barcelona im Vorjahr, erlebe ich sowas ja nicht zum ersten Mal…«
In der 21. Runde kommen die beiden Spitzenreiter – keine zwei Sekunden voneinander getrennt – zum Service-Stopp an die Boxen. Anschließend zieht der Deutsche seinem Verfolger unaufhaltsam davon. Der Vorsprung wächst von Runde zu Runde: 3,5 – 4,7 – 5,8 – 7,1 Sekunden. Hill wird sofort klar, daß es für ihn keine Siegchance mehr gibt. Schumacher setzt auf insgesamt drei Boxenstopps, der Brite nur auf zwei. Der entsprechend leichte Benetton ist nicht zu halten. Aber noch hat der Rheinländer nicht gewonnen, und im Verlauf der 28. Runde droht die Rechnung trotz der guten Taktik wegen »einer Unbekannten« nicht aufzugehen: Ukyo Katayama, Gianni Morbidelli und Olivier Panis fliegen die lange Gerade zur Haarnadelkurve »Adelaide« hinunter. Für Schumacher braut sich ein Gefahrenherd zusammen. Der Footwork-Pilot arrangiert sich zwar mit dem Japaner, lenkt seinen Boliden dann aber zu ungestüm ein und dreht sich. Panis, der bereits auf mögliche erste WM-Punkte spekuliert, kann eine Kollision nicht verhindern. Nur mit Mühe kann der dichtauf folgende Schumacher den beiden Havaristen ausweichen!
Aber nicht nur an der Spitze spielen sich Dramen ab. Seit der vierten Runde ist Simteks Neuer, der Franzose Jean-Marc Gounon, ohne Kupplung unterwegs. Er traut sich nicht, den fälligen Boxenstopp einzulegen, weil er glaubt, anschließend nicht mehr losfahren zu können. »Komm rein – es wird klappen«, ruft ihm Chef Nick Wirth wiederholt per Funk zu. Endlich faßt sich Gounon ein Herz. Sein Auto steht noch nicht, da hört er aus den Helmlautsprechern: »Neutral – neutral!« Den Leerlauf soll er einlegen. Tatsächlich hat ihm Wirth nicht zuviel versprochen – es klappt tatsächlich.
Als Schumacher in der 37. Runde seinen zweiten Halt absolviert, übernimmt Hill mit gut sieben Sekunden Vorsprung die Führung. Das Rennen ist in seiner entscheidenden Phase. Flavio

BENETTON
BENETTON
SPORTSYSTEM
BENETTON
Lpr

Briatore drückt die Mikro-Taste, und auch jetzt funktioniert der »Lauschangriff« des Chronisten: »Push hard – push hard«, ruft der Teamchef, Schumacher soll Tempo machen. Immer wieder ist Briatores Ruf zu hören. Gleichzeitig wird der Benetton tatsächlich in den Rückspiegeln des führenden Williams immer größer…

Noch bevor die Würfel endgültig fallen, verabschieden sich Jean Alesi und Rubens Barrichello zeitgleich in der Schikane vor dem Rechtseck Lycée. Der Ferrari fliegt zunächst in den Kies, rollt dann auf die Piste, wo Alesi eine Schleuderwende auf den Asphalt zaubert. Eingehüllt in den Qualm verbrannten Gummis beschleunigt er Sekunden später und wird vom völlig unschuldigen Rubens Barrichello gerammt! Der Franzose entschuldigt sich: »Tut mir leid, mein Auto übersteuerte, weil hinten der Reifendruck zu hoch war.« In Anlehnung an den Schriftzug auf seinen Rennwagen scherzt Eddie Jordan in der Not: »Italien 1 – Irland 0.«

Als sich Hill in der 45. Runde vor seinen Boxen einbremst, liegt ihm Schumacher nur noch mit 0,4 Sekunden Rückstand im Nacken. Die Benetton-Taktik geht auf. Mit 21,9 Sekunden »Luft« auf Hill übernimmt der Deutsche wieder das Kommando, während Frank Williams plötzlich ganz andere Sorgen hat: Nigel Mansell hat seinen Rennwagen am Pistenrand »geparkt« – die Getriebehydraulik streikt. Weil er minutenlang im Cockpit verharrt, entsteht parallel das Gerücht, der »Löwe« sei groggy! Dann steigt der Star aus, läßt Hill beste Wünsche ausrichten und verläßt die Szene per Helikopter in Richtung Paris.

Als Schumacher in der 55. Runde seinen letzten Stopp einlegt, schmilzt sein Vorsprung auf Hill zwar von 27,5 auf 14,1 Sekunden, doch das bringt ihn nicht mehr in Gefahr. »Well done«, quäkt Briatores Stimme wenig später bei der Zieldurchfahrt in Schumachers Helm. Als Antwort sind aus dem Benetton-Cockpit unartikulierte Laute zu hören, die an einen gutgelaunten Krieger der Schwarzfuß-Indianer erinnern. Dahinter kreuzen Hill, Berger und Frentzen die Linie. Per Telefon freuen sich Peter Sauber und Karl Wendlinger gemeinsam über Platz Vier. Der Chef hat nach den schweren Wochen Freudentränen in den Augen, und auch Frentzen strahlt. Gemütlich war seine Fahrt keineswegs. Weil die Trinkflasche nicht funktionierte, drohte er zu »verdursten«. Dann war da noch der Sauber'sche Doppelstopp, als Frentzen und de Cesaris gemeinsam vor der Box standen…

Nach der Siegerehrung gesteht Hill offen: »Benetton schlug uns dank der besseren Taktik.« Glücklich – »Endlich macht es wieder Spaß, Ferrari zu fahren« –, aber naßgeschwitzt freut sich Gerhard Berger über vier WM-Punkte. Auch Hill transpiriert aus verständlichen Gründen. Nur die Stirn des Siegers ist pulvertrocken. Hill überzeugt sich mit prüfendem Finger und raunt dem Sieger zu: »Unglaublich – du bist kein normaler Sterblicher.« In gelöster Stimmung macht Schumacher dann ein Angebot: »Damon, ich lasse dich in Silverstone gewinnen – du mich in Hockenheim.« Der Brite willigt lachend ein, aber da protestiert Berger. »Vergeßt mich nicht!«, ruft er den beiden zu. Schumacher weiß nicht, daß er Hill in Silverstone tatsächlich gewinnen lassen wird – allerdings keineswegs freiwillig… Berger wird sich in Hockenheim an die kleine Episode erinnern.

ERGEBNISSE UND AUSFÄLLE

1. Michael Schumacher	Benetton-Ford B194-05	1:38.35,704 = 186,216 km/h
2. Damon Hill	Williams-Renault FW16-3	12,642 Sekunden zurück
3. Gerhard Berger	Ferrari 412 T1B-153	52,765 Sekunden zurück
4. Heinz-Harald Frentzen	Sauber-Mercedes C13-03	1 Runde zurück
5. Pierluigi Martini	Minardi-Ford M194-05	2 Runden zurück
6. Andrea de Cesaris	Sauber-Mercedes C13-04	2 Runden zurück
7. Johnny Herbert	Lotus-Mugen 109/1	2 Runden zurück
8. Christian Fittipaldi	Footwork-Ford FA15-03	2 Runden zurück
9. Jean-Marc Gounon	Simtek-Ford S941-04	4 Runden zurück
10. Mark Blundell	Tyrrell-Yamaha 022-04	5 Runden zurück
11. Eric Comas*	Larrousse-Ford LH94-04	6 Runden zurück
Ukyo Katayama	Tyrrell-Yamaha 022-02	54. Runde, Dreher
Mika Häkkinen	McLaren-Peugeot MP4/9-6	49. Runde, Motor
Nigel Mansell	Williams-Renault FW16-1	46. Runde, Getriebe-Hydraulik
Jean Alesi	Ferrari 412 T1B-154	42. Runde, Unfall
Rubens Barrichello	Jordan-Hart 194/002	42. Runde, Unfall
Eric Bernard	Ligier-Renault JS39B-06	41. Runde, Getriebe
Olivier Beretta	Larrousse-Ford LH94-02	37. Runde, Motor
Martin Brundle	McLaren-Peugeot MP4/9-5	30. Runde, Motor
Gianni Morbidelli	Footwork-Ford FA15-04	29. Runde, Unfall
Olivier Panis	Ligier-Renault JS39B-07	29. Runde, Unfall
David Brabham	Simtek-Ford S941-02	29. Runde, Getriebe
Jos Verstappen	Benetton-Ford B194-07	26. Runde, Unfall
Eddie Irvine	Jordan-Hart 194/006	25. Runde, Getriebe
Michele Alboreto	Minardi-Ford M194-06	22. Runde, Motor
Alessandro Zanardi	Lotus-Mugen 109/2	21. Runde, Motor

* Nicht im Ziel, aber aufgrund der zurückgelegten Distanz gewertet

Schnellste Runde:
(4. Runde) – Damon Hill, Williams-Renault FW16, 1.19,678 = 192,022 km/h

»Well done!«

BRITISH GRAND PRIX
Silverstone, 10. Juli

Benetton-Chef Flavio Briatore und Michael Schumacher. Noch blickt das Erfolgs-Duo zufrieden – nach dem WM-Lauf in Silverstone stand das Stimmungs-Barometer der beiden auf »Tief«

Die schwarze Flagge

Wutanfall des Damon H. – FW16 in »Klappversion« – Abgespeckter Ferrari – Qualifying-Krimi – Häkkinen bremst Berger – Formations-Runden mit Nachspiel – Spezial-Version »McLaren-Fireball« – Schumacher funkt SOS – Briatore löst Problem auf diplomatischem Weg – Finnisch/brasilianischer Ringkampf um Platz Vier – Hill im Siebten Himmel

Das Silverstone-Wochenende beginnt mit einem Donnerwetter. Damon Hill läßt donnerstags unter dem Vorzelt des Williams-Motorhomes Dampf ab: »Es pißt mich an, wie ich von der Presse behandelt werde!« Er sei ein sehr guter Rennfahrer, und er habe keinerlei Verständnis dafür, daß ihn die Fachleute als untauglich bezeichnen und Spekulationen darüber anstellen, wer ihn bei Williams ablösen könne. »In Magny-Cours«, wettert Hill, »hatte ich Nigel Mansell im Griff, ich bin der einzige, der in der laufenden Saison Michael Schumacher schlagen konnte – was wollt ihr mehr? Jetzt ist Schluß mit dem Image vom netten Burschen, jetzt ziehe ich andere Seiten auf.«

Sonntags werden die englischen Zeitungen zurückschießen und eine Uralt-Story auf die Titelseiten bringen. Damons Vater Graham Hill – Formel 1-Champion der Jahre 1962 und 1968 – habe einst per Privatflugzeug dem unter Mordverdacht stehenden Lord Lucan zur Flucht ins Ausland verholfen. Der Williams-Pilot wird gelassen auf die »Schlammpackung« reagieren und seinen Humor nicht verlieren: »Es ist schön, daß sie von Daddy als »Damons Vater« sprechen – sonst werde ich immer als „Grahams Sohn" bezeichnet.«

Unmittelbar nach Beginn des ersten freien Trainings wird Hill aber zunächst auf selten spektakuläre Art mit technischen Problemen konfrontiert. Seine erste Runde ist erst wenige hundert Meter alt, da springen zeitgleich rechts und links die vorderen Querlenker aus den Halterungen... Der Williams klappt zusammen wie ein Taschenmesser!

Ungläubig berichtet der Pechvogel: »Ich war nicht einmal sauer, nur verdutzt. So etwas ist mir noch nie passiert. Das Auto faltete sich zusammen und ich fragte mich im ersten Augenblick, was ich wohl falsch gemacht haben könnte.« Auf dem Weg an die Boxen trifft Hill Williams-Konstrukteur Patrick Head – Hill: »Der kam da an, als sei er gerade mit dem Bus Nummer 29 aus Clapham eingetroffen« – und berichtet ihm von dem unglaublichen Malheur. Auch Head kann's nicht fassen. Offiziell spielt das Team den Patzer herunter, als sei ein Schraubenschlüssel zu Boden gefallen. Personelle Konsequenzen werden nicht gezogen.

Ohne ausreichendes Training sind Hill im ersten Qualifying die Hände gebunden. Michael Schumacher fährt locker Bestzeit, ohne sein Rundenkontingent voll auszunutzen! Dahinter folgen die beiden Ferrari-Piloten in der Reihenfolge Gerhard Berger vor Jean Alesi. Die roten Boliden aus Maranello sind mit neuen – dank Titanium sieben Kilo leichteren – Getrieben ausgerüstet. Ballast im Bug verhindert ein Abrutschen unter das Mindestgewicht. Beide Fahrer sind sich einig, daß die Balance der B-Versionen des 412 T1 wesentlich effektiver ist. Aber es soll noch besser für die Scuderia kommen, denn im Abschlußtraining wird der neue 75-Grad-Motor eingesetzt.

Trotz blendender Auftritte kann Nachwuchs-Talent David Coulthard nicht verhindern, daß sich die Aufmerksamkeit bei Williams voll auf Damon Hill konzentriert

GROSSER PREIS VON ENGLAND (Silverstone Circuit)

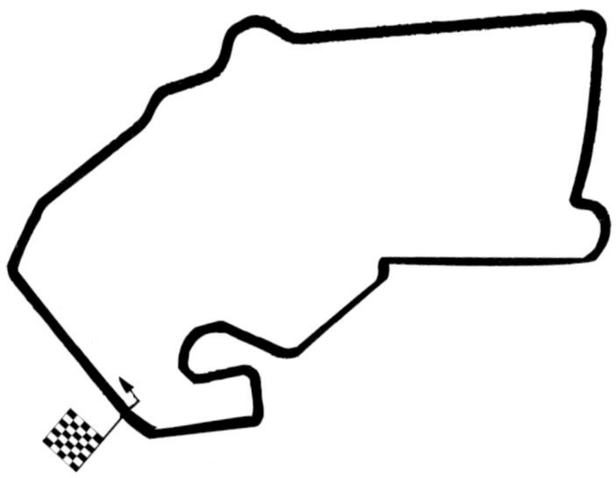

STRECKE

Ort und Datum	Silverstone, 10. Juli
Wetter	warm, leicht bewölkt
Streckenlänge	5,056 km
Runden	61 – nach Startabbruch und einer zweiten Formationsrunde um einen Umlauf gekürzt
Renndistanz	303,360 km
Bestehender Rundenrekord	1.22,515 = 228,002 km/h Damon Hill, Williams-Renault FW15C; GP 1993
GP-Sieger 1993	Alain Prost, Williams-Renault FW15C 1:25.38,189 = 216,030 km/h

TRAININGSZEITEN

			8. Juli	9. Juli
1.	Damon Hill	Williams-Renault FW16	1.26,894	1.24,960◂
2.	Michael Schumacher	Benetton-Ford B194	1.26,323	1.24,963◂
3.	Gerhard Berger	Ferrari 412 T1B	1.26,738	1.24,980◂
4.	Jean Alesi	Ferrari 412 T1B	1.26,891	1.25,541◂
5.	Mika Häkkinen	McLaren-Peugeot MP4/9	1.27,983	1.26,268◂
6.	Rubens Barrichello	Jordan-Hart 194	1.27,890	1.26,271◂
7.	David Coulthard	Williams-Renault FW16	1.27,698	1.26,337◂
8.	Ukyo Katayama	Tyrrell-Yamaha 022	1.27,936	1.26,414◂
9.	Martin Brundle	McLaren-Peugeot MP4/9	1.28,224	1.26,768◂
10.	Jos Verstappen	Benetton-Ford B194	1.29,142	1.26,841◂
11.	Mark Blundell	Tyrrell-Yamaha 022	1.28,510	1.26,920◂
12.	Eddie Irvine	Jordan-Hart 194	1.27,890	1.27,065◂
13.	Heinz-H. Frentzen	Sauber-Mercedes C13	1.27,284◂	1.28,231
14.	Pierluigi Martini	Minardi-Ford M194	1.28,517	1.27,522◂
15.	Olivier Panis	Ligier-Renault JS39B	1.29,381	1.27,785◂
16.	Gianni Morbidelli	Footwork-Ford FA15	1.28,159	1.27,886◂
17.	Michele Alboreto	Minardi-Ford M194	1.29,403	1.28,100◂
18.	Andrea de Cesaris	Sauber-Mercedes C13	1.30,034	1.28,212◂
19.	Alessandro Zanardi	Lotus-Mugen 109	1.29,240	1.28,225◂
20.	Christian Fittipaldi	Footwork-Ford FA15	1.28,816	1.28,231◂
21.	Johnny Herbert	Lotus-Mugen 109	1.29,268	1.28,340◂
22.	Erik Comas	Larrousse-Ford LH94	1.30,274	1.28,519◂
23.	Eric Bernard	Ligier-Renault JS39B	1.30,058	1.28,955◂
24.	Olivier Beretta	Larrousse-Ford LH94	1.29,971	1.29,299◂
25.	David Brabham	Simtek-Ford S941	1.31,437	1.30,690◂
26.	Jean-Marc Gounon	Simtek-Ford S941	1.31,225	1.30,722◂
Nicht qualifiziert:				
27.	Bertrand Gachot	Pacific-Ilmor PRO1	1.31,496◂	1.31,877
28.	Paul Belmondo	Pacific-Ilmor PRO1	1.34,631	1.32,507◂

STARTAUFSTELLUNG

0 Damon Hill 1.24,960
5 M. Schumacher 1.24,963
28 Gerhard Berger 1.24,980
27 Jean Alesi 1.25,541
7 Mika Häkkinen 1.26,268
14 Rubens Barrichello 1.26,271
2 David Coulthard *** 1.26,337
3 Ukyo Katayama 1.26,414
8 Martin Brundle 1.26,768
6 Jos Verstappen 1.26,841
4 Mark Blundell 1.26,920
15 Eddie Irvine * 1.27,065
30 H.-H. Frentzen 1.27,284
23 Pierluigi Martini 1.27,522
26 Olivier Panis 1.27,785
10 Gianni Morbidelli 1.27,886
24 Michele Alboreto 1.28,100
29 Andrea de Cesaris 1.28,212
11 Alessandro Zanardi ** 1.28,225
9 Christian Fittipaldi 1.28,231
12 Johnny Herbert 1.28,340
20 Erik Comas 1.28,519
25 Eric Bernard 1.28,955
19 Olivier Beretta 1.29,299
31 David Brabham 1.30,690
32 Jean-Marc Gounon 1.30,722

* Nichtstarter nach Motorschaden in der 2. Einführungsrunde
** Start aus der Boxengasse
*** Start aus der letzten Reihe

Michael Schumacher führt während der Einführungsrunde das Feld an und gerät deshalb später in die Mühlen der FIA-Funktionäre

Das zweite Qualifying läßt in puncto Spannung keine Wünsche offen. Auf der umgebauten Piste – erneut wurden einige Streckenabschnitte der ehemaligen Hochgeschwindigkeitspiste entschärft – hat mit Schumacher, den zwei Ferrari-Fahrern und Hill gleich ein ganzes Quartett Chancen auf die Pole-Position. Jean Alesi wirft in der 18. Minute den ersten Stein und steigert sich auf 1.26,389 Minuten, was ihn auf den zweiten Platz hievt. Nur 60 Sekunden später macht es sein Teamkollege Gerhard Berger besser: 1.25,566 – Rang Eins!

Irgendwo zwischen der Boxengeraden und Stowe findet Alesi anschließend noch ein Zehntel. Damit ist er schneller als Schumacher, aber der Tiroler bleibt vorn. In der 21. Minute zeigt Schumacher, daß er auch noch mitspielt. Zunächst verpaßt er Bergers Zeit um vier Tausendstel. Der Rheinländer schaltet eine langsame Runde zwischen, dann geht er aufs Ganze: 1.25,526! Damit liegt er in Führung.

Zehn Minuten später versucht Berger, den Spieß noch einmal umzudrehen. Die zweite der drei Split-Zeiten sieht ihn mit 0,5 (!) Sekunden Vorsprung auf Schumacher. Eine sensationelle Bestzeit liegt in der Luft. Dann läuft der Österreicher auf Mika Häkkinens McLaren auf. Der Finne gibt den Weg nicht frei – Schumacher bleibt vorn. Berger ist stocksauer. Der McLaren-Pilot versichert, den schnellen Hintermann nicht gesehen zu haben. Erst später sagt er in kleinem Kreis: »Weshalb hätte ich Platz machen sollen? Er fährt ja auch nicht von der Linie, wenn ich komme…«

Aber der Ferrari-Star läßt sich so leicht nicht unterkriegen. Nur drei Minuten nach dem Häkkinen-Zwischenfall steigert er sich auf 1.24,980 und erobert damit die Führung zurück. Fast zeitgleich erinnert Damon Hill mit 1.25,289 an seine Existenz und verdrängt damit Schumacher vom zweiten Rang. 21 Minuten bleiben den Aktiven noch, die ihr Pulver noch lange nicht verschossen haben.

Im Bemühen, ebenfalls in den Kampf um die »Pole« einzugreifen, dreht sich Alesi in der 39. Minute, während sich Schumacher in der Benetton-Box für den nächsten Konter präpariert und zunächst einmal die Balaclava überstreift. Der anschließende Versuch schlägt fehl: 0,18 Sekunden fehlen dem Deutschen zur Bestzeit.

Immer noch bleiben 15 Minuten, als Berger wieder ins Geschehen eingreift. Aber bereits an der Boxenausfahrt unterläuft ihm ein Konzentrationsfehler. Mit dem linken Vorderrad streift er die Leitplanke. Die Felge verzeiht den Patzer nicht. Ganz langsam entweicht die Luft aus dem Pneu – der Ferrari dreht bei Brooklands eine Pirouette.

Die 54. Minute bringt die Entscheidung: Hill steigert sich auf 1.24,960! Anschließend verfolgt der Brite in den Boxen, ob Schumacher auf diese Leistung die richtige Anwort weiß. Trotz eines kleinen Fahrfehlers in der drittletzten Kurve, ist Hills Zeit in Gefahr. Wie elektrisiert starrt der Williams-Fahrer auf den Monitor. 1.24,963 zeigen die Uhren. Schumacher fehlen 0,007 Sekunden! Hill atmet tief durch, dann jubelt er – der »James Bond-Abstand« reicht aus. Aber der Deutsche gibt noch einmal Gas und dreht eine 25er-Runde – wieder läuft ihm sein Benetton im drittletzten Eck leicht aus dem Ruder – die 60 Minuten Hochspannung sind vorüber. Hill ist überglücklich, Berger trauert wütend der verpaßten Bestzeit nach und Schumacher lobt: »Eine tolle Leistung von Damon. Ich verlor zwar etwas Zeit durch Ver-

Eröffnungsphase – der spätere Sieger Hill führt vor Schumacher, Berger, Barrichello, Alesi und Verstappen

kehr, er fand aber auch keine absolut freie Runde.«
Der Rheinländer wiederum erhält Komplimente von Heinz-Harald Frentzen, der auf dem 13. Rang landet: »Hier hab' ich viel von Michael lernen können. Weil ich die Strecke nicht kannte, fuhr ich freitags eine Zeitlang hinter ihm her. So wußte ich, wo's langgeht und lernte gleichzeitig einige Tricks, auf die ich selbst so schnell nicht gekommen wäre.«
Am Renntag bekommt Silverstone hohen Besuch. Prinzessin Diana erscheint nebst Söhnchen Harry. Stipvisiten in diversen Boxen gehören zum Programm. Nach seinem Tip zum Ausgang des Rennens befragt, antwortet der Prinz dem Trainingsschnellsten: »Sie natürlich, das ist doch völlig klar.« Klar ist auch für Gerhard Berger, wer die 10000 Dollar wegen Überschreitens des Speedlimits in den Boxen hinblättern muß: »Während des Warm-up sollte ich einen neuen Geschwindigkeitsbegrenzer ausprobieren. Aber er funktionierte nicht. Für mich ist es keine Frage, wer jetzt die Zeche zahlt.«

Noch bevor das Feld gestartet wird, ereignet sich ein Zwischenfall, der ein Nachspiel haben wird. Nichts scheint zum Abschluß der ersten Saisonhälfte normal zu verlaufen. Zunächst muß Alessandro Zanardi wegen Zündungsproblemen in den Ersatz-Lotus umsteigen. Der Italiener muß aus der Boxengasse starten, weil die Frist zur Einnahme des Startplatzes bereits verstrichen ist. Dann die erste Formationsrunde: Michael Schumacher bleibt nicht auf seinem Platz, sondern überholt den Trainingsschnellsten gleich zweimal. Das ist verboten, stört zunächst aber niemand, denn in der Vergangenheit wurde es nicht geahndet.
Als sich die 25 Autos auf dem Startplatz versammeln – Zanardi wartet artig am Ausgang der Boxengasse –, signalisiert David Coulthard, der morgens im Warm-up den Ton angegeben hatte, daß sein Motor abgestorben ist. Eine zweite Formationsrunde ist notwendig. Der schottische Fahrplanverzögerer wird in die letzte Reihe verbannt. Wieder fügt sich Schumacher nicht den Tempovorstellungen Hills, aber das Interesse der Beobachter konzentriert sich auf Eddie Irvine, der seinen Jordan mit Motorschaden abstellen muß, noch bevor es richtig losgeht…
Während die Startplätze eingenommen werden, macht sich Martin Brundle ernsthafte Sorgen. »Mein Gefühl«, erinnert er sich später, »sagte mir, daß der Motor maximal auf acht Zylindern läuft. Im Leerlauf arbeitete er dann beim Spiel mit dem Gasfuß problemlos. Ich war beruhigt.« Nur für wenige Sekunden, denn als das Feld beschleunigt, gelingt dem Briten zwar ein wahrhaft explosiver Start, doch der macht wenig Freude. Rauch quillt aus dem Heck des McLaren, dann eine gewaltige Waberlohe. Hinter dem »Feuerwerkskörper«, der nach wenigen Metern Schleichfahrt am linken Pistenrand abgestellt wird, erschrecken sich Mark Blundell und Heinz-Harald Frentzen mindestens ebenso wie der Pechvogel selbst.
Während die Feuerlöscher in Aktion treten, hat Hill an der Spitze alles im Griff. »Vor Copse«, wird er nach dem Rennen zu Protokoll geben, »verdrehte ich den Hals, um Schumacher zu finden. Ich dachte, er sei irgendwo im toten Winkel der Spiegel, tatsächlich aber lag er deutlich hinter mir.« Von derart klaren Verhältnissen kann Jean Alesi nur träumen: Der Franzose wird eingangs der ersten Kurve von Rubens Barrichello überrumpelt und der befindet sich damit im Sandwich zwischen den beiden Ferrari, die jetzt wieder vom herkömmlichen V12 angetrieben werden.
Unter dem Jubel der Fans – Erinnerungen an die Mansell-Manie vergangener Tage werden wach – kann Hill die Führung behaupten. Aber die erhoffte Flucht nach vorn gelingt nicht. Der Benetton klebt am Heck des Williams. Schon der drittplazierte Tiroler kann dem überlegenen Duo nicht folgen: Knapp zwei Sekunden verliert der Ferrari pro Runde auf die Spitze. Trotz des

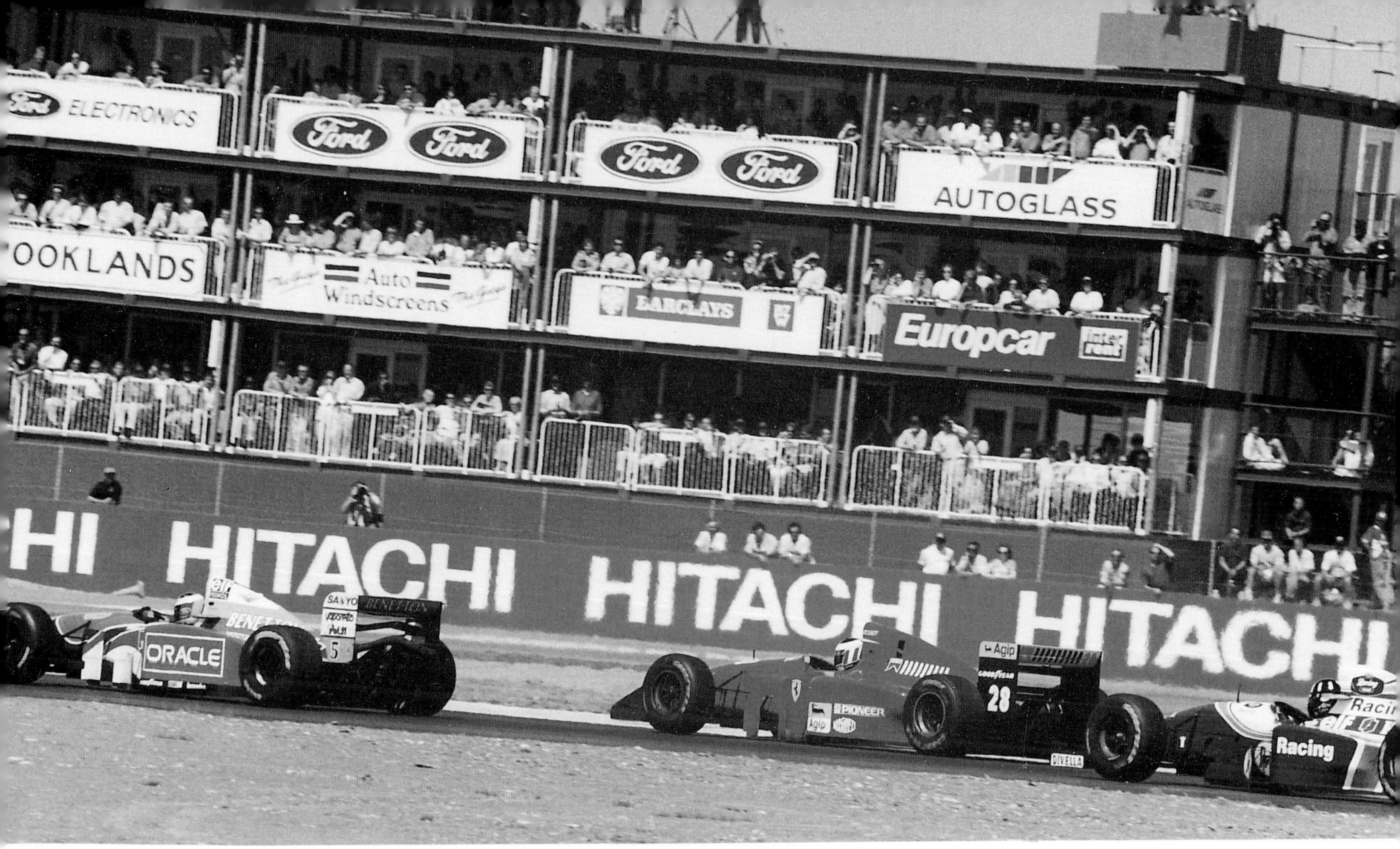

Dreikampf – Boxenstopps haben das Bild an der Spitze verändert. Denkbar knapp liegt Schumacher vor Berger und Hill in Front

gewaltigen Leistungsunterschieds, kann sich die Vorstellung des Österreichers sehen lassen, denn er hat seine Verfolger sicher im Griff.

Die 13. Runde läuft. Mit der bemerkenswertesten Leistung des Tages steht der Schotte David Coulthard zu Buche, der sich vom »Ort der Verbannung« in der letzten Startreihe bereits bis auf Position zehn vorgearbeitet hat. Die Aufmerksamkeit konzentriert sich auf die Spitze, obwohl das Duo Hill/Schumacher dort unverändert seine Runden dreht. Die Rennleitung verhängt – aufgrund der Regelverstöße während der beiden Formationsrunden – eine Fünf-Sekunden-Zeitstrafe gegen den Deutschen. Natürlich wird auch die Benetton-Box informiert. Dinge nehmen ihren Lauf, die die F1-Welt noch für viele Wochen beschäftigen werden.

Schumacher erfährt per Sprechfunk von der Fünf-Sekunden-Neuigkeit. Damit glaubt Benetton, seine Schuldigkeit getan zu haben. Boß Flavio Briatore später: »Wir dachten, die fünf Sekunden würden im Ziel zu Michaels Fahrtzeit addiert. Von Stop-and-Go war nicht die Rede.« Additionsstrafen gibt es in der Formel 1 allerdings während der letzten zwölf Umläufe…

Der Benetton-Pilot hat derweil ganz andere Sorgen. Um zu siegen, glaubt er, einen fünf-Sekunden-Vorsprung auf Hill herausfahren zu müssen. Aber er kommt an dem Briten nicht vorbei. »Mein Auto war in den kurvigen Abschnitten schneller«, erklärt er später, »aber auf den Geraden gab's kein Mittel gegen den Williams.« Schumacher hofft nun auf eine Positionsverschiebung durch die Boxenstopps und wird nicht enttäuscht. Nach 15 Runden hält Hill – automatisch übernimmt der Deutsche die Führung, und er bleibt vor dem Briten, als er sich zwei Umläufe später mit frischen Reifen und neuem Spritvorrat wieder ins Geschehen einreiht.

Auf Rang Eins liegt nun Berger, weil er bisher noch keinen Service-Halt eingelegt hat. Das Rennen ist 18 Runden alt, als Berger, Schumacher und Hill im Dreierpack um den Kurs fliegen. Nur drei Umläufe später wird dem Deutschen bei Start-und-Ziel die schwarze Flagge in Verbindung mit seiner Startnummer gezeigt. Das Signal bedeutet: Anhalten und weitere Anweisungen der Rennleitung abwarten! Aber Schumacher biegt nicht in die Boxengasse ab. Wieder das schwarze Tuch, und wieder bleibt der Deutsche auf der Piste. Die Szenerie wiederholt sich ein drittes Mal.

DOMINION OILS
VAUXHALL
orange
HITACHI
HITACHI
27
GOODYEAR

Kurz nach »Halbzeit« des denkwürdigen Rennens kämpfen Jean Alesi (vorn) und David Coulthard um Rang Vier

Die Marshals zeigen die Flagge, weil der Benetton-Fahrer keine Stop-and-Go-Strafe abbüßte. Briatore bleibt bei seiner Interpretation des Vorfalls. An der Boxenmauer wird lebhaft diskutiert. Dann verschwindet Schumachers Boß im Motorhome von F1-Guru Ecclestone. Der will mit der Sache nichts zu tun haben, ruft »lies das Regelbuch« und weist Briatore die Tür. Jetzt lenkt die Rennleitung ein: Schumacher muß die Strafe mit Verspätung absitzen, das Team muß 25.000 Dollar zahlen, und die Angelegenheit ist erledigt. Endlich, nach 27 Runden, ist es soweit. Aus einem drei-Sekunden-Vorsprung wird ein 20-Sekunden-Rückstand.

Wer jetzt einen Großangriff des WM-Leaders erwartet hat, wird enttäuscht. Der Abstand bleibt praktisch konstant. Daran ändert auch ein gemeinsamer Boxenstopp nach 38 Runden nichts. Mahnt Briatore, weil ein Sieg nach dem Flaggen-Intermezzo böses Blut wecken könnte?

Nach 43 Umläufen – Berger ist inzwischen Opfer eines Motorschadens geworden – ist auf den Punkterängen die endgültige Reihenfolge gefunden. Hoch her geht es trotzdem noch einmal: In Sichtweite des Ziels endet das Duell zwischen Mika Häkkinen und Rubens Barrichello um Platz Vier mit einer Karambolage. Der McLaren kommt im Kies der Auslaufzone zum Stand, der Jordan biegt mit verbogener linker Vorderradaufhängung in die Boxengasse ab. Noch ist der Zweikampf nicht beendet, denn Häkkinens Auto wird von freundlichen Streckenposten angeschoben – mit 1,1 Sekunden Vorsprung auf den Brasilianer kreuzt es die Linie! Der Finne schimpft: »Rubens bremste zu spät und schoß mich ab.« Das läßt der Jordan-Pilot nicht auf sich sitzen: »Der spinnt. Das war meine Kurve, und er schlug die Tür zu.«

Aber diesem Zwist schenken die Fans keine Aufmerksamkeit. Georgie, des Siegers bessere Hälfte, weint vor Freude und umarmt ihren Mann. Der ist wie berauscht vor Glück. »Wenn es ein Schicksal gibt, dann war es meines, dieses Rennen zu gewinnen. Damit fülle ich eine Lücke in der Familienchronik, denn Daddy gelang es ja nicht, im Home-Grand Prix zu triumphieren.« Prinzessin Di überreicht persönlich die Pokale an die drei erstplazierten Piloten. Bevor der Champagner spritzt, bringt sich die Blaublütige jedoch in Sicherheit: Als »Miss wet T-Shirt« möchte sie offenbar nicht gefeiert werden!

Und Schumacher? Der beteuert, die schwarze Flagge nicht gesehen zu haben. Das will kaum jemand so recht glauben. Die Theorie, Briatore habe ihm Anweisung gegeben, das Signal zu ignorieren, findet deutlich mehr Anhänger. Die sind allerdings auf dem Holzweg! Ein Lauschangriff auf den Sprechfunkverkehr brachte es bereits live an den Tag: Schumachers wiederholte Fragen, wie er sich verhalten soll, blieben unbeantwortet! Der Vorfall wird ein Nachspiel haben, und auch in der Balgerei um Platz Vier ist das letzte Wort noch nicht gesprochen...

ERGEBNISSE UND AUSFÄLLE

1.	Damon Hill	Williams-Renault FW16-5	1:30.03,640 = 202,143 km/h
	Michael Schumacher *	Bennetton-Ford B194-05	18,778 Sekunden zurück
2.	Jean Alesi	Ferrari 412 T1B-154	1.08,128 Minuten zurück
3.	Mika Häkkinen	McLaren-Peugeot MP4/9-6	1.40,659 Minuten zurück
4.	Rubens Barrichello	Jordan-Hart 194/002	1.41.751 Minuten zurück
5.	David Coulthard	Williams-Renault FW16-1	1 Runde zurück
6.	Ukyo Katayama	Tyrrell-Yamaha 022-02	1 Runde zurück
7.	Heinz-Harald Frentzen	Sauber-Mercedes C13-03	1 Runde zurück
8.	Jos Verstappen	Benetton-Ford B194-06	1 Runde zurück
9.	Christian Fittipaldi	Footwork-Ford FA15-03	2 Runden zurück
10.	Pierluigi Martini	Minardi-Ford M194-05	2 Runden zurück
11.	Johnny Herbert	Lotus-Mugen 109/1	2 Runden zurück
12.	Olivier Panis	Ligier-Renault JS39B-07	2 Runden zurück
13.	Eric Bernard	Ligier-Renault JS39B-06	2 Runden zurück
14.	Oliver Beretta	Larrousse-Ford LH94-02	2 Runden zurück
15.	David Brabham	Simtek-Ford S941-02	3 Runden zurück
16.	Jean-Marc Gounon	Simtek-Ford S941-04	3 Runden zurück
	Michele Alboreto	Minardi-Ford M194-06	49. Runde, Motor
	Gerhard Berger	Ferrari 412 T1B-153	33. Runde, Motor
	Marc Blundell	Tyrrell-Yamaha 022-04	21. Runde, Getriebe
	Erik Comas	Larrousse-Ford LH94-04	13. Runde, Motor
	Andrea de Cesaris	Sauber-Mercedes C13-04	12. Runde, Motor
	Gianni Morbidelli	Footwork-Ford FA15-04	6. Runde, Benzinleitung
	Alessandro Zanardi	Lotus-Mugen 107C/3	5. Runde, Motor
	Martin Brundle	McLaren-Peugeot MP4/9-5	1. Runde, Motor
	Eddie Irvine	Jordan-Hard 194/006	1. Runde, Motor

*disqualifiziert

Schnellste Runde:

(11. Runde) – Damon Hill, Williams-Renault FW16, 1.27,100 = 209,014 km/h
Rundenrekord – Strecke in dieser Form erstmals Schauplatz eines Grand Prix

GROSSER PREIS VON DEUTSCHLAND
Hockenheim, 31. Juli

Der Große Preis von Deutschland erlebte einen Massenandrang, wie es ihn seit den 50er Jahren nicht mehr gegeben hat – Eintrittskarten waren entsprechend Mangelware

Desaster in der ersten Runde

Fans fürchten um Auftritt des Hauptdarstellers – Ferrari erobert erste Startreihe – Bärendienst für Clark und Senna – Katayama am Start der Schnellste – Paukenschlag auf den ersten Metern – Feuer bei Benetton – Null Punkte für die Titelaspiranten Schumacher und Hill – Berger beendet Ferrari-Durststrecke –Traumresultat für Ligier

Erstmals seit 1970, als Jochen Rindt in der Favoritenrolle nach Hockenheim reiste, kämpft 1994 wieder ein deutscher Formel 1-Pilot mit um den Titel. Die meinungsmachenden Massenmedien reagieren prompt. Wie im »Fall Boris Becker«, der bereits zehn Jahre zuvor eine nationale Tennis-Hysterie auslöste, boomt jetzt der Grand Prix-Sport. »Schumi« macht's möglich.

Der Start des frischgebackenen Nationalhelden ist jedoch plötzlich in Frage gestellt. Der Benetton-Fahrer wurde wegen der Flaggen-Affäre von Silverstone nachträglich disqualifiziert und für den deutschen und den ungarischen WM-Lauf gesperrt. Das Team geht überraschenderweise nicht in Berufung. Entsprechend wird den Verantwortlichen in Hockenheim langsam der Boden unter den Füßen heiß. 150000 Fans haben stattliche Eintrittspreise berappt, um ihr Idol live bewundern zu dürfen. Jetzt soll der Große Preis ohne den Hauptdarsteller über die Bühne gehen...

Unmut wird laut. Aufgebrachte Zuschauer sprechen offen davon, die Piste aufzureißen. Andere halten das Abfackeln des Motodrom Hotels für die passende Antwort auf Schumachers drohende Abwesenheit. FOCA-Chef Bernie Ecclestone reagiert gelassen auf die Feuer-Drohung und scherzt: »Keine schlechte Idee, dann entsteht dort Platz für ein besseres Gebäude.«

Die Schwester des 1968 in Hockenheim tödlich verunglückten Formel 1-Spitzenpiloten Jim Clark legt vor dem Start schottische Blumen am Gedenkstein ihres Bruders nieder

Erst einen Tag vor Trainingsbeginn erfolgt die offizielle Entwarnung: Benetton kündigt tatsächlich Berufung gegen das Silverstone-Urteil an. Die Veranstaltung ist gerettet, denn dieser juristische Schritt bedeutet, daß der Rheinländer bis auf weiteres startberechtigt ist.

Nach Platz Drei 1992 und dem zweiten Rang im Vorjahr träumt Michael Schumacher natürlich insgeheim vom »nächsten logischen Schritt«, beurteilt seine Chancen offiziell aber realistisch: »Ich bin froh, daß ich an meinem Home-Grand Prix teilnehmen kann, weil er für mich den höchsten Stellenwert aller WM-Läufe hat. Für den Sieg kommen aufgrund der Strecken-Charakteristik mit den langen Geraden allerdings in erster Linie die PS-starken Ferrari und Williams in Frage. Bei Licht betrachtet, bin ich nur Außenseiter.«

Schumachers Urteil deckt sich mit der gängigen Expertenmeinung. Auch die jüngste Strecken-Modifikation – eine Reaktion auf die tragischen Ereignisse in Imola – ändert nichts am Power-Charakter der badischen Piste: Die dritte Schikane wird nicht mehr flüssig und schnell gefahren. Jetzt heißt es dort – wie in der ersten Bremskurve – Stop-and-Go; zweiter Gang anstelle des Vierten.

Noch bevor die erste Trainingsrunde gedreht wird, hat Damon Hill andere Sorgen. Getriebeabstufung, aerodynamisches Set-up und die erstmals verlangte Holzplanke mit Namen Skidblock am Unterboden interessieren den Briten nur sekundär. Zu sehr ist er durch eine böse Nachricht geschockt, die ihm die Polizei überbrachte. Bei der »Hockenheimer Tageszeitung« nahm Redakteur Hans Schuppel einen alarmierenden Anruf entgegen. Der Satz »Hill will be shot if he appears« – »Hill wird erschossen, wenn er erscheint« ertönt mit künstlich verzerrter Stimme aus dem Telefonhörer. Die Drohung hat zur Folge, daß der Williams-Fahrer während seines Deutschland-Aufenthalts Polizei-Schutz erhält. Bis zu seiner Abreise registrieren die Bodyguards glücklicherweise keine »besonderen Vorkommnisse«.

GROSSER PREIS VON DEUTSCHLAND (Hockenheimring)

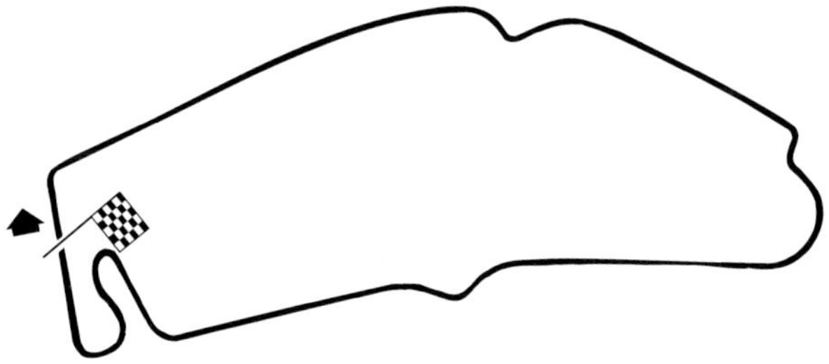

STRECKE

Ort und Datum	Hockenheim, 31. Juli
Wetter	heiß
Streckenlänge	6,823 km
Runden	45
Renndistanz	307,035 km
Bestehender Rundenrekord	1.41,591 = 241,498 km/h Riccardo Patrese, Williams-Renault FW14B; GP 1992
GP-Sieger 1993	Alain Prost, Williams-Renault FW15C 1:18.40,885 = 233,861 km/h

TRAININGSZEITEN

		29. Juli	30. Juli
1. Gerhard Berger	Ferrari 412 T1B	1.44,616	1.43,582 ◄
2. Jean Alesi	Ferrari 412 T1B	1.45,272	1.44,012 ◄
3. Damon Hill	Williams-Renault FW16B	1.44,026 ◄	1.44,131
4. Michael Schumacher	Benetton-Ford B194	1.44,875	1.44,268 ◄
5. Ukyo Katayama	Tyrrell-Yamaha 022	1.46,534	1.44,718 ◄
6. David Coulthard	Williams-Renault FW16B	1.45,477	1.45,146 ◄
7. Mark Blundell	Tyrrell-Yamaha 022	1.45,814	1.45,474 ◄
8. Mika Häkkinen	McLaren-Peugeot MP4/9	1.45,487 ◄	1.45,878
9. Heinz-H. Frentzen	Sauber-Mercedes C13	1.46,488	1.45,893 ◄
10. Eddie Irvine	Jordan-Hart 194	1.45,911 ◄	1.45,942
11. Rubens Barrichello	Jordan-Hart 194	1.45,962	1.45,939 ◄
12. Olivier Panis	Ligier-Renault JS39B	1.47,925	1.46,165 ◄
13. Martin Brundle	McLaren-Peugeot MP4/9	1.46,644	1.46,218 ◄
14. Eric Bernard	Ligier-Renault JS39B	1.47,531	1.46,290 ◄
15. Johnny Herbert	Lotus-Mugen 109	1.48,621	1.46,630 ◄
16. Gianni Morbidelli	Footwork-Ford FA15	1.47,814	1.46,817 ◄
17. Christian Fittipaldi	Footwork-Ford FA15	1.47,150	1.47,102 ◄
18. Andrea de Cesaris	Sauber-Mercedes C13	1.47,745	1.47,235 ◄
19. Jos Verstappen	Benetton-Ford B194	ohne Zeit	1.47,316 ◄
20. Pierluigi Martini	Minardi-Ford M194	1.47,831	1.47,402 ◄
21. Alessandro Zanardi	Lotus-Mugen 109	1.47,678	1.47,425 ◄
22. Erik Comas	Larrousse-Ford LH94	1.48,770	1.48,229 ◄
23. Michele Alboreto	Minardi-Ford M194	1.48,402	1.48,295 ◄
24. Olivier Beretta	Larrousse-Ford LH94	1.48,681 ◄	1.48,875
25. David Brabham	Simtek-Ford S941	1.50,685	1.48,870 ◄
26. Jean-Marc Gounon	Simtek-Ford S941	1.50,361	1.49,204 ◄
Nicht qualifiziert:			
27. Paul Belmondo	Pacific-Ilmor PRO1	1.51,916	1.51,122 ◄
28. Bertrand Gachot	Pacific-Ilmor PRO1	1.52,839	1.51,292 ◄

STARTAUFSTELLUNG

28 Gerhard Berger 1.43,582
27 Jean Alesi 1.44,012
0 Damon Hill 1.44,026
5 M. Schumacher 1.44,268
3 Ukyo Katayama 1.44,718
2 David Coulthard 1.45,146
4 Mark Blundell 1.45,474
7 Mika Häkkinen 1.45,487
30 H.-H. Frentzen 1.45,893
15 Eddie Irvine 1.45,911
14 Rubens Barrichello 1.45,939
26 Olivier Panis 1.46,165
8 Martin Brundle 1.46,218
25 Eric Bernard 1.46,290
12 Johnny Herbert 1.46,630
10 Gianni Morbidelli 1.46,817
9 Christian Fittipaldi 1.47,102
29 Andrea de Cesaris 1.47,235
6 Jos Verstappen 1.47,316
23 Pierluigi Martini 1.47,402
11 Alessandro Zanardi 1.47,425
20 Erik Comas 1.48,229
24 Michele Alboreto 1.48,295
19 Olivier Beretta 1.48,681
31 David Brabham 1.48,870
32 Jean-Marc Gounon 1.49,204

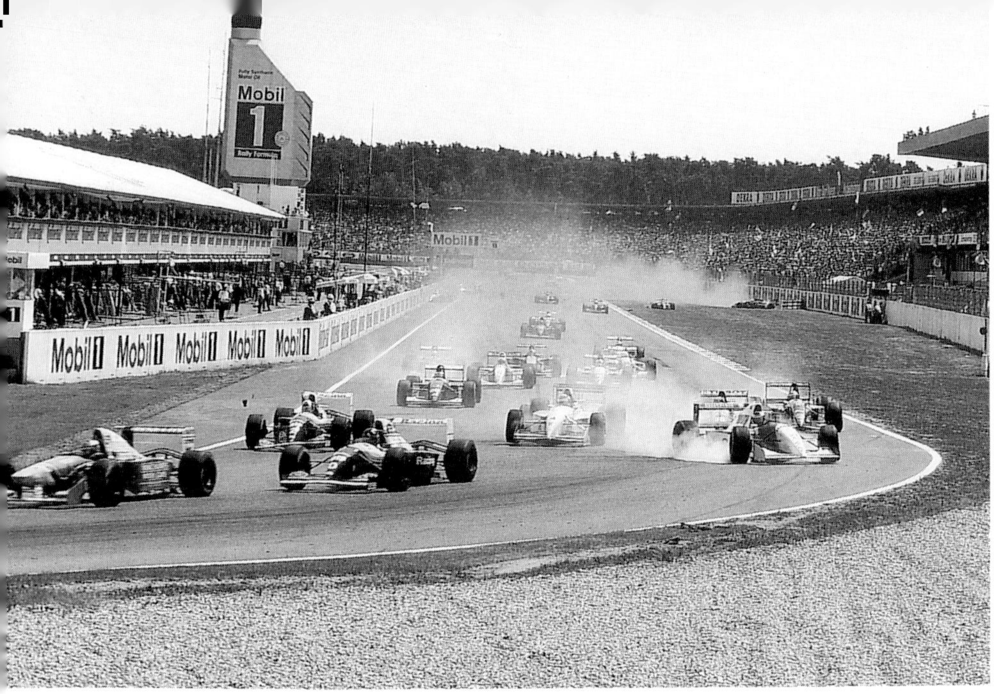

Chaotischer Start. Im Hintergrund eliminieren sich drei Italiener – vorn mischt Mika Häkkinen mit seiner verwegenen Diagonal-Fahrt das Feld auf

Dem Zusatz-Streß zum Trotz markiert Hill im ersten Qualifying die beste Zeit. Bei einer Zeit von 1.44,026 Minuten bleibt die Stoppuhr für ihn stehen. Im Vorjahr erzielte Alain Prost am ersten Trainingstag 1.39,046 Minuten. Die Differenz von knapp fünf Sekunden ist den veränderten aerodynamischen Baubestimmungen und der entschärften dritten Schikane zuzuschreiben.

Die favorisierten Ferrari landen freitags hinter Hill – auf den Plätzen Zwei und Vier. Schumacher ist als Dritter von den beiden Roten »umzingelt«. Der »Patzer« der Scuderia geht auf einen Regie-Fehler zurück. Zu spät disponiert Jean Todt um und läßt die neuen 75-Grad-Motoren einbauen, die eigentlich erst samstags zum Einsatz kommen sollten. Unter Zeitdruck arbeiten die Ferrari-Mechaniker nicht perfekt. Berger und Alesi greifen erst kurz vor Trainingsende ins Geschehen ein, und die Zwölfzylinder bringen nicht die erwartete Leistung – das Motormanagement wurde nicht den spezifischen Ansprüchen entsprechend perfekt programmiert. Berger läßt sich nicht beunruhigen: »Wenn es unter diesen Umständen für Platz Zwei reicht, sollte morgen – mit perfektem Mapping – die Pole-Position drin sein.«

Der Tiroler behält im Abschlußtraining recht: Vor seinem französischen Team-Kollegen erobert er sich den besten Startplatz! Erstmals seit dem Grand Prix von Portugal im Jahr 1990, als Nigel Mansell die komplette Konkurrenz hinter sich ließ, wird wieder ein Ferrari von ganz vorn ins Rennen gehen. Daß sich die erste Startreihe vollständig in roter Hand befand, liegt noch weiter zurück: Berger und Alboreto schafften dieses Kunststück zuletzt 1988 in Silverstone – vor sechs langen Jahren... Jean Alesi wird den 30. Juli allerdings auch aus ganz anderen Gründen nicht vergessen: Auf dem Weg zur ersten Schikane löste sich die Heckverkleidung des Boliden in Bruchteilen von Sekunden. Der Franzose: »Ich hörte einen Knall und wußte zunächst nicht, was überhaupt los war.«

Während die Ferrari-Fans feiern, trösten sich die Schumacher-Anhänger mit der Leistung des Kerpeners, der sich als Vierter einen Platz in der zweiten Reihe erkämpfte und damit die eigene Prognose bestätigt. Wie auch Heinz-Harald Frentzen, steht Schumacher dorart hoch in der Gunst des Publikums, daß An- und Abfahrten morgens und abends zum Problem werden. Bereits donnerstags wird Frentzens Mercedes im Fan-Knäuel an der Schranke der Fahrerlager-Ausfahrt ramponiert. Der Sauber-Pilot: »Um mein Auto zu schützen, rief ich den Fans zu, ich würde aussteigen und Autogramme geben. Aber die glaubten mir zunächst nicht. Erst nach Minuten gelang es mir, die Tür zu öffnen und tatsächlich auszusteigen.« Schumacher, aus den Erfahrungen der Vorjahre klug geworden, versucht sein Glück erfolgreich als unauffälliger Motorrad-Fahrer. Niemand vermutet unter dem neutralen Vollvisierhelm den Superstar. In puncto Autogramme läuft in Hockenheim die tollste Nummer ab, als Frentzen vom Tribünendach per Hubkran zu den Fans hinunter gelassen wird. Die Verantwortlichen haben so ständig die Möglichkeit, den Rennfahrer wieder nach oben »entschweben zu lassen«, falls der Andrang zur Flucht rät.

Die Ex-Freunde Schumacher und Frentzen konkurrieren nicht um die Gunst der Fans. Eifersüchteleien gibt es nicht. Als die Presse den – längst zu den Akten gelegten – Traction-Control-Vorwurf aufköchelt und die »Schummel-Schumi-Saga« ins Leben ruft, stellt sich Frentzen sogar öffentlich vor den Benetton-Fahrer und nimmt ihn in Schutz.

Am Sonntag versammelt sich die Rekord-Kulisse. Sie erlebt einen denkwürdigen Grand Prix, der mit Sicherheit in die Annalen des Formel 1-Sports eingehen wird. Trotzdem wird die neunte Runde des Championats den Erwartungen nicht gerecht.

Bevor der Kampf um weitere 26 WM-Punkte beginnt, wird vergangener Größen des Motorsports gedacht. Im Rahmen schlichter Feierlichkeiten erhält die erste Schikane den Namen »Jim Clark Kurve« – die dritte wird nach Ayrton Senna benannt, der dreimal auf dem Hockenheimring siegte. Die Ehrungen geraten zur Farce: Zunächst wird Bernie Ecclestone von

Noch hoffen die Schumacher-Fans – ihr Liebling folgt Spitzenreiter Gerhard Berger im Windschatten

Zuschauern auf übelste Art beschimpft. Vermutlich ist ihnen der wahre Grund für das Auftauchen des F1-Drahtziehers in den Föhrenwäldern weit abseits von Start-und-Ziel nicht bekannt, denn es ist unwahrscheinlich, daß durch lautes Grölen die Erinnerung an Jim Clark gestört werden soll. Auf die Frage, ob nach seiner Meinung der zweifache F1-Champion Clark die nun nach ihm benannte Schikane als fahrerische Herausforderung akzeptiert hätte, antwortet Ecclestone mit wehmütigem Lächeln: »Vermutlich nicht – es waren andere Zeiten und andere Männer.«
Als Clarks Schwester anschließend am Gedenkstein, der nach dem tödlichen Formel 2-Unfall am 7. April 1968 errichtet wurde, einige Pflanzen aus der schottischen Heimat niederlegt, findet sie den Ort in äußerst ungepflegtem Zustand vor. Die folgende Senna-Zeremonie entgleist noch peinlicher. Weil sich das Transparent mit dem neuen Namenszug der Kurve nicht wie gewünscht entrollen läßt, brechen einige der Honoratioren in fröhliches Lachen aus... Ecclestone wendet sich mit versteinerter Miene ab.
Um 14 Uhr beginnt das Rennen mit einer ungeduldigen Äußerung des kleinen Japaners Ukyo Katayama: Der Tyrrell-Fahrer nimmt den Fuß bereits von der Kupplung, bevor die Startampel Grünlicht zeigt. Zunächst bleibt keine Zeit, über diesen Regelverstoß nachzudenken, denn die Ereignisse überstürzen sich in dramatischer und folgenschwerer Art: Im Rahmen einer kollektiven Selbstvernichtungsaktion rempeln sich die drei Italiener Andrea de Cesaris, Alessandro Zanardi und Michele Alboreto von der Bahn!
Damit nicht genug. Ganz innen, abseits der Ideallinie, überfährt Mika Häkkinen vor der Nordkurve seinen Bremspunkt. Als Folge wird das Feld verheerend dezimiert: Der Skandinavier selbst und sechs weitere Piloten sind schachmatt gesetzt, während die Spitze in der Reihenfolge Berger vor Alesi, Katayama, Schumacher und Hill in Richtung Ostkurve beschleunigt. David Coulthards Chancen sind bereits zu diesem Zeitpunkt auf Null gesunken, denn der Schotte mußte die Häkkinen-Attacke mit einem verbogenen Frontspoiler bezahlen, der einen Reparaturstopp erforderlich macht.
Trotz des frühen Ausscheidens von zehn Fahrern wird die Ausfall-Liste noch im Verlauf der ersten Runde um einen weiteren Namen bereichert: Jean Alesis Ferrari rollt mit Elektrik-Schaden aus. Den weiteren Rennverlauf verfolgt der ehemalige Formel 3000-Champion von der Boxenmauer aus, wo er durch einen merkwürdigen Ausspruch für Unverständnis sorgt: »Das Problem trat bereits während der Warmlauf-Runden auf, aber ich dachte, das sei nichts Schlimmes.«
Das Publikum hat Ausfallmeldung Nummer elf noch nicht so recht verkraftet, da gibt es die ersten positiven Nachrichten für die Schumacher-Fans: Der Benetton mit Startnummer fünf hat sich – vorbei an Katayama – auf Platz Zwei hinter Gerhard Berger vorgeschoben. Vor der Senna-Kurve will auch Damon Hill den Asiaten vernaschen, um nicht den Anschluß an die Spitze zu verlieren. Doch der spielt nicht mit! Die beiden Autos berühren sich, und

Feuer in der Benetton-Box! Jos Verstappens Bolide wurde in Sekundenschnelle gelöscht – hinter den Kulissen schwelte es jedoch noch wochenlang...

damit ist auch der zweite Williams reparaturbedürftig.
Nach einem Dreher kann der Brite seine Fahrt fortsetzen. Im Motodrom biegt er sofort in die Boxengasse ab und bremst sich bei Williams ein, wo er sich in Geduld üben muß: Die Mechaniker sind damit beschäftigt, Coulthards Boliden eine neue Nase zu verpassen.
Nur 14 Rennwagen nehmen die zweite Runde in Angriff. Später wird es Reklamationen einzelner Piloten geben, die aus zwei Gründen gern einen Abbruch mit anschließendem Neustart gesehen hätten: Zum einen aus Sicherheitsgründen, weil wegen möglichen kleinen Resttrümmern die Gefahr von Reifenschäden in der Luft lag. Zum anderen, weil die Rekordkulisse für den Anblick von – zumindest während der Anfangsphase – 26 Boliden in die Portemonnaies gegriffen hatte.
Aus der Sicht des harten Korns der Schumacher-Anhänger ist die Welt zunächst jedoch unverändert in Ordnung: Berger führt vor Schumacher, Katayama und Panis. Die Reihenfolge an der Spitze ändert sich, als der Japaner wegen eines klemmenden Gaszugs zunächst im Kies landet und dann aufgeben muß. Vorn aber verteidigt Berger die Führung. Auch durch Scheinangriffe des Deutschen läßt sich der Tiroler nicht aus der Ruhe bringen. Wohl aber die Benetton-Crew. Chef Briatore befürchtet, sein Star-Fahrer könne sich vor heimischem Publikum zu unüberlegten Gewaltakten hinreißen lassen und warnt über Sprechfunk: »Überhole nur, wenn es leicht möglich ist.«
Der Rheinländer bleibt tatsächlich cool. Er sucht sein Glück in der Boxen-Stopp-Taktik: Nach nur zwölf Runden biegt er aus dem Windschatten des führenden Ferrari in die Boxengasse ab. Damit scheint sein Schlachtplan ersichtlich: Zweimal will er halten, nachdem er mit diesem »Trick« bereits so oft Erfolg hatte. Nach dem Reifen- und Sprit-Service macht Schumacher jedoch keinen Boden auf Berger gut. Der Österreicher muß zwar alle Register seines Könnens ziehen, um den Vorsprung zu verteidigen, doch das ist dem Verfolger nur ein schwacher Trost. Drei Runden nach Schumachers Halt bremst sich auch Jos Verstappen vor der Benetton-Box ein. Bereits nach wenigen Sekunden sprüht Benzin über den Wagen. Der Niederländer glaubt zu diesem Zeitpunkt, jemand würde Wasser übers Auto gießen. Sekundenbruchteile später ist dieses Mißverständnis aus der Welt geschafft: Der Benetton steht lichterloh in Flammen. Für die Zeitdauer mehrerer Wimpernschläge herrscht Chaos: Brennende Mechaniker flüchten, dann ist der Spuk vorüber. Die Fire-Marshals haben gute Arbeit geleistet. Niemand ist ernsthaft verletzt. Verstappen, den so leicht

Aus für Michael Schumacher – mit Motorschaden wird sein Benetton-Ford in die Boxen geschoben

Na endlich! Nach 58 sieglosen Grand Prix wird in Hockenheim ein Ferrari auf Rang Eins abgewinkt

nichts aus der Ruhe bringt, gesteht: »Als es brannte, geriet ich in Panik. Ich konnte das Gurtschloß nicht öffnen und dachte, ich müßte verbrennen.« Ähnlich war es 1970 Jacky Ickx in Jarama ergangen. Auch der Belgier konnte in Todesangst das simple Gurtschloß erst nach einigen vergeblichen Versuchen öffnen.
Verstappen, der beim Halt das Helmvisier geöffnet hatte, kommt mit leichten Gesichtsrötungen davon. Anschließend kündigen alle Piloten an, künftig bei Stopps freiwillig auf ein paar Atemzüge frischer Luft zu verzichten. Doch schon in Budapest wird Coulthard munter das Visier hochklappen, als habe sich der Hockenheim-Unfall nicht ereignet.
Zu Beginn des 20. Umlaufs tönt Schumachers Ford-Motor bei Start-und-Ziel grausam, und wenig später verlangsamt sich seine Fahrt. Er schafft es zwar noch bis zu den Boxen, erhält aber bereits auf dem Weg dorthin per Sprechfunk die Hiobsbotschaft: »Es hat keinen Sinn mehr. Wir können den Schaden nicht reparieren.« Längst hatten die Telemetrie-Daten den Ingenieuren die bittere Wahrheit verraten.
Damit ist der Weg für Gerhard Berger endgültig frei. Von dem Ligier-Duo, das auf den Plätzen Zwei und Drei folgt, geht ebensowenig Gefahr aus, wie von Damon Hill, der weit abgeschlagen eines seiner stärksten Rennen fährt. Jubelnd begrüßen die Ferrari-Mechaniker das Ende der längsten Durststrecke ihres Teams: 58 Mal hatte Ferrari zuvor nicht siegen können. Berger ist erstmals seit dem Tod seines Freundes Senna glücklich und erleichtert. Wie hatte er doch in Magny-Cours mit Blick auf den deutschen Grand Prix dem Favoriten-Duo Schumacher/Hill gesagt: »Vergeßt mich nicht!«

ERGEBNISSE UND AUSFÄLLE

1. Gerhard Berger	Ferrari 412 T1B-153	1:22,37,272 = 222,970 km/h
2. Olivier Panis	Ligier-Renault JS39B-07	54,779 Sekunden zurück
3. Eric Bernard	Ligier-Renault JS39B-06	1.05,042 Minuten zurück
4. Christian Fittipaldi	Footwork-Ford FA15-03	1.21,609 Minuten zurück
5. Gianni Morbidelli	Footwork-Ford FA15-04	1.30,544 Minuten zurück
6. Erik Comas	Larrousse-Ford LH94-04	1.45,445 Minuten zurück
7. Olivier Beretta	Larrousse-Ford LH94-01	1 Runde zurück
8. Damon Hill	Williams Renault FW16B-5	1 Runde zurück
Jean-Marc Gounon	Simtek-Ford S941-04	40. Runde, Motor
David Brabham	Simtek-Ford S941-02	38. Runde, Getriebe
Michael Schumacher	Benetton-Ford B194-05	21. Runde, Motor
Martin Brundle	McLaren-Peugeot MP4/9-5	20. Runde, Motor
David Coulthard	Williams Renault FW16B-6	18. Runde, Elektrik
Jos Verstappen	Benetton-Ford B194-04	16. Runde, Brand
Ukyo Katayama	Tyrrell-Yamaha 022-02	7. Runde, Gaszug
Mark Blundell	Tyrrell-Yamaha 022-04	1. Runde, Unfall
Mika Häkkinen	McLaren-Peugeot MP4/9-6	1. Runde, Unfall
Alessandro Zanardi	Lotus-Mugen 109/2	1. Runde, Unfall
Johnny Herbert	Lotus-Mugen 109/1	1. Runde, Unfall
Rubens Barrichello	Jordan-Hart 194/002	1. Runde, Unfall
Eddie Irvine	Jordan-Hart 194/006	1. Runde, Unfall
Pierluigi Martini	Minardi-Ford M194-05	1. Runde, Unfall
Michele Alboreto	Minardi-Ford M194-06	1. Runde, Unfall
Jean Alesi	Ferrari 412 T1B-149	1. Runde, Elektrik
Andrea de Cesaris	Sauber-Mercedes C13-04	1. Runde, Unfall
Heinz-Harald-Frentzen	Sauber-Mercedes C13-07	1. Runde, Unfall

Schnellste Runde:
(11. Runde) – David Coulthard, Williams-Renault FW16B, 1.46,211 = 231,264 km/h
Rundenrekord – Strecke in dieser Form erstmals Schauplatz eines Grand Prix

Stumme Zeugen eines Abweichens von der Ideallinie

Warten auf Schumacher – Benetton-Crew in Barcelona

MILD SEVEN
elf MINOL
UNITED COLORS OF BENETTON
GOODYEAR
EAGLE
LEHTO

**Eddie Irvine in action.
Der Ire wirbelte vor den
Kulissen Kies und
dahinter Staub auf**

GLASS MEDIC
E
fanghi d'alga
GUAM
CERELIA
FIAMM
KEELEY AIR
GOODYEAR

Ferrari-Berater Niki Lauda hat Sauber-Pilot Heinz-Harald Frentzen vor Trainingsbeginn in Barcelona noch Wichtiges mitzuteilen

Bernie Ecclestone – der Mann, der in der Formel 1 die Fäden zieht

Sauber C13 ohne Motor – Mercedes sagte im Herbst adé

Lenkräder sind in der Formel 1 die Ausnahme – Bergers gebogene »Lenkstange« mit Bedienungsknöpfen

Wer sagt, die Formel 1 würde schnell vergessen? Stummer Gruß an Roland Ratzenberger

Bei jeder Trainingspause werden Laptops angeschlossen – die Schlüssel zum Computerhirn der Boliden

Muskelmann Sylvester Stallone plaudert vor dem Start in Monza mit dem Favoriten Jean Alesi

»Moderne Auspuff-Kunst« –
painted by heat

Hinter den sieben Bergen…
Bus-Karawane auf dem Weg nach Aida

Fan-Transparent in Monza –
Irren ist menschlich

Schläuche schleppen für den Sieg –
erstmals seit zehn Jahren war das
Nachtanken wieder erlaubt

Defekt im Training für den GP von
Spanien. Frentzen wendet sich mit
Grausen, schweres Bergegerät nimmt
sich des C13 an

Nigel Mansell – aufgepaßt, ich rede noch ein Wörtchen mit

Gerhard Berger gibt in Estoril das Zeichen, den Zwölfzylinder zu starten

elf
MINOL
SCHUMACHER
Ford
BELL

Michael Schumachers Chefmechaniker Max Flückiger gibt dem Kerpener beim Einparken in die Boxen »Lenkhilfe«

Schmutziger Sauber – wo hat sich Andrea de Cesaris herumgetrieben?

MAGYARORSZÁG NAGYDÍJ

Mogyoród, 14. August

Begeistert empfängt Sieger Michael Schumacher seinen Team-Kollegen Jos Verstappen, dem der Rheinländer in Mogyoród durch kluge Taktik zu Platz Drei verhalf

Schumacher meldet sich zurück

Pirouetten-Orgie im Training – Schumacher poliert Image auf – Lauda »angeknackst« – Williams gibt Mercedes einen Korb – Rückschlag für Ferrari – Erneutes Jordan-Desaster – Hill bleibt im Stau stecken – Getriebe-Sensor läßt Frentzen im Stich – Ligier entgeht Absturz nur knapp – Keine Überraschung in Ecclestones Koffer

Natürlich ist die Tank-Stopp-Affäre noch nicht vergessen, als die Motoren für das Training zum zehnten WM-Lauf der Saison gezündet werden. Das Benetton-Team steht mit dem Rücken an der Wand. Am Vortag zog Gerhard Berger gewaltig vom Leder. Respekt, so der Tiroler, habe er nur noch vor dem Rennfahrer Michael Schumacher. Den logischen Umkehrschluß muß jeder Zuhörer selbst ziehen: Vor dem Menschen Schumacher keine Achtung mehr...

Parallel köcheln seit dem Vortag zahlreiche Gerüchte und entsprechende Dementi. Ford verweist die Nachricht von der endgültigen Trennung der erfolgreichen Verbindung Ford/Benetton zum Saisonende in den Bereich der Fabelwelt. Ein deutscher Ford-Manager hatte sich wenige Tage zuvor mit einer entsprechenden Aussage zu weit aus dem Fenster gelehnt. Prompt streckte Eddie Jordan seine Fühler in Richtung Cosworth aus. Jetzt sagt er diplomatisch: »Mal abwarten, wie sich Ford entscheidet – interessant ist der ZR-V8 für uns natürlich.« Hinter den Kulissen nimmt der Ire auch Kontakte zu Yamaha auf – seitdem Ukyo Katayama und Mark Blundell im Qualifying immer weiter vorn auftauchen, scheint das – lange belächelte – japanische Aggregat plötzlich hoffähig zu werden. Unter eines der Gerüchte wird in Ungarn ein Schlußstrich gezogen: Williams und Renault verkünden, bis mindestens einschließlich 1997 zusammenzubleiben. Damit ist das Thema »Williams-Mercedes« – Mitte Juli von Mercedes-Rennleiter Norbert Haug als mögliche Zukunftsverbindung angekündigt – vom Tisch.

In dem Maße, in dem sich das Gerüchte-Karussell im Fahrerlager langsamer zu drehen beginnt, kreiseln die Boliden immer häufiger unkontrolliert auf der Piste. Während des ersten freien Trainings ist das absolut erklärlich, denn nach einer heftigen Schauer trocknet die Bahn nur langsam ab. Nur in der Schlußphase erlaubt es die – sich allmählich hell abzeichnende – Ideallinie, Slicks aufzuziehen. Die drei übrigen Sitzungen finden unter bestmöglichen Wetterbedingungen statt. Trotzdem fällt die »Patzer-Bilanz« bis Samstagmittag erschreckend hoch aus: Insgesamt 50 Dreher und Ausflüge ins umliegende Grünland und die Kiesbetten werden gezählt.

Unerwartet ist die Pirouetten-Orgie keineswegs: Auf dem engen Kurs mit seinen tückischen Bodenwellen sind die – seit 14 Tagen auf stark reduzierten Abtrieb getrimmten – Boliden extrem schwierig zu fahren. Für die Piloten ist es die Hölle, für die Zuschauer ein Vergnügen: Die Tage, da die Formel 1-Rennwagen scheinbar wie auf Schienen durch die Kurven fuhren, sind vorerst gezählt. Das Geschick der Superlizenz-Inhaber und ihr Spürsinn im Grenzbereich stehen wieder stärker im Vordergrund.

Freitags sieht es noch nach einem Duell zwischen Damon Hill und Michael Schumacher um den besten Startplatz aus. Nur gut zwei Zehntelsekunden kann der Deutsche seinem stärksten Widersacher abnehmen. Wie vorhersehbar, kann Ferrari nicht in den Kampf um die Pole-Position eingreifen. Rennleiter Jean Todt erklärt: »Dieser Kurs liegt unseren Autos wie erwartet nicht. Wegen intensiver Arbeiten am Chassis und am Motor sollten wir aber unterm Strich halbwegs mit den Benetton und Williams konkurrieren können.«

Nach dem Sieg in Hockenheim blies der Wind Ferrari erwartungsgemäß in Ungarn wieder ins Gesicht – Konstrukteur Gustav Brunner im Gespräch mit Gerhard Berger

24 Stunden später sorgt Schumacher dann allerdings mit einer Fabelrunde in 1.18,258 Minuten für klare Verhältnisse. Während der Rheinländer die

GROSSER PREIS VON UNGARN (Hungaroring)

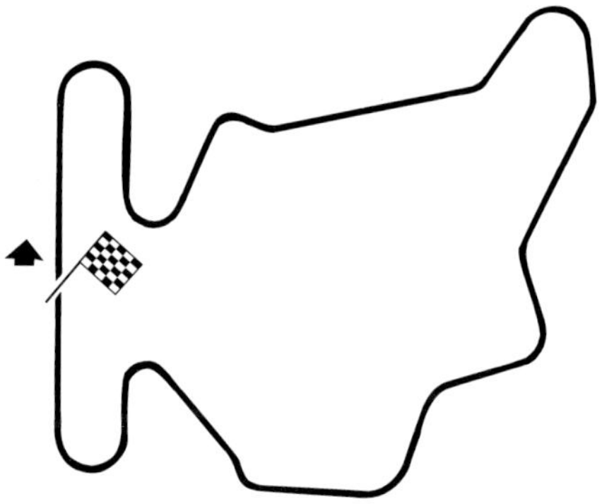

STRECKE

Ort und Datum	Mogyoród, 14. August
Wetter	sonnig, warm, leicht bewölkt
Streckenlänge	3,968 km
Runden	77
Renndistanz	305,536 km
Bestehender Rundenrekord	1.18,308 = 182,418 km/h Nigel Mansell, Williams-Renault FW14B; GP 1992
GP-Sieger 1993	Damon Hill, Williams-Renault FW15C 1:47.39,098 = 170,292 km/h

TRAININGSZEITEN

			12. Aug.	13. Aug.
1.	Michael Schumacher	Benetton-Ford B194	1.19,479	1.18,258◄
2.	Damon Hill	Williams-Renault FW16B	1.19,700	1.18,824◄
3.	David Coulthard	Williams-Renault FW16B	1.20,395	1.20,205◄
4.	Gerhard Berger	Ferrari 412 T1B	1.21,009	1.20,219◄
5.	Ukyo Katayama	Tyrrell-Yamaha 022	1.21,877	1.20,232◄
6.	Martin Brundle	McLaren-Peugeot MP4/9	1.20,819	1.20,629◄
7.	Eddie Irvine	Jordan-Hart 194	1.21,406	1.20,698◄
8.	Heinz-H. Frentzen	Sauber-Mercedes C13	1.22,268	1.20,858◄
9.	Olivier Panis	Ligier-Renault JS39B	1.23,244	1.20,929◄
10.	Rubens Barrichello	Jordan-Hart 194	1.21,498	1.20,952◄
11.	Mark Blundell	Tyrrell-Yamaha 022	1.21,731	1.20,984◄
12.	Jos Verstappen	Benetton-Ford B194	1.21,141◄	ohne Zeit
13.	Jean Alesi	Ferrari 412 T1B	1.21,280	1.21,206◄
14.	Philippe Alliot	McLaren-Peugeot MP4/9	1.22,915	1.21,498◄
15.	Pierluigi Martini	Minardi-Ford M194	1.24,440	1.21,837◄
16.	Christian Fittipaldi	Footwork-Ford FA15	1.22,375	1.21,873◄
17.	Andrea de Cesaris	Sauber-Mercedes C13	1.23,573	1.21,946◄
18.	Eric Bernard	Ligier-Renault JS39B	1.23,260	1.22,038◄
19.	Gianni Morbidelli	Footwork-Ford FA15	1.22,311◄	1.30,262
20.	Michele Alboreto	Minardi-Ford M194	1.22,379◄	1.22,379
21.	Erik Comas	Larrousse-Ford LH94	1.22,754	1.22,487◄
22.	Alessandro Zanardi	Lotus-Mugen 109	1.23,361	1.22,513◄
23.	David Brabham	Simtek-Ford S941	1.24,181	1.22,614◄
24.	Johnny Herbert	Lotus-Mugen 109	1.23,306	1.22,705◄
25.	Olivier Beretta	Larrousse-Ford LH94	1.24,645	1.22,899◄
26.	Jean-Marc Gounon	Simtek-Ford S941	1.26,678	1.24,191◄
Nicht qualifiziert:				
27.	Bertrand Gachot	Pacific-Ilmor PRO1	1.26,521	1.24,908◄
28.	Paul Belmondo	Pacific-Ilmor PRO1	1.28,334	1.26,275◄

STARTAUFSTELLUNG

5 M. Schumacher
1.18,258

0 Damon Hill
1.18,824

2 David Coulthard
1.20,205

28 Gerhard Berger
1.20,219

3 Ukyo Katayama
1.20,232

8 Martin Brundle
1.20,629

15 Eddie Irvine
1.20,698

30 H.-H. Frentzen
1.20,858

26 Olivier Panis
1.20,929

14 Rubens Barrichello
1.20,952

4 Mark Blundell
1.20,984

6 Jos Verstappen
1.21,141

27 Jean Alesi
1.21,206

7 Philippe Alliot
1.21,498

23 Pierluigi Martini
1.21,837

9 Christian Fittipaldi
1.21,873

29 Andrea de Cesaris
1.21,946

25 Eric Bernard
1.22,038

10 Gianni Morbidelli
1.22,311

24 Michele Alboreto
1.22,379

20 Erik Comas
1.22,487

11 Alessandro Zanardi
1.22,513

31 David Brabham
1.22,614

12 Johnny Herbert
1.22,705

19 Olivier Beretta
1.22,899

32 Jean-Marc Gounon
1.24,191

David Coulthard fliegt im Training ab. Auch im Rennen wird ihm sein Williams unkontrolliert aus dem Ruder laufen

neue Bestzeit auf den Asphalt schmettert, kommt ein ratloser Hill nicht unter 1.19,892... Letztlich steigert sich dann aber auch der Brite – ein Polster von knapp sechs Zehntel kann er dem Benetton-Piloten jedoch nicht nehmen.

Schumacher ist rundherum zufrieden, nicht nur, weil ihm die Superrunde etwas Luft in der Diskussion über mögliche Regelverstöße seines Teams verschafft. »Im Qualifying Bestzeit zu fahren«, sagt er zunächst erleichtert, »ist immer etwas Tolles – unter den aktuellen Umständen ist es aber noch mehr.« Auch in bezug auf die sportliche Seite seiner Vorstellung sieht der Rheinländer Unterschiede im Vergleich zu vergangenen Leistungen: »Natürlich gab ich im Qualifying immer alles. Auf der Suche nach meiner Grenze fand ich stets hier und da ein paar Zehntel. In diesem Jahr ist das anders. Ich habe nicht mehr das Gefühl, am Limit gefahren zu sein, ich weiß es ganz genau. Ich kann mein Potential jetzt absolut voll ausschöpfen – vermutlich ist das ein Teil des Reifeprozesses, den jeder Pilot durchläuft.«

Hinter den beiden »Platzhirschen« landet David Coulthard auf Rang Drei – dem besten Startplatz seiner jungen Formel 1-Karriere. Der Schotte, der davon träumt, eines Tages das sportliche Erbe seiner Landsleute Jim Clark und Jackie Stewart antreten zu können, bezahlt allerdings den Versuch, sich zu steigern, mit einem kapitalen Abflug. Bevor er das Land der Magyaren verläßt, wird er ein weiteres Mal unsanft in die Streckenbegrenzung einschlagen.

Gerhard Bergers Platz in der zweiten Startreihe beweist, daß Jean Todt den Mund nicht zu voll genommen hat. »Die Balance des Autos«, so der Österreicher, »ist nicht schlecht, aber sie könnte besser sein.« Team-Kollege Jean Alesi kann nicht mithalten. Der Franzose ist ratlos: »Irgendetwas stimmt mit der Abstimmung nicht, mein Auto lag grausam.« Ferrari-Sprecher Giancarlo Bacchini nimmt Alesi in Schutz: »Es ist ja gar keine Frage, daß Jean mehr kann, als seine Plazierung aussagt. Sein Wagen wird in der Nacht auf Sonntag noch einmal gründlich durchgecheckt.«

Berater Niki Lauda steht den Roten aus Maranello jetzt auch wieder zur Verfügung. Er ist mit Verspätung angereist, nachdem er sich am Vorsonntag bei einem Jet-Ski-Unfall in den Gewässern um Ibiza drei Rippen brach. Medizin-Guru Willy Dungl hat seinen Landsmann wieder halbwegs fitgemacht. »Als es passierte«, berichtet Lauda, »dachte ich, es sei aus mit mir. Ich wäre ertrunken, wenn mein Sohn Mathias mir nicht geholfen hätte.« Der 13jährige Lauda-Junior bugsierte den ramponierten Vater sicher bis zum 500 Meter entfernten Strand. Was die Be-

In der Startkurve scheint sich Damon Hill gegen Michael Schumacher durchsetzen zu können...

...doch ausgangs des Rechtsbogens sind die Verhältnisse eindeutig zu Gunsten des Benetton-Piloten geklärt

ziehung zu Dungl betrifft, so schließt sich der Kreis: Lauda war zu Beginn der 70er-Jahre nach seinem legendären »Traktor-Salto« erstmals in die Hände des »Müsli-Professors« geraten.

Neben zufriedenen Gesichtern, wie sie Ukyo Katayama als Fünfter und Heinz-Harald Frentzen – der sich trotz »Verkehrs« wieder einmal locker in die Top-Ten fuhr – zeigen, gibt es natürlich auch wieder die Fraktion der Frustrierten. Ihr »Anführer« ist anerkanntermaßen Philippe Alliot, der anstelle des gesperrten Mika Häkkinen ins McLaren-Lenkrad greifen darf. Freitags landete der Franzose bereits während seiner ersten schnellen Runde im Kies, und im Abschlußtraining ließ er es – wer wollte es ihm nach dem Ausrutscher verdenken? – nach eigenen Worten »zu vorsichtig« angehen. Mit Platz 14 kann er jedenfalls keinen Staat machen und sich für weitere Einsätze empfehlen.

Natürlich kam Alliot mit größeren Erwartungen nach Ungarn – ebenso wie Bertrand Gachot, der sich Hoffnungen gemacht hatte, seinen PR01 endlich einmal wieder zu qualifizieren. »Ich hatte die Chance«, erklärt er, »morgens gelang es uns, das set-up deutlich zu verbessern, aber meine vermutlich beste Runde mußte ich dann wegen der roten Flaggen abbrechen.« Tatsächlich mußte das Abschlußtraining nach einem Dreher von Martin Brundle für zehn Minuten unterbrochen werden. Der Brite hatte den Motor seines McLaren abgewürgt. Als die Marshals das Hindernis von der Piste schieben wollten, kapitulierten sie. Ein Gang war eingelegt, und mit Unschuldsmiene beteuerte der Brite, er fände den Leerlauf nicht...

Beim Start konzentrieren sich die Blicke der Beobachter auf die erste Startreihe. Sensibilisiert durch die nicht enden wollenden Gerüchte um Launch- und Traction-control, wird nach sichtbaren Indizien gesucht. »Besondere Vorkommnisse« werden vorn nicht registriert – wohl aber weiter hinten: Jean Alesi und Olivier Panis wollen bereits auf den ersten Metern das ausbügeln, was sie im Qualifying verpaßten. Der Ligier-Pilot setzt sich sogar bereits in Bewegung, während die Startampel noch Rotlicht zeigt! Doch die Funktionäre lassen Gnade vor Recht ergehen und sprechen keine Strafe aus.

An der Spitze läßt sich der Trainingsschnellste von Damon Hill ausbeschleunigen. Auf dem langgezogenen Sprint zur ersten Kurve übernimmt der Engländer das Kommando, und auch sein Team-Kollege scheint Schumacher niederringen zu können. Scheint, denn das Williams-Duo hat die Rechnung ohne den Benetton-Piloten gemacht. Er weist nämlich zunächst Hill durch einen Rechtsschlenker die Innenbahn zu, und der läßt sich tatsächlich einschüchtern, obwohl er kurz darauf – klar vorn – freie »Seitenwahl« hat...

Schumacher: »Ernste Sorgen um die Führung machte ich mir nicht. Auf der rechten Seite mußte Hill früher als ich bremsen. Erstens wegen des engeren Kurvenradius, zweitens weil er neben der Linie weniger grip hatte.« Die Rechnung geht auf. Vor Hill und Coulthard biegt der Deutsche in die Gefäll-Passage ein, die für gleich drei Piloten die Endstation bedeutet. Den Fans bleibt der Trost, daß der »Startrundenschwund« im Vergleich zum GP von Deutschland eine rückläufige Tendenz aufweist.

Die drei Fahrer, deren Namen in die Ausfall-Liste eingetragen werden, während die Konkurrenten noch nicht eine der 77 Runden abgespult haben, sind Ukyo Katayama, Rubens Barrichello und Eddie Irvine. Der Ire, der bereits zum vierten Mal in der Startrunde scheitert, gibt kurz darauf in den Boxen zu Protokoll: »Rubens und Katayama folgten mir. Dann wollte der eine außen, der andere innen an mir vorbei, aber da war kein Platz für uns alle drei...«

Während sich das Crash-Trio aus den flammabweisenden Klamotten schält, versucht Schumacher die Flucht nach vorn zunächst vergebens. Hill läßt sich nicht abschütteln. Innerhalb von fünf Runden nimmt er dem Briten nur zwei Sekunden ab – der Ausgang des Rennens scheint offen. Die Jäger des Duos, zunächst in der Reihenfolge Coulthard, Berger, Brundle, Panis und Alesi zirkulierend, können das Tempo der Spitze allerdings nicht mithalten. Heinz-Harald Frentzen, der theoretisch auf Rang Sechs liegen müßte, folgt hinter Alesi auf Position Acht. Die Erklärung, die er später abgeben wird, leuchtet ein: »Panis drängte mich am Start in Richtung Boxenmauer. Ich mußte vom Gas, um nicht an die Wand zu knallen.« Es wird ohnehin nicht der Tag des Mönchengladbachers.

Nach nur fünf Umläufen lenkt Zanardi seinen übel tönenden Lotus-Mugen an die Boxen. Nur noch neun der zehn Zylinder versehen ihren Dienst. Der Italiener verliert drei Runden, bevor er sich wieder ins Kampfgetümmel stürzt und letztlich Platz 13 holt. »Es ist eine Schande«, wird er im Ziel sagen, »während der gesamten Saison lag mein Auto nicht so gut wie heute...«

In der 16. Runde, Hill hat nach den anfänglichen Bemühungen den Anschluß verloren und liegt mehr als neun Sekunden zurück, läuft Schumacher auf das Ende des Feldes auf – die Überrundungsmanöver beginnen. Sofort fragt er per Sprechfunk nach, ob er zum Tanken und Reifenwechseln an die Boxen kommen kann. Die Nachzügler kämpfen dichtgedrängt, Schumacher befürchtet, zuviel Zeit zu verlieren. Die Crew beantwortet die Anfrage negativ, und der Rheinländer verliert 3,1 Sekunden im »Stau«.

Der Service-Stopp des Spitzenreiters bringt Damon Hill für neun Runden in Front, dann gibt er die Führung ab, weil sich Sprit- und Gummi-Vorräte dem Ende zuneigen. Hills Halt zum Ende der 25. Runde verrät die Williams-Taktik. Während Schumacher – wie in Magny-Cours – insgesamt drei Stopps eingeplant hat, begnügt sich sein Kontrahent mit zweien. Im Ziel wird der geschlagene Brite eingestehen, daß die Benetton-Taktik besser war. Vielleicht hätte der Weltmeistersohn trotzdem eine Chance gehabt, aber die raubt ihm ein Fünferpack, durch den er sich zwischen Runde 25 und 31 kämpfen muß. Johnny Herbert, Christian Fittipaldi, Erik Comas, Andrea de Cesaris und Gianni Morbidelli sind nicht bereit, die eigenen Vorteile außer acht zu lassen, und Hill verliert im Infight fast 20 Sekunden. »Einige Kollegen«, so sagt der Engländer später mit schmalen Lippen, »verhielten sich heute nicht gerade kooperativ.«

Frentzen ist längst Opfer eines defekten Drehzahlsensors geworden, der das Getriebe seines C13 verrückt spielen ließ, als sich das Feld im Anschluß an den letzten Boxenstopp – Schumacher, der Dreifachtäter, nach der 58. Runde – für den Zieleinlauf formiert. Eine halbe Minute trennt den zweitplazierten Hill von Schumacher. Dahinter hat sich die Hackordnung Brundle, Verstappen, Berger, Blundell stabilisiert. Das Quartett hat sich allerdings bereits eine komplette Runde Rückstand eingehandelt.

In Runde 71 legt Schumacher den Schongang ein. Die Hauptarbeit ist getan, jetzt gilt es nur noch, den Benetton heil ins Ziel zu bringen. Brundle profitiert sofort davon, daß der Spitzenreiter die Gänge nicht mehr voll ausdreht und seine Bremspunkte vorlegt – der McLaren-Pilot rundet sich zurück. Als das rotweiße Auto an ihm vorbeizieht, kommt Schumacher der eigene Teamkollege in den Sinn. »Wo liegt Jos?«, fragt er über Funk. »Ungefähr acht Sekunden hinter dir. Aber kümmere dich nicht um ihn, konzentriere dich auf dein eigenes Rennen!«, tönt es aus dem Helmlautsprecher zurück. Aber der Ti-

9
8
27
MILD SEVEN
P1
SCHU
BENETTON
SPORTSYSTEM
MILD SEVEN
SANYO
5
ORACLE

Begeistert empfängt die Benetton-Crew Sieger Schumacher und weist ihn sogar schriftlich auf den siebten Saison-Erfolg hin

telaspirant läßt sich nicht beirren. In der 75. Runde winkt er den Niederländer vorbei. Schumacher: »So durfte er eine Runde mehr fahren, und man weiß ja nie, was sich am Ende alles noch tut.«

Davon kann Gerhard Berger ein Lied singen. In der 73. Runde kollabiert rechtsseitig das Druckluftsystem im Inneren seines V12 – die Ventile wissen nicht mehr, was sie tun sollen… Leicht »angefressen« verabschiedet sich der Hockenheim-Sieger: »Mehr als der dritte Platz wär' heut' eh nicht dringewesen.«

Schumacher hat bereits jubelnd die Linie gekreuzt, da geht sein »Plan« auf: Stinksauer parkt ein tief enttäuschter Martin Brundle seinen McLaren und Jos Verstappen erbt Platz Drei. »Ich wußte zwar nicht, daß ich auf's Podest komme, als ich Martins Auto sah«, gesteht der Niederländer kurz darauf, »aber als man es mir versicherte, war das Glücksgefühl unbeschreiblich.« Hill ist weniger glücklich, spricht aber fair von einer »klaren Niederlage, an der es nichts zu deuteln« gäbe. Und Schumacher? Der ist erleichtert: »Dieser Sieg ist nicht der bisher befriedigendste, aber der wichtigste.« Zwei Wochen zuvor, daraus macht er kein Geheimnis, hätte er noch lieber die volle Punktzahl geholt.

Die Lachen der Champagner-Orgie sind bereits verdunstet, als die beiden letzten Niederlagen des Tages registriert werden. Glücklicherweise handelt es sich nicht um Disqualifikationen. Panne Nummer eins unterläuft Bernie Ecclestone. Dem F1-Oberguru entgleitet beim Verlassen des FOCA-Busses sein Kohlefaser-Aktenkoffer, der auf den Asphalt des Fahrerlagers prallt und aufspringt. Mister Ecclestone ist es gar nicht recht, daß die Umstehenden den Inhalt sehen: Gebündelte Dollar-Noten! Panne Nummer zwei wird bei Ligier verbucht: Beim Ausrangieren des Transporters vergißt der Truckie, die Handbremse zu ziehen! In letzter Sekunde kann verhindert werden, daß das Monster die steile Böschung hinunterrutscht und zwischen den Motorhomes einschlägt, die von zahllosen Helfern gerade reisefertig gemacht werden…

ERGEBNISSE UND AUSFÄLLE

1. Michael Schumacher	Benetton-Ford B194-08	1:48.00,185 = 169,737 km/h
2. Damon Hill	Williams Renault FW16B-5	20,827 Sekunden zurück
3. Jos Verstappen	Benetton-Ford B194-04	1.10,329 Minuten zurück
4. Martin Brundle*	McLaren-Peugeot MP4/9-6	1 Runde zurück
5. Mark Blundell	Tyrrell-Yamaha 022-04	1 Runde zurück
6. Olivier Panis	Ligier Renault JS39B-07	1 Runde zurück
7. Michele Alboreto	Minardi-Ford M194-06	2 Runden zurück
8. Erik Comas	Larrousse-Ford LH94-04	2 Runden zurück
9. Olivier Beretta	Larrousse-Ford LH94-01	2 Runden zurück
10. Eric Bernard	Ligier-Renault JS39B-06	2 Runden zurück
11. David Brabham	Simtek-Ford S941-02	3 Runden zurück
12. Gerhard Berger*	Ferrari 412 T1B-153	5 Runden zurück
13. Alessandro Zanardi	Lotus-Mugen 109/2	5 Runden zurück
14. Christian Fittipaldi*	Footwork-Ford FA15-03	8 Runden zurück
David Coulthard	Williams-Renault FW16B-6	60. Runde, Unfall
Jean Alesi	Ferrari 412 T1B-154	59. Runde, Getriebe
Pierluigi Martini	Minardi-Ford M194-05	59. Runde, Dreher
Heinz-Harald-Frentzen	Sauber-Mercedes C13-07	40. Runde, Drehzahlsensor
Johnny Herbert	Lotus-Mugen 109/1	35. Runde, Elektrik
Andrea de Cesaris	Sauber-Mercedes C13-05	31. Runde, Unfall
Gianni Morbidelli	Footwork-Ford FA15-04	31. Runde, Unfall
Philippe Alliot	McLaren-Peugeot MP4/9-4	22. Runde, Kühler
Jean-Marc Gounon	Simtek-Ford S941-04	10. Runde, Aufgabe
Ukyo Katayama	Tyrrell-Yamaha 022-02	1. Runde, Unfall
Rubens Barrichello	Jordan-Hart 194/002	1. Runde, Unfall
Eddie Irvine	Jordan-Hart 194/006	1. Runde, Unfall

*Nicht im Ziel, aber aufgrund der zurückgelegten Distanz gewertet

Schnellste Runde:

(5. Runde) – Michael Schumacher, Benetton-Ford B194, 1.20,881 = 176,615 km/h

GRAND PRIX DE BELGIQUE
GROTE PRIJS VAN BELGIË
Spa-Francorchamps, 28. August

Hoch hängen die Trauben in der Formel 1 – Heinz-Harald Frentzens Sauber-Mercedes verläßt die PS-Bühne in Spa am Haken...

Millimeter-Entscheidung nach 44 Runden

Adieu Eau Rouge – Neuer Pilot mit dubioser Mitgift – Eddie Jordan plant künstliche Bewässerung – Erste Pole-Position für Barrichello – Wortgefecht in der Boxengasse – Berger und das liebe Geld – Jenkins ahnt Böses – Schumacher unschlagbar – Pech für Frentzen – Keine Antwort auf Hills »Hilferufe« – Die Entscheidung fällt im parc fermé

Der Kurs von Spa hat ein neues Gesicht: Eau Rouge, eine der größten fahrerischen Herausforderungen, erlaubt keine 100 km/h mehr. 1993 waren es noch 270 km/h. Das Urteil der Piloten über die Schikane ist unterschiedlich. Die einen loben den Rechts-Links-Knick aus Gründen der Sicherheit. Andere meinen, die Verantwortlichen hätten des Guten zuviel getan, und schließlich gibt es die Auffassung, eine alte Gefahr sei durch eine neue abgelöst worden. Rubens Barrichello erklärt nachdenklich: »Wer am Fuß des Gefälles ein Brems- oder Aufhängungsproblem hat, der knallt mit 160 in die gegenüberliegenden Leitplanken...« Angeblich handelt es sich um eine Übergangslösung. 1995, wenn der Circuit dank einer neuen Umgehungsstraße zur permanenten Rennstrecke werden soll, wird der klassische Streckenabschnitt wieder ungedrosselt gefahren. Doch die einheimischen Experten winken müde ab – sie bezweifeln, daß die Umgehung mittelfristig finanziert werden kann...

Verändert wurde auch der Eingang in die Boxengasse, der sich jetzt als »Falle« erweist: Wer sich vor der Bus-Stop-Schikane verbremst, muß nahezu zwangsläufig in Richtung Boxen weiterfahren. Hill wird den Beweis dafür während des Trainings erbringen. Auch im Fahrerlager ein neues Gesicht. Philippe Adams hat Zanardis Lotus-Cockpit übernommen. Der Piloten-Tausch sorgt für viel Wirbel, denn die finanzielle Mitgift des Belgiers soll aus dem Sumpf politisch-wirtschaftlicher Machenschaften stammen, in die sowohl Bernard Adams, Vater des frischgebackenen Superlizenz-Inhabers, als auch dessen Patenonkel Guy Mathot – ein ehemaliges sozialistisches Regierungsmitglied – verstrickt sein sollen...

Wie bei jedem Grand Prix, sieht der Zeitplan für den Kampf um die Qualität der Startplätze 120 Minuten vor. Aber nasser Asphalt verkürzt die Zeitenjagd netto auf weniger als zehn Minuten. Als sich in der Schlußphase des ersten Qualifying die Ideallinie als hellgraues Band auf dem Pistenbelag abzuzeichnen beginnt, ist der Einsatz von Slicks möglich. Einer der ersten, die diese Chance wittern, ist Jordan-Konstrukteur Gary Anderson. Zwölf Minuten, bevor die Schachbrett-Flagge geschwenkt wird, fordert er Rubens Barrichello auf, es mit den profillosen Gummis zu versuchen. Doch der Brasilianer winkt zunächst ab: »Zu gefährlich.« Schon sollen wunschgemäß die Regen-Pneus montiert werden, da überlegt er es sich anders: »Okay, ich gehe das Risiko ein.«

Wegen der nassen Stellen geht er während der ersten schnellen Runde nicht aufs Ganze. »Ich dachte«, berichtet er nach der Sitzung, »einen Fehler in der Reifenwahl gemacht zu haben. Dann aber zog ich alle Register, fand eine völlig freie Runde und fuhr Bestzeit!« Mit 22 Jahren ist der Südamerikaner nicht nur der jüngste aller Piloten, er ist auch der glücklichste. Zum ersten Mal in seiner jungen Karriere steht er, der bereits einen Vorvertrag mit McLaren für 1995 in der Tasche hat, auf der provisorischen Pole-Position.

Die Überraschung ist perfekt! Rubens Barrichello freut sich über die erste F1-Pole-Position seiner Karriere

Ganz oben: Das Holzbrett, das Schumacher den Sieg kostete

GROSSER PREIS VON BELGIEN

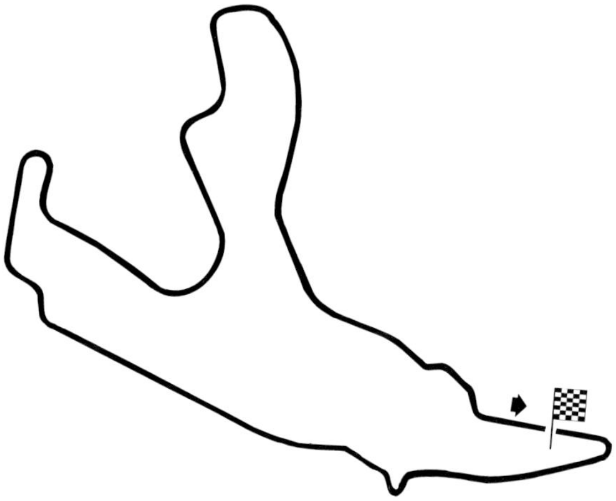

STRECKE

Ort und Datum	Spa-Francorchamps, 28. August
Wetter	aufgelockert bewölkt, mäßig warm
Streckenlänge	7,001 km
Runden	44
Renndistanz	308,044 km
Bestehender Rundenrekord	1.51,095 = 225,990 km/h Alain Prost, Williams-Renault FW15C; GP 1993
GP-Sieger 1993	Damon Hill, Williams-Renault FW15C 1:24.32,124 = 217,795 km/h

TRAININGSZEITEN

			26. Aug.	27. Aug.
1.	Rubens Barrichello	Jordan-Hart 194	2.21,163 ◂	—
2.	Michael Schumacher	Benetton-Ford B194	2.21,494 ◂	2.25,501
3.	Damon Hill	Williams-Renault FW16B	2.21,681 ◂	2.25,570
4.	Eddie Irvine	Jordan-Hart 194	2.22,074 ◂	—
5.	Jean Alesi	Ferrari 412 T1B	2.22,202 ◂	2.25,099
6.	Jos Verstappen	Benetton-Ford B194	2.22,218 ◂	2.28,576
7.	David Coulthard	Williams-Renault FW16B	2.22,359 ◂	2.27,180
8.	Mika Häkkinen	McLaren-Peugeot MP4/9	2.22,441 ◂	2.28,997
9.	Heinz-H. Frentzen	Sauber-Mercedes C13	2.22,634 ◂	2.28,026
10.	Pierluigi Martini	Minardi-Ford M194	2.23,326 ◂	2.30,896
11.	Gerhard Berger	Ferrari 412 T1B	2.23,895 ◂	2.29,391
12.	Mark Blundell	Tyrrell-Yamaha 022	2.24,048 ◂	2.28,164
13.	Martin Brundle	McLaren-Peugeot MP4/9	2.24,117 ◂	2.28,428
14.	Gianni Morbidelli	Footwork-Ford FA15	2.25,114 ◂	2.31,403
15.	Andrea de Cesaris	Sauber-Mercedes C13	2.25,695 ◂	2.30,475
16.	Eric Bernard	Ligier-Renault JS39B	2.26,044 ◂	2.31,025
17.	Olivier Panis	Ligier-Renault JS39B	2.26,079 ◂	2.31,501
18.	Michele Alboreto	Minardi-Ford M194	2.26,738 ◂	2.32,286
19.	Philippe Alliot	Larrousse-Ford LH94	2.26,901 ◂	2.31,350
20.	Johnny Herbert	Lotus-Mugen 109	2.27,155 ◂	2.32,610
21.	David Brabham	Simtek-Ford S941	2.27,212 ◂	2.41,593
22.	Erik Comas	Larrousse-Ford LH94	2.28,156 ◂	2.30,524
23.	Ukyo Katayama	Tyrrell-Yamaha 022	2.28,979 ◂	2.29,925
24.	Christian Fittipaldi	Footwork-Ford FA15	ohne Zeit	2.30,931 ◂
25.	Jean-Marc Gounon	Simtek-Ford S941	2.31,755 ◂	2.40,280
26.	Philippe Adams	Lotus-Mugen 109	2.33,885 ◂	2.34,733
Nicht qualifiziert:				
27.	Bertrand Gachot	Pacific-Ilmor PRO1	2.34,582 ◂	2.34,951
28.	Paul Belmondo	Pacific-Ilmor PRO1	2.35,729 ◂	—

STARTAUFSTELLUNG

14 Rubens Barrichello 2.21,163

5 M. Schumacher 2.21,494

0 Damon Hill 2.21,681

15 Eddie Irvine 2.22,074

27 Jean Alesi 2.22,202

6 Jos Verstappen 2.22,218

2 David Coulthard 2.22,359

7 Mika Häkkinen 2.22,441

30 H.-H. Frentzen 2.22,634

23 Pierluigi Martini 2.23,326

28 Gerhard Berger 2.23,895

4 Mark Blundell 2.24,048

8 Martin Brundle 2.24,117

10 Gianni Morbidelli 2.25,114

29 Andrea de Cesaris 2.25,695

25 Eric Bernard 2.26,044

26 Olivier Panis 2.26,079

24 Michele Alboreto 2.26,738

19 Philippo Alliot 2.26,901

12 Johnny Herbert 2.27,155

31 David Brabham 2.27,212

20 Erik Comas 2.28,156

3 Ukyo Katayama 2.28,979

9 Christian Fittipaldi 2.30,931

32 Jean-Marc Gounon 2.31,755

11 Philippe Adams 2.33,885

Start – Barrichello verteidigt die Spitze gegen energische Angriffe Michael Schumachers. Am linken Bildrand macht Spätbremser Jean Alesi Boden gut

Michael Schumacher lobt mit Blick auf das richtige Timing der Last-Minute-Action: »Er hat zur richtigen Zeit das Richtige gemacht.« Der Deutsche griff – ebenfalls auf Slicks – selbst nach der Bestzeit. Kurzfristig stand er auch ganz oben auf der Liste, und er hatte sogar noch einen »Schuß«... Den setzte er jedoch in den Sand, respektive den Kies. Als er sich drehte, war er 0,7 Sekunden schneller unterwegs als in seiner Vorrunde. Ohne den Fehler hätte ihn Barrichello nicht schlagen können. Aber die Fakten zählen, nicht die Wenn und Aber. Das gilt auch für Damon Hill, der blendend unterwegs war, als ihm Schumachers Benetton im Weg stand. Der Deutsche konnte sich nicht in Luft auflösen, und sein Gegner machte ihm auch nicht die geringsten Vorwürfe.

Ganz anders der Fall Alesi contra Brundle. Beide auf ihrer letzten schnellen Runde der 60 Minuten, blockieren sich gegenseitig. Wie ein Pfeil schießt der Franzose anschließend aus dem Cockpit und eilt zur McLaren-Box. »Du hast doch gesehen, daß ich auf Slicks fuhr und deshalb die deutlich besseren Chancen hatte.« Brundle kontert: »Ich brauchte diese Runde genauso wie du!« Doch Alesi läßt sich nicht beruhigen: »Du sitzt doch nur in einem McLaren, weil Ron Dennis niemand anders fand. Hoffentlich verschwendet er das Cockpit nicht noch einmal und findet für nächstes Jahr ein junges Talent.« Aber der Brite läßt sich nicht in die Defensive drängen: »Das ist doch nicht das erste Mal, daß du mich behinderst – denk' an Interlagos und Imola 1992!«

Rubens Barrichello schenkt dem Intermezzo keine Beachtung. Er ist überglücklich. Auch sein Teamchef Eddie Jordan jubelt, zumal sein zweiter Pilot auf Rang Vier steht. Was das irische Team nun braucht, ist ein verregnetes zweites Qualifying, denn auf trockener Piste würde Barrichello die Pole-Position keinesfalls halten können. Das weiß auch der Boß. Augenzwinkernd sagt Eddie Jordan: »Wenn es morgen nicht regnet, dann gehe ich selbst raus und pinkele die verdammte Bahn naß.«

Der einzige, der sich nicht so recht freuen kann, ist ausgerechnet Barrichellos Freund Christian Fittipaldi. Natürlich gönnt er dem langjährigen Kumpel die Plazierung, aber eigene Sorgen machen ihm zu schaffen. Weil direkt im ersten Anlauf der Motor seines Footwork explodierte, konnte sich der Neffe des zweifachen Ex-Weltmeisters Emerson Fittipaldi keinen der 26 Startplätze sichern. Stocksauer hockt er im Motorhome. »Ich habe kein Verständnis dafür«, grummelt er, »daß mir Jackie nicht für ein paar Runden Giannis Auto gab.« Der will sich nicht zu dem brisanten Thema äußern, weiß aber, daß sich Fittipaldi für einen Wechsel zu Jordan interessiert, falls Barrichello tatsächlich zu McLaren abwandern sollte...

Der Jordan-Chef braucht samstags seine umweltfeindliche Ankündigung nicht wahrzumachen. Die unverändert nasse Piste – der morgendliche Regen hat allerdings aufgehört – läßt im Abschlußtraining keine Steigerungen zu. Entsprechend halten sich die Aktivitäten in Grenzen. Gianni Morbidelli spult sein Rundenkontingent sofort nach Eröffnung der Sitzung ab, um für den unglücklichen Teamkollegen etwas bessere Bedingungen zu schaffen. Fittipaldi nutzt die Chance und erobert sich nach 19 Minuten einen Platz in der vorletzten Startreihe. Damit verdrängt er Bertrand Gachot aus der Startaufstellung. Gachot: »Nur zwei Dinge hätten mich retten können – strömender Regen, oder absolut trockener Asphalt. Dann wäre entweder Fittipaldi hinter mir geblieben, oder ich hätte eine Chance gehabt, mir Adams zu schnappen.«

Weil sich außer dem Geraufe am Feldende nichts Entscheidendes tut, ist die Barrichello-Sensation perfekt. »Ich bin davon überzeugt«, sagt er lachend, von Reportern umringt, »daß alle Brasilianer Regentänze aufführten, um mir zu helfen.« Nachdenklich fährt er fort:

Damon Hill gratuliert Michael Schumacher zum Sieg. Erst Stunden später erfährt der Brite, daß er selbst die zehn WM-Punkte für Platz Eins gewonnen hat

»Ich weiß nicht, wo Ayrton jetzt ist. Aber ich bin sicher, er freut sich gewaltig.« Die Pole-Position ist für den Brasilianer kein Grund abzuheben. An einen möglichen Sieg denke er wegen der guten Ausgangsposition nicht. Wohl aber an WM-Punkte, die jetzt zum Greifen nahe seien.

Am Nachmittag glänzt »Geburtstagskind« Gerhard Berger – der am Start als Trainingselfter unmittelbar hinter Heinz-Harald Frentzen stehen wird – während der obligatorischen Six-Pack-Pressekonferenz wieder einmal durch gute Sprüche. So antwortet er auf die Frage, was er – der vor zehn Jahren in die Formel 1 kam – in zehn Jahren tun werde: »Hier in Belgien war ich 1984 noch nicht mit dabei. Ich saß zuhause und zählte mein Geld, um zu sehen, ob's genug für den Einstieg in die Formel 1 ist. Es reichte. Ich kann mir aber nicht vorstellen, im Jahr 2004 immer noch mit dabei zu sein. Wahrscheinlich zähle ich dann immer noch Geld. Ich liebe das...«

Auch sonntags schlägt zunächst noch nicht die Stunde der Slicks. Das Warm-up wird witterungsbedingt auf Regenreifen und Intermediates gefahren. Als die Bahn anschließend abtrocknet, prophezeit Arrows-Kontrukteur Alan Jenkins Ärger: »Nach dem Rennen wird es im parc fermé Probleme mit den Skidblocks geben. Keiner kennt die exakte Trockenabstimmung der Autos. Es war ja nur im ersten freien Training für 15 bis 20 Minuten möglich, Erfahrungen zu sammeln.« Der Mann wird recht behalten.

Deutlich mehr als 80 000 Zuschauer säumen die Mittelgebirgspiste. So viele wurden in Spa seit Jahren nicht gezählt. Michael Schumacher und Jos Verstappen sind für die stattliche Kulisse verantwortlich. Beide sind nur unweit der belgischen Grenze beheimatet.

Es sei die Hauptsache, so hatte Zwischenklassement-Leader Schumacher nach dem Training gesagt, in der ersten Startreihe zu stehen. Er zeigte sich zuversichtlich, recht schnell einen Weg an Barrichellos Jordan vorbei zu finden. Als die Farbe der Ampel signalisiert, das Gaspedal energisch niederzutreten, unternimmt der Kerpener prompt den ersten Versuch, die Spitze zu übernehmen. Er versucht es rechts, doch der Südamerikaner »deckt den Raum« geschickt ab. Dann kurvt der Deutsche nach links. Aber auch dieser Vorstoß schlägt fehl. »Auf der äußeren Linie fuhr ich einen weiten Bogen«, wird er später zu Protokoll geben, »weil ich nicht exakt wußte, wie es hinter mir aussieht – ich wollte keinesfalls mit irgendjemand kollidieren.« Er wundert sich, daß niemand die »Einladung« zum Überholen annimmt und beschleunigt hinter Barrichello aus der Haarnadelkurve La Source hinaus in Richtung Eau Rouge-Schikane. Hinter dem Benetton folgt der rote Ferrari des Franzosen Jean Alesi, der sich auf der Innenspur – extrem spät bremsend – vom fünften auf den dritten Rang vorgearbeitet hat.

Was Schumacher auf Anhieb nicht gelang, das holt er oben im Streckenabschnitt Les Combes – dort wo die Piste vom klassischen Verlauf abzweigt – nach. Wieder ist Barrichello hellwach und bietet innen kein Schlupfloch für den Verfolger. Doch der wechselt die Straßenseite und fährt links am Spitzenreiter vorbei, als handele es sich um ein Überrundungsmanöver. Barrichello plant nur einen Boxenhalt. Er hat deshalb viel Sprit an Bord, der seinen Jordan schwer macht. Alesi muß sich bis zur Bremszone vor der Bus-Stop-Schikane gedulden, dann findet auch er einen Weg an Barrichello vorbei.

Mit 2,4 Sekunden Vorsprung auf Alesi kommt Schumacher aus der ersten Runde zurück. 4,2 Sekunden sind es nach dem zweiten Umlauf und unglaubliche 10,4 nach dem dritten. Der direkte Verfolger ist jetzt allerdings nicht mehr der Ferrari-Pilot, der bereits wegen eines Motorschadens aufgeben mußte, sondern Damon Hill, der inzwischen – wie auch Coulthard und Häkkinen – den Trainingsschnellsten niedergerungen hat.

Barrichello gerät nach sechs Runden sogar unter den Druck Frentzens, der Jos Verstappen vor der Bus-Stop-Schikane ausbremste und nun Rang Fünf erobern will. Der Positionswechsel scheint nur eine Frage der Zeit zu sein, doch zu Beginn der elften Runde läuft der Mönchengladbacher dem Jordan-Piloten voll ins Messer. Der lupft – im Stil eines Kart-Fahrers – vor Eau Rouge Sekundenbruchteile vor dem gewohnten Bremspunkt, Frentzen »latscht voll in die Eisen« und... dreht sich.

Beim Versuch, seinen Sauber wieder in Fahrtrichtung zu manövrieren, gerät Frentzen auf die Kerbs. Als er Gas gibt, drehen die Antriebsräder des »aufgebockten« Boliden durch – aus! Frentzen entschuldigt sich anschließend: »Unser Team steckt in einer Krise – ich wollte alles tun, um durch ein gutes Ergebnis die Situation zu verbessern.« Seit dem Broker-Debakel hängt der Haussegen bei Sauber-Mercedes schief. Chef Peter Sauber sieht erstmals bei einem Grand Prix nicht persönlich vor Ort nach dem Rechten.

Die erste Serie der Boxenstopps bringt Brisanz ins Rennen, denn das Williams-Duo fährt nun in umgekehrter Reihenfolge: Coulthard vor Hill. Vergeblich fordert der Engländer per Sprechfunk ein Boxensignal, das den Schotten zurückpfeift. Hill erhält keine Antwort und ist nach dem Rennen wieder einmal »pissed off«.
Dann die berühmte 19. Runde. Schumacher verliert wegen eines 360-Grad-Drehers bei Tempo 170 km/h knapp sechs Sekunden. Trotz des Zwischenfalls bleibt er klar in Front. Nur zum Ende des 29. Umlaufs wird er – wegen des Timing der zweiten Boxenstopps – nicht als Spitzenreiter registriert. Die Runde geht an David Coulthard, der damit erstmals einen Grand Prix anführt. Als sich auch der Schotte, der an die Leistungen seiner großen Landsleute Jim Clark und Jackie Stewart anknüpfen soll, zum Service einbremst, ist die alte Reihenfolge - Schumacher, Coulthard, Hill - wieder hergestellt.
Sie ändert sich erst, als der Zweitplazierte außerplanmäßig an die Boxen gerufen wird, wo sich Konstrukteur Patrick Head persönlich davon überzeugt, daß der Heckflügel korrekt befestigt ist. Coulthard - »das Siegerpodest mag mich wohl nicht besonders« – fällt anschließend noch weiter zurück, weil das Getriebe seines Williams im vierten Gang steckenbleibt. Nutznießer sind Häkkinen und Verstappen, die den »waidwunden« Williams mühelos abfangen können. Leidtragender ist Blundell, weil ihn der technisch gehandicapte Schotte bei La Source versehentlich abschießt.
Zuvor war ein »Abschußversuch« Gerhard Bergers fehlgeschlagen: Mit defektem Motor ließ er seinen Ferrari auf unerlaubten Wegen quer in die Boxenzufahrt rollen, wo er beinahe Martin Brundles McLaren rammte. Die Offiziellen reagierten schnell und sperrten den Tiroler für ein Rennen – allerdings auf Bewährung.
Im Ziel ist Sieger Schumacher ausgesprochen stolz: »Wir mußten die Abstimmung erraten, da wir sie im Training nicht herausfinden konnten. Unmittelbar vor dem Start setzten wir mein Auto noch einmal einen halben Millimeter höher.« Häkkinen freut sich, bei seinem Comeback nach der Sperre den Sprung auf das Podium geschafft zu haben, und Hill gibt offen zu: »Ich wollte dieses Rennen mit Blick auf den Titel gewinnen – mit Rang Zwei kann ich nicht zufrieden sein.« Auch er spricht von der Set-up-Lotterie. Offiziell lobt er den »starken Auftritt Coulthards« – erst im Fahrerlager macht er seinem Ärger Luft und schimpft über den Teamkollegen, der ihm »im Weg stand«.
Der Sieger ist bereits im nahegelegenen Haus eines Freundes und ißt Pfannkuchen, als aus dem parc fermé die Nachricht sickert, daß der Skidblock des Schumacher-Benetton nicht die geforderte Mindeststärke hat. Fast fünf Stunden lang diskutieren die Kommissare. Um 20.20 Uhr entscheiden sie: Schumacher wird disqualifiziert. 14 Minuten später wird die Entscheidung offiziell bekanntgegeben. Auf einer Länge von 70 bis 80 cm weist die Holzplatte weniger als die vorgeschriebenen neun Millimeter auf – an der dünnsten Stelle sind es nur 7,4 Millimeter. Benetton legt Berufung gegen die Disqualifikation ein.
Gegen 23 Uhr wird Michael Schumacher aus seiner Pfannkuchen-Idylle gerissen und telefonisch unterrichtet. Er ist geschockt. Hill erhält die »gute Nachricht« bei seiner Ankunft in London und erklärt: »Die Strafe ist korrekt.« Am 7. September bestätigt die FIA die Disqualifikation. Das Benetton-Argument, als Folge des Drehers habe sich das Set-up verändert und so das Abschleifen der Platte verursacht, wird nicht anerkannt.

ERGEBNISSE UND AUSFÄLLE

1. Damon Hill	Williams-Renault FW16B-5	1:28.47,170 = 208,170 km/h
2. Mika Häkkinen	McLaren-Peugeot MP4/9-4	51,381 Sekunden zurück
3. Jos Verstappen	Benetton-Ford B194-04	1.10,453 Minuten zurück
4. David Coulthard	Williams-Renault FW16B-6	1.45,787 Minuten zurück
5. Mark Blundell	Tyrrell-Yamaha 022-04	1 Runde zurück
6. Gianni Morbidelli	Footwork-Ford FA15-04	1 Runde zurück
7. Olivier Panis	Ligier-Renault JS39B 07	1 Runde zurück
8. Pierluigi Martini	Minardi-Ford M194-05	1 Runde zurück
9. Michele Alboreto	Minardi-Ford M194-06	1 Runde zurück
10. Eric Bernard	Ligier-Renault JS39B-06	2 Runden zurück
11. Jean-Marc Gounon	Simtek-Ford S941-04	2 Runden zurück
12. Johnny Herbert	Lotus-Mugen 109/1	3 Runden zurück
13. Eddie Irvine*	Jordan-Hart 194/006	4 Runden zurück

Christian Fittipaldi	Footwork-Ford FA15-03	34. Runde, Motor
David Brabham	Simtek-Ford S941-02	30. Runde, Radverlust hinten links
Andrea de Cesaris	Sauber-Mercedes C13-05	28. Runde, Gaszug
Martin Brundle	McLaren-Peugeot MP4/9-6	25. Runde, Unfall
Rubens Barrichello	Jordan-Hart 194/002	20. Runde, Unfall
Ukyo Katayama	Tyrrell-Yamaha 022-03	19. Runde, Motor
Philippe Adams	Lotus-Mugen 109/2	16. Runde, Dreher
Gerhard Berger	Ferrari 412 T1B-153	12. Runde, Motor
Philippe Alliot	Larrousse-Ford LH94-04	12. Runde, Motor
Heinz-Harald Frentzen	Sauber-Mercedes C13-07	11. Runde, Dreher
Erik Comas	Larrousse-Ford LH94-01	4. Runde, Motor
Jean Alesi	Ferrari 412 T1B-151	3. Runde, Motor

* Nicht im Ziel, aber aufgrund der zurückgelegten Distanz gewertet
Disqualifiziert: Michael Schumacher, Benetton-Ford B194-08

Schnellste Runde:
(41. Runde) – Damon Hill, Williams-Renault FW16B, 1.57,117 = 215,200 km/h
Rundenrekord – Strecke in dieser Form erstmals Schauplatz eines Grand Prix

GRAN PREMIO D'ITALIA
Monza, 11. September

Trotz Jean Alesis Ausfall wurde die Siegerehrung in Monza wieder einmal zum Freudenfest der Tifosi, denen Gerhard Berger ein schönes Trost-Bonbon bescherte

Alesi versagt unter Streß

Benetton zaubert »untergeordneten Mechaniker« aus dem Zylinder – Schumacher kündigt Benetton-Vertrag – Sauber in Not – TV-Kamera im Side-pot – Ferrari erobert erste Startreihe – Berger erlebt Alpträume – Herbert hofft auf große Chance – Massenkarambolage – Alesi und der erste Gang – Coulthard durch Energie-Krise gestoppt

Politik beherrscht die Formel 1, während die Rennwagen für den zwölften Punktekampf des Jahres präpariert werden. Am völlig verregneten Donnerstag geht es um relativ unbedeutende Dinge – Olivier Berettas Larrousse-Cockpit, das in Spa von Philippe Alliot übernommen wurde, wird jetzt durch Yannick Dalmas besetzt – und auch um wichtige: Die Serie anhängiger Gerichtsverhandlungen ist abgeschlossen. Am Mittwoch vor dem WM-Lauf in Monza, acht Tage nach der Bestätigung der Sperre Michael Schumachers für zwei Grand Prix, wurde Benetton von der Anklage der Tankanlagen-Manipulation in Hockenheim freigesprochen.

Die FIA-Entscheidung ist nicht unumstritten. Nachdem das Entfernen des Sprit-Filters entdeckt worden war, hatte Teamchef Flavio Briatore erklärt: Manager Joan Villadelprat habe den FIA-Funktionär Charlie Whiting um Erlaubnis für diesen Eingriff gebeten und der Brite habe zugestimmt. Urplötzlich argumentiert Benetton völlig anders. Ohne Wissen der Teamführung soll ein untergeordneter Mechaniker das Siebchen entfernt haben... FIA-Präsident Max Mosley zu dem eklatanten Widerspruch: »Die gegensätzlichen Erklärungen beeinflußten die Verhandlung nicht, denn es zählte nur das, was vor Gericht gesagt wurde. Alle vorherigen mündlichen und schriftlichen Aussagen waren den Bestimmungen entsprechend gegenstandslos.« Ausschlaggebend für den Freispruch ist letztlich ein Vorfall, der fast vier Monate zurückliegt: Im Mai gab Intertechnique, die Herstellerfirma der Tankanlagen, Larrousse schriftliche Hinweise, wie der Filter auszubauen sei. Er sei unnötig, sobald die Gefahr von Produktionsrückständen in den flammneuen Anlagen ausgeschlossen werden könne.

Für Michael Schumacher ist die »Affären-Serie« nach dem formellen Abschluß noch nicht beendet. Durch seine Anwälte läßt er den bis Ende 1996 gültigen Vertrag mit Benetton am Montag nach dem GP in Monza kündigen. Die angestrebte Absicht, in ein anderes Spitzenteam zu wechseln, läßt sich jedoch kurzfristig nicht realisieren. Bereits zwei Tage nach dem scheinbaren Schlußstrich steht fest, daß der Deutsche am 16. Oktober in Jerez wieder in den grünblauen Boliden klettern wird. Um sich die Dienste des Rheinländers für die Schlußrennen der Saison zu sichern, muß Benetton allerdings die Gage erhöhen. In Monza ersetzt der zuletzt bei Benetton in Ungnade gefallene Finne JJ Lehto den gesperrten Deutschen.

Auch bei Sauber steht die Politik im Vordergrund. Seit dem Goßen Preis von Deutschland hat sich außer Pressesprecher Gustav Büsing kein Mercedes-Mann mehr in den Boxen sehen lassen. Zwischen Chassis- und Motorenpartner herrscht Eiszeit. Die Stuttgarter wollen die Zusammenarbeit aufkündigen, falls es den Hinwilern nicht bis Ende September gelingt, das Budget für 1995 zu organisieren. Peter Sauber droht die Zeit davonzulaufen, zumal er die Werbetrommel nicht mehr uneingeschränkt mit einem Hinweis auf den »großen Bruder« rühren kann. Die Atmosphäre ist angespannt. Erfolge werden in der Krise dringender benötigt denn je zuvor.

Einen Pluspunkt hat der Rennstall sicher auf der Habenseite, ohne daß sich auch nur ein einziges Rad dreht: Karl Wendlinger ist erstmals wieder mit von der Partie! Am Steuer eines Mercedes mit Automatik-Getriebe ist der Tiroler angereist. Lächelnd verrät er: »Wenn die Straße schön ist, laß' ich es auch schon mal wieder rutschen...« Auch wenn Wendlinger wegen einer vor zehn Tagen durchgeführten Opera-

Völlig losgelöst – Yannick Dalmas testet während des Trainings in der ersten Doppelschikane unfreiwillig die Flugeigenschaften seines Larrousse

GROSSER PREIS VON ITALIEN (Autodromo Nazionale di Monza)

STRECKE

Ort und Datum	Monza, 11. September
Wetter	aufgelockert bewölkt, warm
Streckenlänge	5,799 km
Runden	53
Renndistanz	307,361 km
Bestehender Rundenrekord	1.23,575 = 249,835 km/h Damon Hill, Williams-Renault FW15C; GP 1993
GP-Sieger 1993	Damon Hill, Williams-Renault FW15C 1:17.07,509 = 239,144 km/h

TRAININGSZEITEN

		9. Sept.	10. Sept.
1. Jean Alesi	Ferrari 412 T1B	1.24,620	1.23,844◂
2. Gerhard Berger	Ferrari 412 T1B	1.24,915	1.23,978◂
3. Damon Hill	Williams-Renault FW16B	1.24,734	1.24,158◂
4. Johnny Herbert	Lotus-Mugen 109	1.26,365	1.24,374◂
5. David Coulthard	Williams-Renault FW16B	1.24,869	1.24,502◂
6. Olivier Panis	Ligier-Renault JS39B	1.26,958	1.25,455◂
7. Mika Häkkinen	McLaren-Peugeot MP4/9	1.26,004	1.25,528◂
8. Andrea de Cesaris	Sauber-Mercedes C13	1.27,188	1.25,540◂
9. Eddie Irvine	Jordan-Hart 194	disqual.	1.25,568◂
10. Jos Verstappen	Benetton-Ford B194	1.27,361	1.25,618◂
11. Heinz-H. Frentzen	Sauber-Mercedes C13	1.26,406	1.25,628◂
12. Eric Bernard	Ligier-Renault JS39B	1.27,387	1.25,718◂
13. Alessandro Zanardi	Lotus-Mugen 109	1.27,617	1.25,733◂
14. Ukyo Katayama	Tyrrell-Yamaha 022	1.26,525	1.25,889◂
15. Martin Brundle	McLaren-Peugeot MP4/9	1.26,899	1.25,933◂
16. Rubens Barrichello	Jordan-Hart 194	1.27,034	1.25,946◂
17. Gianni Morbidelli	Footwork-Ford FA15	1.27,939	1.26,002◂
18. Pierluigi Martini	Minardi-Ford M194	ohne Zeit	1.26,056◂
19. Christian Fittipaldi	Footwork-Ford FA15	1.27,675	1.26,337◂
20. JJ Lehto	Benetton-Ford B194	1.27,611	1.26,384◂
21. Mark Blundell	Tyrrell-Yamaha 022	1.25,574◂	1.26,697
22. Michele Alboreto	Minardi-Ford M194	1.27,623	1.26,832◂
23. Yannick Dalmas	Larrousse-Ford LH94	1.29,528	1.27,048◂
24. Erik Comas	Larrousse-Ford LH94	1.30,530	1.27,894◂
25. Jean-Marc Gounon	Simtek-Ford S941	1.29,594	1.28,353◂
26. David Brabham	Simtek-Ford S941	1.30,691	1.28,619◂
Nicht qualifiziert:			
27. Bertrand Gachot	Pacific-Ilmor PRO1	1.31,549	1.31,387 ◂
28. Paul Belmondo	Pacific-Ilmor PRO1	1.32,035◂	–

STARTAUFSTELLUNG

27 Jean Alesi
1.23,844

28 Gerhard Berger
1.23,978

0 Damon Hill
1.24,158

12 Johnny Herbert *
1.24,374

2 David Coulthard
1.24,502

26 Olivier Panis
1.25,455

7 Mika Häkkinen
1.25,528

29 Andrea de Cesaris
1.25,540

15 Eddie Irvine **
1.25,568

6 Jos Verstappen
1.25,618

30 H.-H. Frentzen
1.25,628

25 Eric Bernard
1.25,718

11 Alessandro Zanardi
1.25,733

3 Ukyo Katayama
1.25,889

8 Martin Brundle
1.25,933

14 Rubens Barrichello
1.25,946

10 Gianni Morbidelli
1.26,002

23 Pierluigi Martini
1.26,056

9 Christian Fittipaldi
1.26,337

5 JJ Lehto
1.26,384

4 Mark Blundell
1.26,574

24 Michele Alboreto
1.26,832

19 Yannick Dalmas
1.27,846

20 Erik Comas
1.27,894

32 Jean-Marc Gounon
1.28,353

31 David Brabham
1.28,619

* Zweiter Start aus der Boxengasse
** Zweiter Start aus der letzten Reihe

Gerhard Bergers Abflug im Warm-up, der glimpflich ablief, aber trotzdem für viel Aufregung sorgte

tion am linken Knie noch nicht gut zu Fuß ist, steht unumstößlich fest: »Karli« wird wieder ganz der alte. Im Mai war er von blutrünstigen Sensationsreportern – speziell öffentlich-rechtlichen aus der legendären ersten Reihe – bereits für tot erklärt worden. Nun will er mit Testfahrten beginnen, sobald er die gewohnte Fitneß wieder aufgebaut hat.

Jean Alesi ist von Beginn des Trainings an der große Star. Im ersten Qualifying markiert er vor Damon Hill die Bestzeit. Ferrari und Williams heißen entsprechend die favorisierten Teams, zumal Coulthard und Berger die nachfolgenden Ränge belegen. Daß Benetton in Abwesenheit des gesperrten Superstars keine große Rolle spielen kann, zeichnet sich parallel ab: JJ Lehto, der in der Nacht auf Sonntag Vater werden wird, klagt über mangelnde Praxis – Jos Verstappen über Untersteuern seines Rennwagens. Im Abschlußtraining wird ihn ein kurioseres Problem behindern...

Während Alesi, der im 81. Anlauf endlich den ersten Formel 1-Sieg erzielen will, von den dankbaren Tifosi gefeiert wird, genießt der heimliche Held des ersten Trainingstags seine Leistung ohne großen Trubel. Johnny Herbert steht dank eines neuen Mugen-V10 in der provisorischen Startaufstellung in der dritten Reihe! »Jetzt stimmt die Balance des Wagens«, schwärmt der Brite, »es macht wieder Spaß zu fahren.« Auch Teamchef Peter Collins läßt seine Mundwinkel nicht mehr hängen. »Mit dem leichteren und stärkeren Zehnzylinder«, verspricht er, »werden wir das Potential des 109 endlich entfalten können.« Das wird auch Zeit, denn in immer niedrigerer Flughöhe kreist der Pleitegeier seit Monaten über dem Traditions-Team. Während sich Collins auf ein gutes Abschneiden am Sonntag freut, kämpft er hinter den Kulissen gegen eine Palastrevolution. Marketing-Spezialist Guy Edwards wurde vor acht Tagen vor die Tür gesetzt, als sich herausstellte, daß der Ex-Rennfahrer gegen Collins arbeitete, um den Rennstall gemeinsam mit Benettons Tom Walkinshaw zu übernehmen! Das Böse ist immer und überall.

Im Abschlußtraining macht Jean Alesi den Sack zu: Vor Gerhard Berger und Damon Hill sichert er sich erstmals in der Formel 1 den besten Startplatz. Der Sohn sizilianischer Auswanderer ist restlos happy: »Zuletzt stand ich 1989 in der Formel 3000 auf der Pole-Position – das ist sehr, sehr lange her.« Dankbar umarmt Ferrari-Rennleiter Jean Todt seine Schützlinge. Vor 19 Jahren war die erste Startreihe in Monza – als Niki Lauda und Clay Regazzoni ganz vorn standen – zum letzten Mal in Ferraris Hand. Nicht nur die Mitglieder der Scuderia und die Fans sind hochzufrieden. Im fernen Monaco reagiert auch Michael Schumacher mit einer gewissen Erleichterung auf das Trainingsergebnis. Damon Hill, der große Widersacher des Deutschen im Kampf um den Titel, belegt nach zwei Trainingstagen »nur« Rang Drei.

Der Engländer macht jedoch gute Miene zum relativ bösen Spiel. Selbstbewußt prophezeit er: »Wir haben die Mittel, Ferrari die Sonntags-Party zu vermasseln.« Glauben tut ihm das niemand so recht. Herbert braucht hingegen keine großen Taten anzukündigen. Er hat sie bereits geleistet, indem er seinen Lotus für den viertbesten Startplatz qualifizierte. Sogar Coulthard mußte sich ihm beugen. In Anspielung auf das Vortagsschicksal des Iren Eddie Irvine – der drehte eine Runde zuviel und wurde disqualifiziert – berichtet Herbert lachend: »Probleme gab's eigentlich nicht, wenn man davon absieht, daß jemand meine Runden zählen mußte.« Gern hätte auch der gefeuerte Guy Edwards den Lotus-Aufschwung mitgefeiert. Morgens war er, in Team-Uniform gekleidet, aufmarschiert. Nach kurzem, aber heftigem Wortwechsel mit Peter Collins suchte Edwards dann wieder das Weite.

Jos Verstappen erkämpft sich als bester der zwei Benetton-Piloten Platz Zehn und ist unzufrieden: »Ich mußte nach nur sechs Runden an die Boxen – mein Auto lag so merkwürdig auf der Piste...« Die Wurzel des Übels wurde schnell diagnostiziert: Im linken Sidepot wurde die TV-Kamera eines Kontrahenten gefunden, die beim Einschlag für Schaden sorgte, der vor Trainingsende nicht behoben werden konnte. Ein grob vergleichbarer Fall hatte sich zuletzt während des Trainings für den Großen Preis von Deutschland auf der Nordschleife des Nürburgrings ereignet – im Sommer 1962!

Eine Position hinter dem Fernseh-geschädigten Niederländer rangiert

Heinz-Harald Frentzen, der freitags – als Siebter – vergeblich auf ein verregnetes Abschlußtraining gehofft hatte. Die Vortagsplazierung hätte er relativ locker verteidigen können. Er war mit vielversprechenden Zwischenzeiten unterwegs, als sich sein C13 wegen Untersteuerns nur mühsam in die Ascari-Schikane einlenken ließ. Der Mönchengladbacher zwang den Boliden per Druck aufs Gaspedal zu parieren, und übersteuernd ging es ab in die Absperrung am äußeren Pistenrand. Frentzen ist einerseits sauer, andererseits zuversichtlich, den verlorengegangenen Boden im Rennen wieder wettmachen zu können.

Am Morgen des Renntages erhält das geplante Ferrari-Fest während des Warm-up einen Dämpfer: Vor der zweiten Schikane bricht Bergers Bolide bei Tempo 330 km/h in der Bremszone aus. Zunächst zeigt die Nase des 412 T1 in furchterregendem Winkel nach links, dann dreht das Auto nach rechts ab und fliegt nach einer halben Pirouette in die Leitplanken. Helfer bergen den arg durchgeschüttelten Piloten aus dem Cockpit und legen ihn neben dem beschädigten Rennwagen in den Kies der Auslaufzone. Vergeblich warten die Beobachter auf einen Abbruch der 30-Minuten-Sitzung. Später schimpft Berger: »Vier, fünf Mann kümmerten sich um mich, während dicht neben uns die anderen vorbeiflogen. Bei einem Bremsdefekt wäre es zur Katastrophe gekommen.«

Die Vorwürfe des Österreichers sind absolut berechtigt: Für 3,5 Millionen Mark wurden die Curva Grande und die zweite Lesmo entschärft, und dann dieses dilettantische Vorgehen der Verantwortlichen. Zu allem Überfluß weiß keiner der Marshals, wie Bergers Helmgurt geöffnet wird. In seiner Not greift einer zum Messer – Berger protestiert gegen die geplante Metzelei in Gurgelnähe! Rennarzt Sid Watkins bekommt einen Tobsuchtsanfall. Weil die roten Flaggen nicht geschwenkt werden, darf er nicht hinaus auf die Rennstrecke und zur Unfallstelle fahren.

Im Krankenhaus setzt sich das Chaos fort. Unsinnige Untersuchungen, mangelnde Absprachen, Inkompetenz! Gerhard Berger wird böse, weil er glaubt, die Zeit laufe ihm davon. Er sieht seinen Start gefährdet. »Niemand war bereit, mich an die Rennstrecke zurückzufahren«, schimpft er, »da wollte ich mein Glück zu Fuß versuchen, aber die Polizei hielt mich zurück...« Im Fahrerlager weiß zunächst keiner, daß der Ferrari-Pilot in der Falle sitzt. Dort herrscht Freude über positive Signale des Tirolers. Der hat telefonisch zwei Anweisungen durchgegeben. Erstens soll sich seine Tochter Christina bereitmachen, während der Startaufstellung das »Nummern-Girl« für den Vater zu spielen. Zweitens wünscht der Hockenheim-Sieger einen längeren dritten Gang im Reserve-Ferrari, der jetzt einsatzklar gemacht wird.

Die Vorbereitungen für den Start werden zum Volksfest. Unter frenetischem Jubel nehmen die Ferrari ihre Plätze in der ersten Reihe ein. In der Superstimmung geht beinahe unter, daß zwei der Teilnehmer gewaltig unter Streß stehen. Mit dem Verdacht auf ein Ölleck wird Hills FW16B ausrangiert. Der Brite, der gerade noch versuchte, »Rambo« Sylvester Stallone Grundkenntnisse des GP-Sports zu lehren, steigt in den Reserve-Williams um. Auch Martin Brundle hat Probleme. Im Kühlsystem seines Wagens ist ein Defekt aufgetreten. Brundle springt ins T-car. Fieberhaft arbeiten die Mechaniker. Von der Boxenmauer signalisiert Ron Dennis, daß die Ausfahrt zur Piste bald geschlossen wird. Brundle erhält das Zeichen, die Zündung einzuschalten. Als Antwort zeigt er mehrmals bettelnd die losen Gurtenden... Flinke Hände schnallen ihn endlich fest, dann rollt er auf die Piste. Sekunden später zeigt die Ampel an der Boxenausfahrt Rotlicht.

»Heute habe ich vielleicht meine große Chance«, spekuliert Johnny Herbert, kurz bevor der Startplatz geräumt wird. Die Chance, auf die der Lotus-Pilot hoffte, platzt bereits wenige hundert Meter nach dem Start. An Hills Williams vorbei, will er sich hinter Alesi und Berger als dritter in die Doppelschikane einbremsen, als ihm Eddie Irvine ins Heck knallt. Herberts Lotus stellt sich quer – Chaos – rote Flaggen! Irvine gibt Herbert die Schuld, weil der »unerwartet früh« bremste. Die Rennleitung sieht's anders und verbannt den Iren für den zweiten Start in die

Aufgrund seiner sizilianischen Vorfahren und des Ferrari-Vertrags ist der Franzose Jean Alesi – hier als Pappmaché-Fälschung im Bild – bei den Tifosi beliebt, als sei er italienischer Staatsbürger

Geheimniskrämerei à la Mugen – der neue Zehnzylinder wird konsequent vor neugierigen Blicken geschützt

letzte Reihe. Außerdem sperrt sie ihn für einen GP – auf Bewährung. Lotus-Chef Peter Collins vermutet, Irvine fahre mit ausgebautem Hirn.
Olivier Panis, Andrea de Cesaris, Johnny Herbert und David Coulthard müssen für den Neustart in die Reserveautos ihrer Teams umsteigen. Für den Schotten und Herbert ist das besonders unangenehm: Coulthard muß in Hills »ausgemusterten« Boliden, Herbert in einen 109 mit dem alten übergewichtigen Motor. Weil Collins bis zuletzt auf eine Reparatur des angeschlagenen Super-Lotus hofft, läuft für den Fahrzeugwechsel die Zeit davon. Als Folge muß der leidgeprüfte Herbert aus der Boxengasse starten.
Im zweiten Anlauf klappt's, sieht man davon ab, daß Zanardi, Morbidelli und Verstappen nach gegenseitigen Remplern die Segel streichen müssen. Alesi übernimmt das Kommando und setzt sich schnell ab. Der Franzose plant zwei Stopps und fährt ein entsprechend leichtes Auto. Seine Jäger Berger, Hill und Coulthard wollen je einmal halten, haben mehr Sprit gebunkert und sind langsamer.
Nach nur fünf Runden hat Alesi bereits ein Polster von 6,5 Sekunden zwischen sich und den Teamkollegen gelegt. Der klagt in dieser Phase über Nackenschmerzen – als Folge des Unfalls – und einen Power-Nachteil von 15 PS im T-car. Auch sein nervös werdender Hintermann Hill ist nicht rundherum zufrieden. »Aus Gerhards Getriebe sprühte Flüssigkeit«, wird er später berichten, »welche Brühe die da 'reinkippen, weiß ich nicht, aber das Zeug frißt Visiere.« Nach 15 Runden zeichnet sich die Wende ab. Alesi muß im Anschluß an seinen ersten Boxenstopp aufgeben. Der erste Gang läßt sich nicht einlegen! Wortlos tritt der Held ab. Gemeinsam mit Bruder José fährt er nach Avignon. Auch Jean Todt kann ihn nicht trösten: Alesi hat das Autotelefon ausgehängt. Erst Wochen später gesteht er, daß er vergaß, das Kupplungspedal zu treten.
Für neun Runden führt Berger das Feld an. Dann müssen der Tiroler und die beiden Williams-Piloten an die Boxen. Die Wirren bringen nacheinander Hill, Coulthard und Häkkinen nach vorn, dann klärt sich die Lage. Coulthard vor Hill und Berger heißt die neue Reihenfolge. Der Österreicher wurde von seiner Crew am langsamsten abgefertigt. Als er endlich wieder beschleunigen wollte, mußte er sich außerdem wegen des fließenden Verkehrs in der Boxengasse – Olivier Panis bremste sich gerade zum Service ein – einige Sekunden gedulden.
Heinz-Harald Frentzen ist bereits nicht mehr mit von der Partie. Aussichtsreich

MECCANO
SHIONOGI
LOCTITE
KOMATSU
LATI
Pepe Jeans

Noch wenige Sekunden bis zum Chaos – Eddie Irvine rempelt Johnny Herbert und stellt dessen Lotus quer

Prominenten-Plausch – Jos Verstappen erteilt dem niederländischen Star-Kicker Ruud Gullit Nachhilfeunterricht in Sachen Formel 1

auf Rang Fünf zirkulierend macht sein Zehnzylinder schlapp. Der des Teamkollegen zog kurz zuvor zum Abschied eine Rauchfahne hinter sich her.

Lange hat die neue Hackordnung nicht Bestand. Ausgangs der 29. Runde macht der Spitzenreiter artig Platz, um Hill den Vortritt zu lassen. Der neue Leader: »In dieser Situation erwartete ich nichts anderes von David.« Nichts spricht mehr gegen einen Williams-Doppelsieg, denn wegen Untersteuerns kann Berger zunächst nicht mehr den Anschluß an das Duo finden.

Erst in den Schlußrunden macht Berger zur Begeisterung des Publikums Boden gut. Prosts Schicksal aus dem Vorjahr vor Augen – den Franzosen ereilte, in Führung liegend, kurz vor dem Ziel ein Defekt _, schont Hill das Material, und Coulthard drosselt sein Tempo entsprechend. Die Fans scheinen sich zu früh zu freuen, denn die beiden Williams-Fahrer kontrollieren die Situation. Das nutzt Coulthard gar nichts, als ihm in der Schlußrunde eingangs der Parabolica der Sprit ausgeht. Berger schnappt sich den ausrollenden Vordermann, der letztlich noch als Sechster klassiert wird. Williams hatte sich beim Tankstopp schlicht verrechnet...

Sieger Hill kündigt an, nun auch in Estoril zehn WM-Punkte zu holen. Berger kann es kaum glauben, den Sprung aus dem Krankenhaus aufs Podium geschafft zu haben, und Mika Häkkinen, als überraschender Dritter, meldet lachend sein »Gewohnheitsrecht« auf einen Podiumsplatz an. David Coulthard ist hingegen fast so sauer wie die frustrierten Verlierer Alesi und Herbert. Der Schotte murmelt etwas vom Schicksal, das ihm nicht gut gesonnen sei und zieht sich ins Motorhome zurück.

ERGEBNISSE UND AUSFÄLLE

1. Damon Hill	Williams-Renault FW16B-3	1:18.02,754 = 236,322 km/h
2. Gerhard Berger	Ferrari 412 T1B-149	4,930 Sekunden zurück
3. Mika Häkkinen	McLaren-Peugeot MP4/9-4	25,640 Sekunden zurück
4. Rubens Barrichello	Jordan-Hart 194/002	50,634 Sekunden zurück
5. Martin Brundle	McLaren-Peugeot MP4/9-7	1.25,575 Minuten zurück
6. David Coulthard*	Williams-Renault FW16B-5	1 Runde zurück
7. Eric Bernard	Ligier-Renault JS39B-06	1 Runde zurück
8. Erik Comas	Larrousse-Ford LH94-01	1 Runde zurück
9. JJ Lehto	Benetton-Ford B194-05	1 Runde zurück
10. Olivier Panis	Ligier-Renault JS39B-01	2 Runden zurück
David Brabham	Simtek-Ford S941-02	47. Runde, Bremsscheibe v. r.
Ukyo Katayama	Tyrrell-Yamaha 022-03	46. Runde, Unfall
Christian Fittipaldi	Footwork-Ford FA15-03	44. Runde, Motor
Eddie Irvine	Jordan-Hart 194/005	42. Runde, Motor
Mark Blundell	Tyrrell-Yamaha 022-04	40. Runde, Unfall
Pierluigi Martini	Minardi-Ford M194-05	31. Runde, Unfall
Michele Alboreto	Minardi-Ford M194-06	29. Runde, Getriebe
Heinz-Harald Frentzen	Sauber-Mercedes C13-07	23. Runde, Motor
Andrea de Cesaris	Sauber-Mercedes C13-03	21. Runde, Motor
Jean-Marc Gounon	Simtek-Ford S941-04	21. Runde, Getriebe
Yannick Dalmas	Larrousse-Ford LH94-04	19. Runde, Unfall
Jean Alesi	Ferrari 412 T1B-151	15. Runde, Bedienungsfehler
Johnny Herbert	Lotus-Mugen 109/1	14. Runde, Lichtmaschine
Jos Verstappen	Benetton-Ford B194-06	1. Runde, Unfallfolgen
Gianni Morbidelli	Footwork-Ford FA15-04	1. Runde, Unfall
Alessandro Zanardi	Lotus-Mugen 109/2	1. Runde, Unfallfolgen

* Nicht im Ziel, aber aufgrund der zurückgelegten Distanz gewertet

Schnellste Runde:
(24. Runde) – Damon Hill, Williams-Renault FW16B, 1.25,930 = 242,988 km/h, Rundenrekord – Strecke in dieser Form erstmals Schauplatz eines Grand Prix

Wie schon in Hockenheim, nutzt Gerhard Berger den besten Startplatz und verteidigt die Führung auf dem Sprint zur ersten Kurve erfolgreich

Hill – Sieg nach Überschlag

Spektakuläre Zwischenfälle in »Sicherheitskurve« – Ferrari wendet Gewalt an – Geräusche stoppen Frentzen im Training – Berger trotz Pole-Position kaum optimistisch – Schumacher schaut von Köln aus zu – »Abschieds-Gala« von David Coulthard – Brabham nach Kollision mit Alesi kein bißchen erstaunt... – Titel-Duell wieder völlig offen

Auch der Kurs von Estoril präsentiert sich mit »zeitgemäßen« Modifikationen. Auf der Rückseite der Piste – im Bereich der Passage vor der langen, schnellen Rechtskurve vor Start-und-Ziel – unterbricht eine extrem langsame Schikane den Rhythmus des Kurses. Gefallen tut das schikanöse Eck niemand so recht. Treffend ist das Urteil des Mailänders Michele Alboreto: »Eine prima Kurve – für Rallye-Fahrer.« Entfernt erinnert der Knick an die legendäre Korkenzieher-Kurve des amerikanischen Indy-Circuits von Laguna Seca – allerdings nur in umgekehrter Fahrtrichtung.

Gleich im ersten Qualifying ist der neue Abschnitt, die »Sicherheits-Kurve«, Schauplatz eines spektakulären Höhepunktes. Kurz vor Schluß der Sitzung ist Damon Hill schnell unterwegs. Gerhard Berger hält Platz Eins, der Brite will ihn verdrängen. Ein erster Versuch schlug wegen eines Drehers fehl. Der nächste auch: Ausgerechnet der Tiroler stand ihm im Weg. Hill wird später sagen: »Er hat mich wohl nicht gesehen...« Jetzt feuert er den letzten Schuß ab. Die Zwischenzeiten sind vielversprechend. Als der Williams-Fahrer auf den Jordan des Iren Eddie Irvine aufläuft, droht plötzlich Gefahr, denn der Bolide des Vordermanns dreht sich. Weil er den Versuch nicht durch ein Bremsmanöver abbrechen will, bleibt Hill trotzdem auf dem Gas und hofft, »irgendwie« vorbeizukommen. Er schafft es nicht. Der Jordan rollt rückwärts auf die Ideallinie zurück, wo sein linkes Hinterrad zum Stolperstein für den Williams wird, der aufsteigt, sich schwerfällig über die rechte Seite wälzt und kopfüber im Kies der Auslaufzone liegenbleibt. Wie hatte Hill noch in Budapest gesagt: »Am meisten fürchte ich einen Überschlag mit anschließendem Brand.« Jetzt klettert der Brite schnell aus dem Cockpit – Benzin-Tank und -Leitungen verkrafteten die Rolle schadlos. Gefährlich hätte der Unfall allerdings bei einer Landung auf den Leitplanken verlaufen können. So aber kann der Schumacher-Herausforderer schon bald wieder lachen. »Natürlich hoffte ich für Sekundenbruchteile, auf den Rädern zu landen«, gibt er im Fahrerlager zu Protokoll, »aber letztlich blieb mir nichts, als die ungewohnte Perspektive zu genießen.« Eddie Jordan nahm er nachdrücklich in Schutz: »Es kann ja wohl keine Absicht gewesen sein, sich vor mir zu drehen.«

FIA-Kommissar Roberto Causo beurteilt das zunächst anders. Er sieht Irvines Superlizenz in Gefahr, denn der Ulsterman befindet sich seit Monza schließlich nur aufgrund seiner Bewährung auf freiem Fuß. TV-Aufzeichnungen beweisen dann allerdings seine Unschuld. Irvine zieht sich kopfschüttelnd in die Jordan-Box zurück. »Ich kann's nicht glauben«, sagt er genervt, »sogar nach einem stinknormalen Dreher wollen die mir ans Leder. Ich bin immer der Sündenbock der Formel 1.« Dann erinnert er noch einmal an Imola: »Gut, daß ich gesperrt war. Wäre ich mitgefahren, hätte man sicher versucht, mir die Unfälle von Roland Ratzenberger und Ayrton Senna in die Schuhe zu schieben.«

Berger vor Hill, so heißt die Reihenfolge an der Spitze nach dem ersten Zeittraining. Der Brite läßt sich da-

Mißglückte Landung – nach den ersten Schrecksekunden konnte Damon Hill seinem Überschlag sogar noch eine komische Seite abgewinnen

GROSSER PREIS VON PORTUGAL (Autódromo Fernanda Pires da Silva)

STRECKE

Ort und Datum	Estoril, 25. September
Wetter	warm, windig, bedeckt
Streckenlänge	4,360 km
Runden	71
Renndistanz	309,560 km
Bestehender Rundenrekord	1.14,859 = 209,193 km/h Damon Hill, Williams-Renault FW15C; GP 1993
GP-Sieger 1993	Michael Schumacher, Benetton-Ford B193B 1:32.46,309 = 199,748 km/h

TRAININGSZEITEN

			23.Sept.	24.Sept.
1.	Gerhard Berger	Ferrari 412 T1B	1.20,608◂	1.21,863
2.	Damon Hill	Williams-Renault FW16B	1.20,803	1.20,766◂
3.	David Coulthard	Williams-Renault FW16B	1.21,120	1.21,033◂
4.	Mika Häkkinen	McLaren-Peugeot MP4/9	1.21,251◂	1.21,700
5.	Jean Alesi	Ferrari 412 T1B	1.21,517◂	1.22,086
6.	Ukyo Katayama	Tyrrell-Yamaha 022	1.21,590◂	ohne Zeit
7.	Martin Brundle	McLaren-Peugeot MP4/9	1.21,656◂	1.22,035
8.	Rubens Barrichello	Jordan-Hart 194	1.21,839	1.21,796◂
9.	Heinz-H. Frentzen	Sauber-Mercedes C13	1.22,795	1.21,921◂
10.	Jos Verstappen	Benetton-Ford B194	1.22,614	1.22,000◂
11.	Christian Fittipaldi	Footwork-Ford FA15	1.22,636	1.22,132◂
12.	Mark Blundell	Tyrrell-Yamaha 022	1.22,280◂	1.22,971
13.	Eddie Irvine	Jordan-Hart 194	1.23,411	1.22,294◂
14.	JJ Lehto	Benetton-Ford B194	1.22,613	1.22,369◂
15.	Olivier Panis	Ligier-Renault JS39B	1.23,711	1.22,672◂
16.	Gianni Morbidelli	Footwork-Ford FA15	1.22,974	1.22,756◂
17.	Andrea de Cesaris	Sauber-Mercedes C13	1.22,885◂	1.22,888
18.	Pierluigi Martini	Minardi-Ford M194	1.23,243◂	1.23,464
19.	Michele Alboreto	Minardi-Ford M194	1.23,364◂	1.24,186
20.	Johnny Herbert	Lotus-Mugen 109	disqual.	1.23,408◂
21.	Eric Bernard	Ligier-Renault JS39B	1.25,039	1.23,699◂
22.	Erik Comas	Larrousse-Ford LH94	1.24,192◂	1.24,306
23.	Yannick Dalmas	Larrousse-Ford LH94	1.24,438◂	1.24,920
24.	David Brabham	Simtek-Ford S941	1.24,527	1.24,514◂
25.	Philippe Adams	Lotus-Mugen 109	1.25,313◂	1.25,708
26.	Jean-Marc Gounon	Simtek-Ford S941	1.25,686	1.25,649◂
Nicht qualifiziert:				
27.	Bertrand Gachot	Pacific-Ilmor PRO1	1.27,960	1.27,385◂
28.	Paul Belmondo	Pacific-Ilmor PRO1	1.32,706	1.29,000◂

STARTAUFSTELLUNG

28 Gerhard Berger 1.20,608
0 Damon Hill 1.20,766
2 David Coulthard 1.21,033
7 Mika Häkkinen 1.21,251
27 Jean Alesi 1.21,517
3 Ukyo Katayama * 1.21,590
8 Martin Brundle 1.21,656
14 Rubens Barrichello 1.21,796
30 H.-H. Frentzen 1.21,921
6 Jos Verstappen 1.22,000
9 Christian Fittipaldi 1.22,132
4 Mark Blundell 1.22,288
15 Eddie Irvine 1.22,294
5 JJ Lehto 1.22,369
26 Olivier Panis 1.22,672
10 Gianni Morbidelli 1.22,756
29 Andrea de Cesaris 1.22,885
23 Pierluigi Martini 1.23,243
24 Michele Alboreto 1.23,364
12 Johnny Herbert 1.23,408
25 Eric Bernard 1.23,699
20 Erik Comas 1.24,192
19 Yannick Dalmas 1.24,438
31 David Brabham 1.24,514
11 Philippe Adams 1.25,313
32 Jean-Marc Gounon 1.25,649

* Start aus der Boxengasse

durch nicht aus der Ruhe bringen: »In Monza holte ich zehn Punkte, und hier will ich auch siegen. Der Kampf geht ohnehin erst in Jerez weiter, wenn Michael wieder mitfährt. Dann ist es Zeit, die Handschuhe auszuziehen...«
Johnny Herbert, den Star des Trainings in Monza, plagen andere Sorgen. Weil er seinen Lotus nach einem Dreher gegen die Fahrtrichtung rollen ließ, um den abgestorbenen Mugen-V10 zu neuem Leben zu erwecken, werden dem Engländer die Zeiten aberkannt. »Wenn es morgen regnet«, grummelt er, »kann ich sonntags zuschauen.« Es wird nicht regnen.
Abends kommt es zu einem Zwischenfall am Ausgang des Fahrerlagers. Die Mechaniker von Ferrari und Ligier möchten kurz vor 22 Uhr zurück ins Hotel fahren. Sie wollen die Tür unter der Haupttribüne benutzen, durch die sie am frühen Morgen hereinkamen. Die Tür ist zu. Um Zeit für ein Abendessen mit einer jungen Japanerin zu haben, hat einer der Ecclestone-Helfer frühzeitig abschließen lassen – die Mechaniker sind sauer und wenden erfolgreich Gewalt an. Der Weg zum Hotel scheint frei. Doch ein zuvor schlafender Nachtwächter, den die Phalanx der hungrigen und müden Jungs überrollt, ruft um Hilfe, und schon ist die Polizei zur Stelle. Mit gezückten Pistolen rückt die Guarda Nacional Republicana an. Von der Kugelspritze machen die Uniformierten keinen Gebrauch, wohl aber vom Kugelschreiber. Sie schreiben eine Anzeige, während die Franzosen längst das Weite gesucht haben.
Samstags reagiert die FIA auf den Vorfall und verdonnert Ferrari zu einer Geldstrafe in Höhe von 50 000 Dollar und einer, auf Bewährung ausgesprochenen, Sperre für ein Rennen. Begründung: Verstoß gegen Artikel 151, der jede Handlung verbietet, die den Interessen des Motorsports schadet. Inwieweit es die Interessen des Motorsports beeinträchtigt, müde Mechaniker im Fahrerlager einzusperren, wird nicht geprüft. Die Führung der Scuderia bezeichnet die Strafe als »lächerlich«, und Sprecher Giancarlo Baccini sagt kopfschüttelnd: »Wir sollten streiken. Wenn wir nicht abreisen, dann nur, um die Fans nicht zu enttäuschen.« Die sofort eingelegte Berufung wird Ferrari wenige Tage später zurücknehmen.
Samstags ist es wärmer als 24 Stunden zuvor. Außerdem bläst der Wind auf der langen Geraden jetzt von vorn – die Piste ist langsamer. Auch wenn sich 16 Piloten steigern können, bleibt die Reihenfolge an der Spitze unverändert: Gerhard Berger hat seine zehnte Pole-Position unter Dach und Fach. Obwohl Jean Alesi, den freitags ein kapitaler Motorschaden stoppte, nur auf Platz Fünf landet, herrscht bei Ferrari Optimismus. »Wir machen Fortschritte«, freut sich Jean Todt, »das ist unsere dritte Pole im Jahr 1994 – die zweite in unmittelbarer Reihenfolge. Wenn man an die Unterschiede der Strecken-Charakteristik in Monza, wo sich niemand über unsere Leistung wunderte, und hier denkt, bin ich sehr zufrieden.« Tatsächlich wundern sich auch Experten über Bergers Vorstellung mit dem zwar extrem PS-starken Motor, der allerdings in Sachen Drehmoment unverändert zu wünschen übrig läßt.
Neben den beiden Ferrari und dem Williams-Duo – David Coulthard fuhr sich auf Platz Drei – werden hinter den Boxen aber auch die Chancen der Geheimfavoriten diskutiert. Dem schnellen Japaner Katayama, der samstags wegen eines Gasschieber-Problems bereits nach Minuten von der Bildfläche verschwand, könnte eine große Überraschung ebenso gelingen, wie Mika Häkkinen, der vor lauter Ehrgeiz und Einsatzfreude zu platzen droht.
Zuversichtlich ist auch Heinz-Harald Frentzen. Im ersten Zeittraining hatte der Deutsche seinen Sauber-Merce-

Weißt du, wo's hier lang geht? Die aus Gründen der Sicherheit eingebaute Schikane stellte einige Piloten vor Probleme...

Rette sich wer kann! Philippe Adams'Lotus steht nach einem Dreher auf der Piste und die Marshals wissen nicht, ob sie zuerst sich selbst, oder dem Belgier helfen sollen

des wegen »merkwürdiger Getriebe-Geräusche« nach nur drei Runden abgestellt – Platz 13. Samstags, als Tages-Sechster, fuhr er sich auf Rang Neun vor. Damit wird er in der Startaufstellung vor dem schnellsten Benetton stehen, den der Niederländer Jos Verstappen 79 Tausendstelsekunden langsamer um den Kurs bewegte als der Sauber-Pilot.

Vor dem Start beurteilt Berger seine Chancen realistisch: »Es war schon sehr schwierig, die beiden Williams im Training zu schlagen. Im Rennen wird es noch schwieriger – im Warm-up war mein Auto nicht gerade brillant. Mal abwarten, wie sich alles entwickelt. Zunächst muß ich versuchen, bis zum Boxenstopp vorn zu bleiben.«

Während die 26 Boliden – wie stets seit Silverstone – ihre Positionen bemerkenswert diszipliniert halten, sinken die Chancen des hochgehandelten japanischen Außenseiters in den Keller. Der Yamaha-V10 in seinem Rücken tönt zunächst wie ein Siebenzylinder, dann stirbt er ab. Glücklicherweise geschieht das Malheur kurz vor der Einfahrt zu den Boxen, von wo Katayama dem Feld nach kurzem Reparaturstopp nachjagt.

An der Spitze läßt sich der Trainingsschnellste von den beiden Williams-Piloten nicht die Butter vom Brot nehmen. Hinter Berger formieren sich die Verfolger in der Reihenfolge Coulthard, Hill, Alesi, Häkkinen, Barrichello, Verstappen, Brundle und Fittipaldi. Für kurze Zeit sieht es so aus, als könne der Tiroler erfolgreich nach vorn flüchten, doch Coulthard kann die kleine Lücke schnell wieder schließen. Der Schotte fährt an diesem Sonntag ohnehin sein bisher bestes Formel 1-Rennen. Endgültig beweist er, daß er tatsächlich würdig ist, in einem Atemzug mit seinen Landsleuten Jim Clark, Innes Ireland und Jackie Stewart genannt zu werden.

Berger plant – anders als seine Jäger, die zweimal halten wollen – drei Boxenstopps. Den errechneten Gewichtsvorteil kann er jedoch nicht nutzen. Wie er später sagen wird, hat er keine Probleme, die Williams hinter sich zu lassen. Trotzdem unterläuft ihm ein taktischer Schnitzer: Er tut des Guten zuviel – seine Reifen reagieren mit vorzeitigem Verschleiß. Dann die kalte Dusche für Ferrari: Der Wagen des führenden Österreichers rollt am Pistenrand aus, weil eine Welle der Getriebe-Hydraulik versagt. Damit eröffnet Berger die Ausfall-Liste, die letztlich neun Namen umfassen wird.

David Coulthard »erbt« die Führung. Damon Hill, der im Kampf um den WM-Titel jeden einzelnen Punkt bitter nötig hat, kann nicht folgen. 3,4 Sekunden beträgt sein Rückstand auf den Schotten nach zwölf Runden. Drei Umläufe später klafft bereits eine 5,9-Sekunden-Lücke zwischen den beiden Williams. Hill: »Keine Frage – in dieser Phase fuhr David großartig, und es fiel mir schwer, sein Tempo mitzugehen.« Nach 18 Runden legt der Highlander seinen ersten Stopp ein, der Titelanwärter hält einen Umlauf später. Die Reihenfolge wird dadurch nicht verändert, aber auf dem zweiten Reifensatz kommt Hill besser zurecht. Er folgt dem Teamgefährten in Lauerstellung. Vorübergehend übernehmen Alesi und dann Barrichello das Kommando. Als auch die sich zum Tanken und Reifenwechsel einbremsen, liegt das Williams-Duo wieder vorn.

Nun beherrscht eine große Frage die Beobachter: Wie wird sich Coulthard verhalten? Gleich drei Antworten bieten sich an. Macht er Hill artig Platz, wie in Monza? Versucht er, die Spitze bis kurz vor dem Ziel zu verteidigen, um erst dann den Sieg mit einer demonstrativen Geste zu verschenken? Oder holt er, der bereits in Jerez durch Nigel Mansell ersetzt wird, sich selbst die volle Punktzahl?

Alle Möglichkeiten scheinen mit diesem Spektrum abgedeckt. Doch es kommt anders. Vor der neuen Recht-Links-Kurve läuft die Startnummer zwei in Runde 28 auf den Larrousse des Franzosen Erik Comas auf. Coulthard geht vom Gas und vergißt, die Innenseite abzudecken. Hill fackelt nicht lange. Er schiebt die Nase seines Boliden vor. Um einen Crash zu verhindern, fährt der Spitzenreiter einen weiten Bogen abseits der Ideallinie und hat das Nachsehen, denn Hill nutzt Coulthards wehrlose Lage und sticht innen vorbei.

Der überrumpelte Schotte: »Nach allem, was Damon dort im Qualifying passierte, rechnete ich in der neuen Schikane nicht im Traum mit seiner Attacke. An dieser Stelle ist alles möglich, und es wäre ja extrem peinlich gewesen, hätten wir uns gegenseitig von der Piste gerempelt! Aber sein Manöver war okay, er nutzte seine Chance eiskalt und sauber. Wenn wir das nächste Mal im Infight sind, werde ich mich an diese Kurve erinnern...«

Dem Doppelsieg steht nichts mehr im Weg, sieht man von einigen unheimlichen Begegnungen mit Nachzüglern ab. Sowohl Eric Bernard als auch Jean-Marc Gounon bringen Hill für Momente ins Schwitzen, aber nicht zum Stolpern.

Von der 27. bis in die 32. Runde folgt Heinz-Harald Frentzen auf Platz Drei. Nur einmal will der Deutsche halten, aber dazu kommt es nicht mehr: Ein Getriebeschaden beendet seine großartige Fahrt. »Ich hatte heute eine gute Chance«, sagt er frustriert, »aufs Siegerpodest zu kommen. Das Handling meines Wagens war ausgezeichnet – es ist einfach nicht zu glauben, daß ich wieder ausfiel.«

Auch Jean Alesi, der nachrückt, bringt der dritte Platz kein Glück. Der Franzose kollidiert in Runde 39 in »Kurve 3« mit David Brabhams Simtek. TV-Kommentator Michael Schumacher im fernen Köln: »Er hätte sehen müssen, daß Brabham nicht in den Rückspiegel schaut und deshalb nicht angreifen dürfen.« So sieht es auch der Austra-

Führungswechsel – in seinem vorläufig letzten Grand Prix für Williams läßt Coulthard seinem Team-Kollegen Hill ohne große Gegenwehr den Vortritt

lier: »Unmöglich. Ich war erstaunt, als ich den Schlag spürte. Dann sah ich Alesi und war überhaupt nicht mehr erstaunt.« Auch der Ferrari-Fahrer reagierte sauer: »Schon in Monaco warf er mir die Tür vor der Nase zu! Was mich wirklich ärgert: Er kommt nicht, um sich zu entschuldigen. Niemand hätte mir Rang Drei streitig machen können.« Die Rennleitung schließt sich Alesis Meinung an und sperrt Brabham für ein Rennen – auf Bewährung bis zum Saisonende.

Nach Alesi nistet sich Mika Häkkinen auf der dritten Position ein, die er bis ins Ziel halten kann. Der Finne meckert zwar über die angeblich zu geringe Top-Speed seines McLaren, freut sich aber über weitere vier Punkte. Sein Boß Ron Dennis erklärt allerdings mit schmalen Lippen: »Ich möchte nicht hoffen, daß dritte Plätze für uns zur Gewohnheit werden, denn McLaren ist in der Formel 1, um zu siegen.«

Rothmans
Rothmans
Rothmans
Rothmans
Rothmans

◀
Nach ihrem begeisternden Duell beglückwünschen sich Damon Hill und David Coulthard im parc fermé der Piste von Estoril

▶
Indy-Star Paul Tracy – hier im Gespräch mit David Coulthard – schnuppert in Estoril Formel 1-Luft. Der Kanadier träumt von Kinderbeinen an von einer GP-Karriere.

Frank Williams ist hingegen verständlicherweise rundherum happy. Der Doppelsieg hat sein Team an die Spitze des Zwischenklassements der Konstrukteurs-WM katapultiert. Außerdem freut er, der stolze Brite, sich über das seltene Ergebnis: Erstmals seit mehr als 25 Jahren wird ein britischer Doppelsieg gefeiert. Zuletzt gelang diese Glanznummer 1969 in Monaco Damons Vater und Piers Courage, der einen von Frank Williams eingesetzten Brabham pilotierte.
In Köln zeigt sich Schumacher über mangelnde Schützenhilfe seiner Teamkollegen JJ Lehto – der ausfiel – und Jos Verstappen, der zwei Punkte holt, »enttäuscht«. Bis auf ein einziges Pünktchen ist ihm Hill jetzt nahegekommen. Der Jäger stellt noch einmal klar: »Die Leute denken, es sei einfach zu gewinnen, wenn Michael nicht mit dabei ist. Tatsächlich ist es harte Arbeit. Richtig los geht's aber erst vom nächsten Grand Prix an. Dann werde ich zeigen, wer der Bessere ist.«
Bei den anschließenden Testfahrten in Estoril gelingt ihm das nicht. Zwei Tage nach dem GP klettert Schumacher erstmals seit dem 28. August wieder in das Cockpit seines Benetton. Bevor von Portugal nach Jerez umgezogen wird, verpaßt der Deutsche Hill einen Knockout im Psycho-Krieg und läßt ihn auf seiner schnellsten Runde 0,4 Sekunden hinter sich. Der Shoot-Out um den Titel kann beginnen!

ERGEBNISSE UND AUSFÄLLE

1. Damon Hill	Williams-Renault FW16B-5	1:41.10,165 = 183,589 km/h
2. David Coulthard	Williams-Renault FW16B-6	0,603 Sekunden zurück
3. Mika Häkkinen	McLaren-Peugeot MP4/9-4	20,193 Sekunden zurück
4. Rubens Barrichello	Jordan-Hart 194/003	28,003 Sekunden zurück
5. Jos Verstappen	Benetton-Ford B194-04	29,385 Sekunden zurück
6. Martin Brundle	McLaren-Peugeot MP4/9-5	52,702 Sekunden zurück
7. Eddie Irvine	Jordan-Hart 194/006	1 Runde zurück
8. Christian Fittipaldi	Footwork-Ford FA15-03	1 Runde zurück
9 Gianni Morbidelli	Footwork-Ford FA15-04	1 Runde zurück
10. Eric Bernard	Ligier-Renault JS39B-06	1 Runde zurück
11. Johnny Herbert	Lotus-Mugen 109/3	1 Runde zurück
12. Pierluigi Martini	Minardi-Ford M194-05	2 Runden zurück
13. Michele Alboreto	Minardi-Ford M194-06	2 Runden zurück
14. Yannick Dalmas	Larrousse-Ford LH94-02	2 Runden zurück
15. Jean-Marc Gounon	Simtek-Ford S941-04	4 Runden zurück
16. Philippe Adams	Lotus-Mugen 109/2	4 Runden zurück

Mark Blundell	Tyrrell-Yamaha 022-01	62. Runde, Motor
JJ Lehto	Benetton-Ford B194-05	61. Runde, Dreher
Andrea de Cesaris	Sauber-Mercedes C13-05	55. Runde, Differential
Jean Alesi	Ferrari 412 T1B-151	39. Runde, Unfall
David Brabham	Simtek-Ford S941-02	37. Runde, Unfall
Heinz-Harald Frentzen	Sauber-Mercedes C13-07	32. Runde, Getriebe
Erik Comas	Larrousse-Ford LH94-04	28. Runde, Aufhängung hinten
Ukyo Katayama	Tyrrell-Yamaha 022-02	27. Runde, Getriebe
Gerhard Berger	Ferrari 412 T1B-154	8. Runde, Getriebe

Disqualifikation: Olivier Panis, Ligier-Renault JS39B-07

Schnellste Runde:
(12. Runde) – David Coulthard, Williams-Renault FW16B, 1.22,446 = 190,379 km/h
Rundenrekord – Strecke in dieser Form erstmals Schauplatz eines Grand Prix

GROSSER PREIS VON EUROPA — Jerez, 16. Oktober

Ein Händedruck kostet nichts – Michael Schumacher und Damon bei der legendären Versöhnungsgeste an der Boxenmauer in Jerez

Den Worten folgten Taten

Duell der Worte – Sieben der 28 Cockpits neu besetzt – Schumacher freitags durch Fliege besiegt – Frentzen trotz Tintenfisch-Erlebnis schnell wie nie zuvor – Mercedes ist immer und überall – Pole-Position für den »heimgekehrten Sohn« – Mansell überzeugt nur im Training – Hill bereits nach erstem Boxenstopp geschlagen

Vor seinem »Comeback« auf der Piste von Jerez heizt Michael Schumacher die Atmosphäre im Kampf um den WM-Titel gewaltig an. Seine Äußerungen drängen Mansells erneutes F1-Gastspiel in den Hintergrund. Einer Gruppe britischer Journalisten macht der Kerpener deutlich, was er von seinem Gegner Damon Hill hält: Gar nichts! Rechtzeitig zum Trainingsbeginn in Südspanien werden die Erklärungen des Rheinländers publiziert. Zitiert wird er mit Aussagen wie: »Weder vor dem Rennfahrer Hill, noch vor dem Menschen habe ich Respekt. Am Steuer des Williams wäre Ayrton Senna zu diesem Zeitpunkt wohl bereits vorzeitig Champion. In schwierigen Zeiten zeigt sich der Charakter eines Menschen. Als sich Benetton massiven Angriffen ausgesetzt sah, verhielten sich die meisten Piloten mir gegenüber freundlich oder neutral. Nur zwei – darunter Hill – attackierten mich ohne jede Not.«

Der Engländer gibt seine Antwort im Fahrerlager: »Michael ist ein grüner Junge.« Schumacher kontert lachend: »Damon ist ein alter Mann.« Dann zieht er einen Schlußstrich unter den Streit: »Zum Thema Hill sage ich jetzt nichts mehr, sonst entwickelt sich alles zum unnötigen Ping-Pong-Spiel der Worte.« Bereits der englischen Presse gegenüber hatte er betont, die Antipathie keinesfalls auf die Piste zu übertragen: »Ich werde zwar hart, aber auch absolut fair gegen Damon fahren.«

Im ersten freien Training setzt Michael Schumacher ein deutliches Zeichen, indem er Bestzeit fährt. Jetzt weiß Hill Bescheid: Die Zwangspause, die der Benetton-Pilot zu einem Höhentraining in der Schweiz nutzte, hat ihm nicht geschadet. Mittags läuft dann jedoch alles für Hill. Vor Heinz-Harald Frentzen und Schumacher diktiert er das Geschehen. Der Brite atmet erleichtert auf. Der deutsche Titelanwärter steckt die kalte Dusche relativ cool weg und begründet sein »schlechtes« Abschneiden: »Gleich zweimal hätte ich eine Zeit fahren können, die für die provisorische Pole-Position ausgereicht hätte. Beim ersten gelungenen Versuch knallte mir dann aber ein großes Insekt gegen das Visier.« Im Bruchteil einer Sekunde verwandelte sich das Kerbtier in einen undurchsichtigen Film, und bevor der Pilot die oberste Folie des Visiers abziehen konnte, waren kostbare Zehntel verloren. Beim zweiten aussichtsreichen Versuch stand wenige hundert Meter vor dem Zielstrich ein Lotus im Weg... Erst beim abendlichen Check des Chassis 08 stellt sich heraus, daß der Bolide wegen eines gebrochenen Verbindungsbolzens zwischen Monocoque und Motor ohnehin nicht in Top-Form war.

Neben dem deutsch-englischen Duell hat die Formel 1 dank Frentzens sensationeller Leistung ein weiteres Thema. Der Erfolg des Mönchengladbachers wird um so höher bewertet, weil der Sauber-Fahrer gesundheitlich nicht fit ist. Drei Tage zuvor aß er einen Tintenfisch, der aufgrund seines Todesdatums nicht mehr für den menschlichen Verzehr geeignet war... Seitdem hätte Frentzen gute Gründe, die Toilette seines Hotelzimmers als zweiten Wohnsitz anerkennen zu lassen. Ein mütterliches Gebräu aus lauwarmem Zitronenwasser mit Zucker und Salz hat »HH« zwar halbwegs aufgepäp-

Erstmals seit der Saison 1990 gastiert die Formel 1 wieder in der kargen Landschaft Südspaniens

GROSSER PREIS VON EUROPA (Circuito de Velocidad de Jerez de la Frontera)

STRECKE

Ort und Datum	Jerez, 16. Oktober
Wetter	bewölkt, sehr warm
Streckenlänge	4,428 km
Runden	69
Renndistanz	305,532 km
Bestehender Rundenrekord	1.24,513 = 179,674 km/h Riccardo Patrese, Williams-Renault FW13B; GP 1990
GP-Sieger 1993 GP von Europa/Donington	A. Senna, McLaren-Ford MP4/8 1:50.46,570 = 165,603 km/h

TRAININGSZEITEN

		14.Okt.	15.Okt.
1. Michael Schumacher	Benetton-Ford B194	1.24,207	1.22,762◄
2. Damon Hill	Williams-Renault FW16B	1.24,137	1.22,892◄
3. Nigel Mansell	Williams-Renault FW16B	1.24,971	1.23,392◄
4. Heinz-H. Frentzen	Sauber-Mercedes C13	1.24,184	1.23,431◄
5. Rubens Barrichello	Jordan-Hart 194	1.24,700	1.23,455◄
6. Gerhard Berger	Ferrari 412 T1B	1.25,079	1.23,677◄
7. Johnny Herbert	Ligier-Renault JS39B	1.26,241	1.24,040◄
8. Gianni Morbidelli	Footwork-Ford FA15	1.26,048	1.24,079◄
9. Mika Häkkinen	McLaren-Peugeot MP4/9	1.25,275	1.24,122◄
10. Eddie Irvine	Jordan-Hart 194	1.24,794	1.24,157◄
11. Olivier Panis	Ligier-Renault JS39B	1.25,384	1.24,432◄
12. Jos Verstappen	Benetton-Ford B194	1.35,441	1.24,643◄
13. Ukyo Katayama	Tyrrell-Yamaha 022	1.26,304	1.24,738◄
14. Mark Blundell	Tyrrell-Yamaha 022	1.25,995	1.24,770◄
15. Martin Brundle	McLaren-Peugeot MP4/9	1.25,942	1.25,110◄
16. Jean Alesi	Ferrari 412 T1B	1.25,182◄	1.44,801
17. Pierluigi Martini	Minardi-Ford M194	1.25,812	1.25,294◄
18. Andrea de Cesaris	Sauber-Mercedes C13	1.25,407◄	1.25,411
19. Christian Fittipaldi	Footwork-Ford FA15	1.26,094	1.25,427◄
20. Michele Alboreto	Minardi-Ford M194	1.26,744	1.25,511◄
21. Alessandro Zanardi	Lotus-Mugen 109	1.26,973	1.25,557◄
22. Eric Bernard	Lotus-Mugen 109	1.28,047	1.25,595◄
23. Erik Comas	Larrousse-Ford LH94	1.28,042	1.26,272◄
24. Hideki Noda	Larrousse-Ford LH94	1.29,041	1.27,108◄
25. David Brabham	Simtek-Ford S941	1.28,388	1.27,201◄
26. Domenico Schiattarella	Simtek-Ford S941	1.30,069	1.27,976◄
Nicht qualifiziert:			
27. Bertrand Gachot	Pacific-Ilmor PRO1	1.30,099	1.29,488◄
28. Paul Belmondo	Pacific-Ilmor PRO1	1.31,162	1.30,234◄

STARTAUFSTELLUNG

5 M.Schumacher 1.22,762
0 Damon Hill 1.22,892
2 Nigel Mansell 1.23,392
30 H.-H. Frentzen 1.23,431
14 Rubens Barrichello 1.23,455
28 Gerhard Berger 1.23,677
25 Johnny Herbert 1.24,040
10 Gianni Morbidelli 1.24,079
7 Mika Häkkinen 1.24,122
15 Eddie Irvine 1.24,157
26 Olivier Panis 1.24,432
6 Jos Verstappen 1.24,643
3 Ukyo Katayama 1.24,738
4 Mark Blundell 1.24,770
8 Martin Brundle 1.25,110
27 Jean Alesi 1.25,182
23 Pierluigi Martini 1.25,294
29 Andrea de Cesaris 1.25,407
9 Christian Fittipaldi 1.25,427
24 Michele Alboreto 1.25,511
12 Alessandro Zanardi 1.25,557
11 Eric Bernard 1.25,595
20 Erik Comas 1.26,272
19 Hideki Noda 1.27,168
31 David Brabham 1.27,201
32 D. Schiattarella 1.27,976

Auch wenn seine Vorstellungen an Glanz verloren haben, Nigel Mansell steht unverändert im Mittelpunkt des Interesses der Presse

pelt, doch er fühlt sich schlapp und kraftlos. Sogar weitere 24 Stunden später wird er noch sagen: »Wenn heute das Rennen wäre, ich würde es keinesfalls durchstehen.« Peter Sauber freut sich riesig über die Leistung seines Schützlings. Auf einen Glückwunsch von Mercedes wartet der Schweizer allerdings vergeblich.

Aber die Stuttgarter sind in Jerez präsent – jedenfalls atmosphärisch. Hinter den Boxen jagt ein Gerücht das nächste. McLaren wird Peugeot nach nur einer Saison den Laufpaß geben und sich mit Mercedes zusammentun. Keiner bestätigt diese Vermutung. McLaren-Chef Ron Dennis betont zum wiederholten Mal, er werde keine Verträge brechen und poltert dann los: »Wir machen Geschichte – ihr dürft Geschichten schreiben!« Peugeot-Sportchef Jean-Pierre Jabouille weiß natürlich längst Bescheid und streift mit versteinertem Gesicht durchs Fahrerlager. Erst am 25. Oktober wird der Deal zwischen McLaren und Mercedes offiziell.

Am Abend des ersten Trainingstags gibt Michael Schumacher seinem Widersacher Hill ein deutliches Signal zum Thema Psycho-Krieg. Im Stadion von Jerez spielt der Sympatisant des Bundesliga-Clubs 1. FC Köln vor 7000 Zuschauern im Spiel »Mild Seven United« gegen »Inter Benetton«, als gäbe es den Titelstreß überhaupt nicht. Eigentlich will er nur den Anstoß ausführen. Dem Verletzungsrisiko zum Trotz kickt er dann während der kompletten ersten Halbzeit. Er erzielt ein Tor und verschießt einen Elfer, dann verabschiedet er sich. Auch Jos Verstappen jagt dem Leder nach, obwohl ihn große Sorgen plagen. Nach einem Ausrutscher ist er als 28. und Letzter zur Zeit nicht qualifiziert.

Das Abschlußtraining entwickelt sich zum Krimi: In der fünften Minute setzt sich zunächst Rubens Barrichello in Front. Zwei Minuten lang darf er sich freuen, dann schlägt Johnny Herbert - frischgebackener Ligier-Pilot – zu. Auch der hält sich nicht lange vorn. Nigel Mansell geht aufs Ganze und unterbietet seinen Landsmann um zwölf Hundertstelsekunden. In der elften Minute, Mansells Rundenzeit flimmert erst seit 60 Sekunden auf den Zeitnahme-Monitoren, pulverisiert Gerhard Berger die aktuelle Bestzeit. Fast vier Zehntel nimmt der Tiroler dem rundlich gewordenen Schnauzbart ab. Für die Pole-Position ist das nicht schnell genug. Die elfte Minute ist noch nicht vorüber, da findet Michael Schumacher sechs weitere Zehntel! Jetzt wird die Luft langsam dünn.

Die Zeit des Deutschen überlebt 13 lange Minuten, dann nimmt Hill sein Herz in beide Hände und läßt Schumachers Leistung »alt« aussehen – 66 Tausendstel nimmt er dem Benetton-Star ab. Vergeblich rennt Heinz-Harald Frentzen gegen diesen Wert an. Seine Zeit reicht zunächst für Platz Drei, den ihm kurz darauf Mansell streitig macht. In der 34. Minute ist dann wieder Schumacher an der Reihe: Seine Zeit von 1.22,762 ist der Schlußpunkt hinter der Rauferei um den besten Startplatz, denn Hills Antwort endet im Kies einer Auslaufzone. Die Würfel sind gefallen. Jetzt versucht sich auch der Brite auf dem Sektor psychologische Kriegsführung: »Ich starte aus der ersten Reihe. Damit ist noch nichts verloren. Außerdem lastet auf dem Trainingsschnellsten immer ein ganz spezieller Druck!«

Zu den großen Verlierern des Trainings zählt Jean Alesi, der mit hohen Erwartungen in das zweite Qualifying ging. Nun rangiert er auf Platz 16. Schon seine erste schnelle Runde endete im Kies... Ein Umsteigen in Bergers Auto war nicht möglich – zu unterschiedlich sind die set-up-Vorstellungen der beiden Ferrari-Fahrer. Große Hoffnungen auf WM-Punkte darf er sich nun nicht mehr machen. »Trotz der Schikane in der Passage, in der Martin Donnelly 1990 so schwer verunglückte«, erklärt der Franzose, »kann man besser überholen, denn eine der Geraden wurde verlängert. Aber morgen stehen am Start zu viele Konkurrenten vor mir.«

Am Ende des Feldes rangieren, trotz modifizierter Frontpartie ihrer Pacific-Ilmor, Bertrand Gachot und Paul Belmondo, die sich erneut nicht qualifizieren können. Simtek – mit Neuling »Mimmo« Schiattarella und Stamm-Pilot David Brabham – »erobert« die letzte Startreihe. Der Australier ärgert sich. Eine Runde in 1.26,065 Minuten

Bevor ihn ein »fauler« Reifensatz und eine fünf Tage zuvor eingenommene Mahlzeit bremsten, fuhr Frentzen sensationell gut. Hier folgen ihm Barrichello und Mansell

wurde ihm gestrichen, weil er der Aufforderung zum Wiegen nicht nachkam. Die Zeit hätte für einen Platz in der zwölften Reihe ausgereicht. Brabham: »Ich schaute zweimal hin – ich sah die rote Ampel nicht.« Neben Formel-3-Emporkömmling Schiattarella qualifiziert sich auch der zweite Rookie: Hideki Noda, der aus der F3000 aufgerückt ist. Die beiden Neulinge sind in Jerez nicht die einzigen Umbesetzungen. Insgesamt sind sieben (!) Piloten mit von der Partie, die in Estoril fehlten oder in Cockpits anderer Teams saßen. Damit sind 25 Prozent der Boliden neu besetzt!

Das Rennen beginnt mit einem Doppelschlag des Schicksals gegen die Superlizenz-Inhaber aus dem Reich der aufgehenden Sonne. Die Kupplung im Tyrrell Katayamas überhitzt während der Formationsrunde. Als Folge stirbt der Yamaha auf dem Startplatz beim Einlegen des ersten Ganges ab. Der Pilot: »Ich signalisierte mein Problem durch Schwenken der Arme, aber die gaben den Start frei.« Nach einem Schiebestart jagt Katayama-san dem Feld nach. Zunächst scheinbar aussichtslos zurückgeworfen, erobert er sich letztlich noch Rang Sieben. Der kleine Mann wäre ohne das Kupplungsproblem easy in die Punkte gefahren. Auch Hideki Noda, in seinem Fall ist die verständliche Nervosität des Piloten hierfür verantwortlich, würgt den Motor ab. Wie Katayama, kommt er nur dank starker helfender Hände auf Touren.

Während die Japaner versuchen, verlorengegangenen Boden wieder gutzumachen, haben sich die Favoriten auf eine überraschende Reihenfolge geeinigt: Damon Hill führt vor Schumacher. Auch in der zweiten Startreihe hat sich der langsamere Fahrer gegen den Nachbarn durchsetzen können – vor Barrichello, Berger und Mansell umrundet Frentzen den Sherry-Kurs als Dritter.

Die beiden verfeindeten Titelanwärter – seit dem Dauerzoff zwischen Prost und Senna scheint offene Antipathie unter den Favoriten zum guten Ton zu gehören – setzen sich schnell von der Verfolgergruppe ab. Schumachers Benetton liegt nicht optimal auf der Piste. Er übersteuert deutlich sichtbar. Auch wenn zunächst nie mehr als 1,3 Sekunden die beiden Spitzenfahrer trennen, besitzt Hill vorerst offenbar die besseren Karten.

Fittipaldi verliert durch einen frühen Boxenstopp nach nur einem Umlauf eine komplette Runde. Sein Footwork brauchte eine neue Nase, die er sich im Gedränge auf den ersten Kilometern am Heck eines Minardi verbog. Konstrukteur Alan Jenkins murmelt schlecht gelaunt die Worte »kalte Bremsen«.

Während ganz weit hinten Ukyo Katayama mit Wut im Bauch entfesselt fährt, zeigt sich vorn Nigel Mansell bemerkenswert aktiv: Nacheinander »reißt« der Löwe Gerhard Berger und Rubens Barrichello. An Frentzen beißt er sich dann allerdings die Zähne aus. Aber der Brite fighted – sein altes Feuer lodert wieder auf –, bis er beim frühen Überrunden den Frontflügel seines Williams am Larrousse des Neulings Noda anknackst. Mansell fädelt sich nach einem langwierigen Reparaturstopp als 22. wieder ins Geschehen ein. Er wird sich vorübergehend auf Rang 14 vorfahren und dann von der Piste segeln. »Das Heck kam herum, und ich verlor die Kontrolle.«

Nach 15 Runden hält Schumacher zum Tanken und Reifenwechseln. 6,8 Sekunden lang steht sein Benetton still. Bevor Frentzen die Boxen passiert, ist Schumacher wieder auf der Piste. Drei Umläufe später parkt sich auch Hill zwischen seiner bereitstehenden Crew ein. Ihn fertigt man in 8,7 Sekunden ab, und damit ist eine Vorentscheidung gefallen. Der Benetton-Pilot führt das Feld jetzt an. Auf den neuen Pneus

Damon Hill führt das Feld vor Michael Schumacher und Heinz-Harald Frentzen in die erste schnelle Rechtskurve

Marlboro
Marlboro
Marlboro
Rothmans
MILD SEVEN
TISSOT

sind die Übersteuerungs-Probleme wie weggeblasen. Noch zweimal wird er Service-Stopps einlegen, Hill kommt nur noch einmal an die Boxen, und wieder einmal ist die Benetton-Taktik die bessere.
Der Deutsche legt den Grundstein für den Sieg im mittleren Abschnitt des Rennens. Schnell unterwegs, ist er aggressiv beim Überrunden. Sein Auftritt zeigt Selbstbewußtsein und Nervenstärke. Hill wird nach dem Rennen erklären: »In dieser Phase hatte ich zuviel Sprit an Bord. Deshalb konnte ich die Nachzügler nicht so locker überholen wie Michael.« Ja, es hätte so gewirkt, als sei Schumacher der deutlich schnellere Pilot gewesen. Er selbst müsse alle Zahlen und Daten auswerten, um eine korrekte Analyse geben zu können. Auch wenn Hill noch einmal für zwei Runden die Führung übernehmen kann, weil der Deutsche seinen zweiten Stopp einlegt, hat er im Kampf um den Sieg kein Wort mehr mitzusprechen.
Den zweiten Platz und damit weitere sechs WM-Punkte kann ihm allerdings niemand streitig machen. Auch Heinz-Harald Frentzen nicht. Der setzt auf nur einen Boxenhalt, und diese Rechnung geht nicht auf. Bis er endlich Sprit und Gummi »bunkert«, zirkuliert er zwar souverän auf dem dritten Platz, doch schnell stellt sich heraus, daß er seine Hoffnungen auf eine Top-Plazierung begraben muß. Der Mönchengladbacher: »Mein zweiter Reifensatz ließ den Sauber stark untersteuern. Nichts war von dem zuvor guten Handling mehr zu spüren.« Später vermuten die Sauber-Ingenieure, die vier frischen Pneus seien möglicherweise – eventuell von einem anderen Team – zuvor schon einmal auf Betriebstemperatur vorgeheizt worden.

Sauer gelaunter David Brabham. Im Training wurde ihm seine schnellste Rundenzeit aberkannt – im Rennen stoppte ihn ein Motorschaden

Als Frentzen hält, hat sich Katayamas Aufholjagd bereits einigermaßen ausgezahlt. Der Tyrrell-Pilot hat Platz Zwölf erkämpft und sein Vorwärtsdrang läßt noch nicht nach. In der Schlußphase sitzt er sogar dem auf Position Sechs abgerutschten Frentzen – »Wegen der Folgen der Fischvergiftung war ich nach 50 Runden groggy« – im Nacken. 0,1 Sekunden vor Katayama rettet der erschöpfte Sauber-Pilot einen WM-Punkt über die Linie.
Rang Drei geht »natürlich« an Mika Häkkinen, der diese Position seit Spa regelmäßig belegt, dann folgen Irvine und Berger. Der Ire versteht die Welt nicht mehr: »Es ist doch verdächtig, daß ich fünf Sekunden vor Mika lag und nach einem sehr guten Boxenstopp plötzlich hinter ihm bin. So viel schneller als ich kann er nicht abgefertigt worden sein...« Irvine ist sich sicher, der Finne habe das 80 km/h-Speed-Limit in den Boxen mißachtet. Offiziell wird jedoch kein Verstoß gegen die Bummel-Regel registriert.
Schumacher ist dank der zehn gewonnenen Punkte dem angepeilten Titel ein großes Stück nähergekommen. Benetton hat Platz Eins im Zwischenklassement des Konstrukteurs-Championats zurückerobert. Aber entschieden ist noch gar nichts. »Ich bin sehr, sehr zufrieden«, sagt der Sieger stolz, »ich bin so in die Formel 1 zurückgekommen, wie ich sie verlassen habe – als Schnellster.« Hill äußert sich hingegen diplomatisch: »Natürlich erhoffte ich mehr. Aber dank des zweiten Platzes ist die WM noch offen. Nichts ist verloren, und auf der Piste von Suzuka werde ich meinen PS-Vorteil besser ausspielen können.«
Andrea de Cesaris hat ganz andere Sorgen. Auf dem Rückflug vom Schauplatz seines 208 (!) Grand Prix prophezeit er in Barcelona mit traurigem Blick: »Ich glaube, es ist vorbei. Nächste Woche testet Karl, und dann werde ich bei Sauber wohl nicht mehr gebraucht. An einem Vertrag mit einem kleinen Team bin ich nicht interessiert – also werde ich der Formel 1 wohl ade sagen.« Zwei Tage später dreht Wendlinger in Le Castellet erste F1-Runden seit jenem denkwürdigen 12. Mai, und Peter Sauber gibt grünes Licht für einen Start in Japan! De Cesaris, der 1980 in Kanada seinen ersten Grand Prix bestritt, gibt daraufhin tatsächlich seinen Rücktritt aus der Formel 1 bekannt. Der Unermüdliche will sein Geld künftig im Tourenwagen-Sport verdienen. Aber das Thema ist noch nicht abgeschlossen: Am 27. Oktober muß Wendlinger einen weiteren Test wegen Nacken- und Kopfschmerzen abbrechen. Sein Comeback und de Cesaris' Rücktritt sind wieder in Frage gestellt...

Blick in den Parc fermé, wo die Rennwagen nach dem Grand Prix bis zum Ablauf der Protestfrist geparkt werden müssen

ERGEBNISSE UND AUSFÄLLE

1. Michael Schumacher	Benetton-Ford B194-08	1:40.26,689 = 182,507 km/h
2. Damon Hill	Williams-Renault FW16B-5	24,689 Sekunden zurück
3. Mika Häkkinen	McLaren-Peugeot MP4/9-4	1.09,648 Minuten zurück
4. Eddie Irvine	Jordan-Hart 194/006	1.18,446 Minuten zurück
5. Gerhard Berger	Ferrari 412 T1B-154	1 Runde zurück
6. Heinz-Harald-Frentzen	Sauber-Mercedes C13-07	1 Runde zurück
7. Ukyo Katayama	Tyrrell-Yamaha 022-05	1 Runde zurück
8. Johnny Herbert	Ligier-Renault JS39B-06	1 Runde zurück
9. Olivier Panis	Ligier-Renault JS39B-07	1 Runde zurück
10. Jean Alesi	Ferrari 412 T1B-155	1 Runde zurück
11. Gianni Morbidelli	Footwork-Ford FA15-04	1 Runde zurück
12. Rubens Barrichello	Jordan-Hart 194/003	1 Runde zurück
13. Mark Blundell	Tyrrell-Yamaha 022-04	1 Runde zurück
14. Michele Alboreto	Minardi-Ford M194-06	2 Runden zurück
15. Pierluigi Martini	Minardi-Ford M194-05	2 Runden zurück
16. Alessandro Zanardi	Lotus-Mugen 109/2	2 Runden zurück
17. Christian Fittipaldi	Footwork-Ford FA15-03	3 Runden zurück
18. Eric Bernard	Lotus-Mugen 109/3	3 Runden zurück
19. Domenico Schiattarella	Simtek-Ford S941-04	5 Runden zurück

Nigel Mansell	Williams-Renault FW16B-6	48. Runde, Dreher
David Brabham	Simtek-Ford S941-05	43. Runde, Motor
Andrea de Cesaris	Sauber-Mercedes C13-05	38. Runde, Gaszug
Erik Comas	Larrousse-Ford LH94-04	38. Runde, Getriebe
Jos Verstappen	Benetton-Ford B194-04	16. Runde, Dreher
Hideki Noda	Larrousse-Ford LH94-02	11. Runde, Lichtmaschine
Martin Brundle	McLaren-Peugeot MP4/9-8	9. Runde, Motor

Schnellste Runde:
(17.Runde) – Michael Schumacher, Benetton-Ford B194, 1.25,040 = 187,450 km/h
Rundenrekord – Strecke in dieser Form erstmals Schauplatz eines Grand Prix

In Suzuka feierte Ford den 400. GP-Einsatz – Benetton den 200. Für Michael Schumacher und Johnny Herbert waren diese Jubiläen natürlich Grund genug, wieder einmal wilde Späße zu treiben

Der große Irrtum

Hill und die Blitzlichter – Die Spannung steigert sich – Schumacher im Training souverän – Beruhigungstee beruhigt nicht – Frentzen trauert altem Belag nach – Aquaplaning – Katayama und der Herzschmerz – Schumacher friert – Unfälle und Abbruch – Benetton-Star wird per Sprechfunk »geweckt« – Aufholjagd bis in die letzte Runde

Fünfmal – von 1987 bis 1991 – wurde die WM auf der Piste von Suzuka entschieden, und der Schumacher-Clan ist optimistisch, daß an diese Tradition angeknüpft werden kann. Der Deutsche strotzt vor Zuversicht, obwohl er den Williams-Renault theoretisch gute Chancen einräumt. Wird der GP von Japan das wichtigste Rennen seiner Karriere? »Vielleicht«, antwortet er zufrieden lächelnd, »vielleicht auch nur das zweitwichtigste.« Überdurchschnittlichen Druck verspürt er nicht und wundert sich darüber selbst: »Um mich an die Zeitverschiebung zu gewöhnen, verbrachte ich zwei Tage und drei Nächte in Singapore – dort hatte ich eigentlich Zeit genug, um Gedanken zu wälzen... Aber ich blieb absolut cool, spürte und spüre keine Nervosität.« Nachts schläft der Rheinländer tief und fest.

Ganz anders sein Widersacher Damon Hill. Der Brite wirkt hektisch. Donnerstags läßt er die versammelte britische Presse abblitzen. Wie Schumacher, ist Hill »solo« in Japan. Corinna, die Verlobte des Benetton-Piloten, leidet an Nacken- und Kopfschmerzen – eigentlich wollte sie Schumacher begleiten. Hills Einsamkeit ist hingegen Teil seines Vorbereitungsprogramms. Ganz bewußt bat er seine Frau Georgia, daheim in England zu bleiben. Den Fight seines Lebens glaubt er allein besser durchstehen zu können. Während der Deutsche nachts Kraft tankt, findet der Brite keinen Schlaf. Bis um Mitternacht arbeitet er an seiner Autobiographie. In aller Herrgottsfrühe wacht er wieder auf. Jet-Lag ist nicht die Ursache. Hill ist seit dem Vorsonntag in Japan. Der Streß raubt ihm die Nachtruhe, die Gedanken an die ganz große Chance, die sich ihm vielleicht nur einmal im Leben bietet.

Freitags löst sich die Spannung, jetzt müssen die Karten auf den Tisch gelegt werden. Nigel Mansell bringt Unruhe in die Williams-Box. »David Coulthard will ich hier nicht sehen«, droht er, »wenn er nicht freiwillig geht, werde ich ihn eigenhändig 'rauswerfen.« Sein Wunsch wird erfüllt – der Schnauzbart muß nicht handgreiflich werden. Wer an eine Marotte des Ex-Champion glaubt, der irrt. Mansell begründet sein ungastliches Verhalten: »In Jerez kam er dauernd in die Box und sprach mit seinen Mechanikern, die ja nun meine waren und sind. So geht das nicht, er kann die Jungs durch sein Gequatsche doch nicht von der Arbeit ablenken.«

Auch Damon Hill meldet Sonderwünsche an. In die Williams-Box dürfen ohnehin nur »handverlesene« Fotografen mit Sonderausweisen, und die müssen sich jetzt nach einer speziellen Bitte richten: Hill untersagt den Einsatz von Blitzlichtern. Damit greift er auf eine »Erfindung« Nigel Mansells zurück, die er in seinem Titeljahr 1992 kreierte. Die Fotografen rollen frustriert mit den Augen – die Qualität ihrer Arbeit leidet.

Im Kampf um die Qualität der Startplätze trumpft Schumacher groß auf. Bereits nach seiner dritten Runde bleiben die Uhren bei 1.37,209 Minuten stehen. Das reicht für Platz Eins. Er dreht noch vier weitere Umläufe, dann ist sein Tagwerk vollbracht. Auf den

Massenandrang – auch 1994 hätte jede Karte für den japanischen Formel 1-Lauf fast 40 Mal verkauft werden können...

GROSSER PREIS VON JAPAN (Suzukaland Circuit)

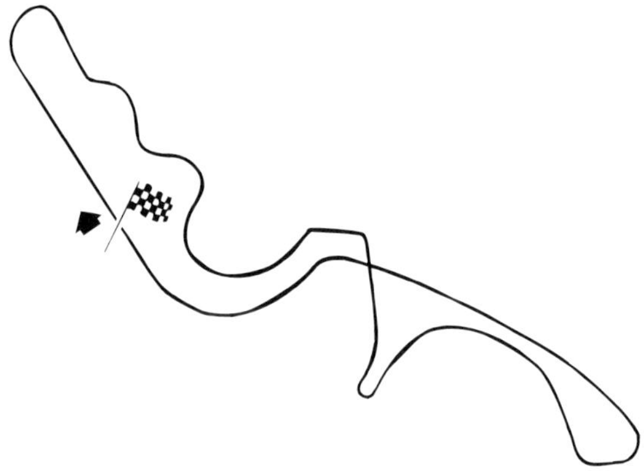

STRECKE

Ort und Datum	Suzuka, 6. November
Wetter	bewölkt, regnerisch
Streckenlänge	5,864 km
Runden	53 – wegen Abbruch des Rennens und Neustart auf 50 Runden gekürzt
Renndistanz	293,200 km
Bestehender Rundenrekord	1.40,646 = 209,749 km/h Nigel Mansell, Williams-Renault FW14B; GP 1992
GP-Sieger 1993	Ayrton Senna, McLaren-Ford MP4/8 1:40.27,912 = 185,612 km/h

TRAININGSZEITEN

		4. Nov.	5. Nov.
1. Michael Schumacher	Benetton-Ford B194	1.37,209◂	1. 57,128
2. Damon Hill	Williams-Renault FW16B	1. 37,696◂	1. 57,278
3. Heinz-H. Frentzen	Sauber-Mercedes C13	1. 37,742◂	1. 56,935
4. Nigel Mansell	Williams-Renault FW16B	1. 37,768◂	2. 00,963
5. Johnny Herbert	Benetton-Ford B194	1. 37,828◂	1. 59,729
6. Eddie Irvine	Jordan-Hart 194	1. 37,880◂	1. 57,760
7. Jean Alesi	Ferrari 412 T1B	1. 37,907◂	1. 58,610
8. Mika Häkkinen	McLaren-Peugeot MP4/9	1. 37,998◂	1. 58,204
9. Martin Brundle	McLaren-Peugeot MP4/9	1. 38,076◂	1. 56,876
10. Rubens Barrichello	Jordan-Hart 194	1. 38,533◂	2. 01,905
11. Gerhard Berger	Ferrari 412 T1B	1. 38,570◂	1. 58,926
12. Gianni Morbidelli	Footwork-Ford FA15	1. 39,030◂	2. 07,293
13. Mark Blundell	Tyrrell-Yamaha 022	1. 39,266◂	2. 02,266
14. Ukyo Katayama	Tyrrell-Yamaha 022	1. 39,462◂	2. 04,187
15. JJ Lehto	Sauber-Mercedes C13	1. 39,483◂	1. 59,943
16. Pierluigi Martini	Minardi-Ford M194	1. 39,548◂	2. 01,929
17. Alessandro Zanardi	Lotus-Mugen 109	1. 39,721◂	2. 02,077
18. Christian Fittipaldi	Footwork-Ford FA15	1. 39,868◂	2. 00,084
19. Olivier Panis	Ligier-Renault JS39B	1. 40.042◂	2. 00,575
20. Franck Lagorce	Ligier-Renault JS39B	1. 40,577◂	2. 02,780
21. Michele Alboreto	Minardi-Ford M194	1. 40,652◂	2. 02,219
22. Erik Comas	Larrousse-Ford LH94	1. 40.978◂	2. 01,035
23. Hideki Noda	Larrousse-Ford LH94	1. 40,990◂	2. 05,354
24. David Brabham	Simtek-Ford S941	1. 41,659◂	2. 09,453
25. Mika Salo	Lotus-Mugen 109	1. 41,805◂	2. 01,637
26. Takachiho Inoue	Simtek-Ford S941	1. 45,004◂	ohne Zeit
Nicht qualifiziert:			
27. Bertrand Gachot	Pacific-Ilmor PRO1	1. 46,374◂	ohne Zeit
28. Paul Belmondo	Pacific-Ilmor PRO1	1. 46,629◂	ohne Zeit

STARTAUFSTELLUNG

5 M. Schumacher 1.37,209	
	0 Damon Hill 1.37,696
30 H.-H. Frentzen 1.37,742	
	2 Nigel Mansell 1.37,768
6 Johnny Herbert 1.37,828	
	15 Eddie Irvine 1.37,880
27 Jean Alesi 1.37,907	
	7 Mika Häkkinen 1.37,998
8 Martin Brundle 1.38,076	
	14 Rubens Barrichello 1.38,533
28 Gerhard Berger 1.38,570	
	10 Gianni Morbidelli 1.39,030
4 Mark Blundell 1.39,266	
	3 Ukyo Katayama 1.39,462
29 JJ Lehto 1.39,483	
	23 Pierluigi Martini 1.39,548
12 Alessandro Zanardi 1.39,721	
	9 Christian Fittipaldi 1.39,868
26 Olivier Panis 1.40,042	
	25 Franck Lagorce 1.40,577
24 Michele Alboreto 1.40,652	
	20 Erik Comas 1.40,978
19 Hideki Noda* 1.40,990	
	31 David Brabham 1.41,659
11 Mika Salo 1.41,805	
	32 Takachiho Inoue 1.45,004

* Start aus der Boxengasse

Bescheidene Sichtverhältnisse nach dem Start. Schumacher führt, Frentzen (rechts) attackiert Hill, dessen Williams in der Gischtfahne des Spitzenreiters kaum auszumachen ist

Einsatz eines zweiten Reifensatzes verzichtet er. Hill spult hingegen sein komplettes Kontingent – ein volles Dutzend Runden – ab, kann den Rheinländer aber nicht gefährden. Schumacher spricht von einem »optimalen Beginn des Wochenendes«, von der theoretischen Überlegenheit des Materials des Gegners ist nichts geblieben. »Mein Auto«, sagt Schumacher, »war von der ersten Runde an perfekt. Ich stehe jetzt keinesfalls mehr unter Druck, den müßte jetzt eigentlich jemand anderes verspüren...« Auf der anderen Seite kann Hill seine Enttäuschung kaum verbergen. »Eigentlich wollte ich ganz vorn stehen«, gibt er zu, »zumindest ganz knapp hinter Michael. Er scheint in toller Form zu sein, aber trotzdem werde ich ihn morgen packen.«

Platz Drei geht an Heinz-Harald Frentzen, der Mansell um einen Wimpernschlag distanziert. Liegt es an der perfekten Streckenkenntnis des Mönchengladbachers, der ja lange sein Brot in Japan verdiente und auf der »Achterbahn« von Suzuka gut 20.000 Test- und Rennkilometer abspulte? »Nein«, sagt der Sauber-Pilot, »die Ortskenntnis spielt leider keine große Rolle mehr, seitdem die Piste völlig neu asphaltiert wurde. Früher gab es hier einige recht interessante Vertiefungen im Belag. Wer sie kannte und optimal nutzte, hatte deutlich mehr grip als die anderen.«

Am Morgen des zweiten Trainingstags schlägt Nigel Mansell zu, dreht als einziger eine 36er-Runde und läßt damit alle Konkurrenten hinter sich. Nicht ohne berechtigten Stolz sagt er hochzufrieden: »Na also, langsam kommen die richtigen Rundenzeiten – vielleicht kann ich ja doch noch an meine alte Form anknüpfen.« Weder Schumacher noch Hill lassen sich durch Mansells Traumrunde aus der Ruhe bringen. Mansells Teamkollege winkt ab: »Nigels Zeit hätte ich sogar auf alten Reifen fahren können, wenn mir nicht ein McLaren und beide Sauber im Weg gestanden hätten.« Völlig entspannt kommentiert Schumacher die Leistung des alten Haudegens: »Meine Reifen hatten schon einige Runden auf dem Buckel, außerdem gab's an meinem Benetton im Heckbereich ein kleines Problem, das mich Zeit kostete. Mansells Leistung ist sicherlich gut, aber Hexerei ist das nicht.«

Konkrete Antworten auf diese Beurteilungen gibt es leider nicht. Während des Abschlußtrainings ist die Piste naß. Den Topwerten des Vortags nähern sich die Piloten lediglich bis auf 20 Sekunden. Nichts verschiebt sich. Nicht qualifiziert sind damit wieder einmal die beiden Pacific-Piloten, die 1994 auf absolut untauglichem Material ein Frusterlebnis nach dem anderen hatten.

Alle Neulinge und »umbesetzten« Piloten haben einen der 26 Startplätze ergattern können. Dieser Kreis umfaßt diesmal mit Johnny Herbert, JJ Lehto, Franck Lagorce, Mika Salo und »Taki« Inoue immerhin fünf Fahrer. Der Rekord von Jerez, wo im Vergleich zum Vorrennen sieben (!) Cockpits neu besetzt waren, wird damit verfehlt. Rein zufällig ist der Finne JJ Lehto mit von der Partie. Nachdem Karl Wendlinger bei Testfahrten in Barcelona einsehen mußte, daß er vorläufig nicht an ein Comeback denken darf, versuchte das Team Sauber vergeblich, Andrea de Cesaris zu erreichen. Der Römer weilte »irgendwo in der Südsee« zum Wasserskilaufen. Auch mit Hilfe von Freunden gelang es nicht, Kontakt mit ihm aufzunehmen. Prompt kam der Gedanke auf, den »arbeitslosen« Finnen zu reaktivieren, der ja noch im Vorjahr bei Sauber unter Vertrag stand. Ihn erreichte Peter Sauber auf einer Ostseefähre mit Ziel Travemünde. »JJ« nahm das überraschende Angebot dankbar an.

Am Vorabend des Rennens macht Damon Hill aus der Not eine Tugend. »Der Trick«, verrät er, »ist, den Druck positiv zu nutzen. Ich bemühe mich, ihn als Stimulanz zu betrachten. Das Druckgefühl darf nur nicht übermächtig werden, dann verkrampft man. Morgen wird Michael wissen, ob er eventuell vorzeitig Champion ist, und ich werde wissen, ob ich in Adelaide eine weitere Chance habe.« Schumacher ist unverändert zuversichtlich: »Ich kenne mein Auto, ich kenne die Piste. Ganz entspannt werde ich an den Start gehen. Zuviel über alle Möglichkeiten nachzudenken, stört nur. Hier in Suzuka kam ich zwar bisher nie ins Ziel, aber den Japan-Fluch halte ich seit meinem

Einsatz des Safety-Car – breitgefächert folgen die Superlizenz-Inhaber, um der Gischt des Vordermanns auszuweichen

Sieg in Aida für ein abgeschlossenes Kapitel.«

Die Nacht auf Sonntag, in deren Verlauf sich die 150.000 glücklichen Zuschauer, die unter den 5,8 Millionen Interessenten ausgelost wurden, vor den Eingangstoren aufreihen, verbringen Hill und Schumacher mit vertauschten Rollen. Der Brite schläft erstmals tief und fest, während der Benetton-Pilot um vier Uhr aufwacht. Er ruft seinen Physiotherapeuten Harry Hawelka, der sofort einen Beruhigungstee braut. Hilfe bringt die Blätterbrühe nicht: Schumacher kann bis zum Morgen kein Auge mehr zutun.

Scheinbar gedankenverloren sitzt er vor dem Warm-up im Benetton-Container und malt mit dem Zeigefinger der Rechten auf einem Rucksack die Streckenführung nach. Mit jedem Zentimeter der Piste muß er vertraut sein, wenn er heute tatsächlich Weltmeister werden will. Trotz seiner kurzen Nacht ist der Deutsche unverändert die Ruhe selbst. Das ändert sich eine Stunde vor dem Start. Plötzlich herrscht bei Benetton Panik. Das Visier an Schumachers Helm hat sich verklemmt – ein Motorrad-Kurier bringt rechtzeitig Ersatz. Die Unruhe legt sich so rasch, wie sie entstanden war.

Suzuka, immer schon gut für kuriose Ereignisse, bringt den ersten Saisonstart bei Regen. Kurzem taktischen Geplänkel – Schumacher und Hill tasten durch unrhythmische Tempi-Wechsel gegenseitig den Zustand der Nervenkostüme ab – während der Einführungsrunde folgt der Farbwechsel der Startampel von Rot- auf Grünlicht und ein sehenswertes Manöver Schumachers: Abrupt zieht er seinen Benetton von links nach rechts, als sei die Boxenmauer das Ziel seiner Wünsche… Später wird er sagen: »Mein Start? Das Auto stellte sich quer und ich fühlte mich wie in einem Rallye-Wagen.«

Mit 1,7 Sekunden Vorsprung vor Damon Hill kommt Schumacher als Spitzenreiter aus der ersten Runde zurück. Dahinter folgen Frentzen, Herbert, Alesi, Mansell und Irvine. Alles spricht für eine erfolgreiche Flucht des Deutschen nach vorn, doch bereits der zweite Umlauf sieht ihn nur noch 1,1 Sekunden in Front. Frentzen bringt diese zweite Runde kein Glück. Zu ihrem Beginn will er Hill vom zweiten Platz verdrängen, kommt dabei neben der Ideallinie auf eine Ölspur und kann seinen Sauber nicht mehr kontrollieren. Ab geht's durch den Kies auf den Rasen der Auslaufzone und in weitem Bogen zurück auf die Piste, wo er sich hinter Mansell als Sechster einreihen kann. Mit Blick auf die in den Kühleröffnungen aufgesammelten Steinchen, sagte er nach dem Rennen lachend: »Nach dem Ausflug mußte ich erst einmal zusehen, das Gepäck wieder loszuwerden.«

Als das Feld aus der dritten Runde kommt, geht bei Start-und-Ziel unerwartet ein Platzregen nieder, der einige Piloten vor unlösbare Probleme stellt. Nacheinander kreiseln in Sichtweite der Boxen Herbert, Katayama und Inoue von der Bahn – Aquaplaning! Der Tyrrell knallt derart heftig gegen den »pitwall«, daß der dumpfe Einschlag weit zu hören ist. Katayama, der sich für seinen Home-GP so viel ausgerechnet hatte, sucht, von einem Helfer gestützt, das Weite. Nur mühsam kann er laufen – er glaubt, er habe sich verletzt. Erst Minuten später merkt er, der bereits nach seinem 14. Platz im Training in tiefe Depression verfallen war, daß »nur« sein Herz und seine Seele Schaden genommen haben…

Die Rennleitung reagiert schnell. Das Safety-Car wird auf die überflutete Piste geschickt, da die Piloten (Sicherheits-Chef Roland Bruynseraede: »Deren Hirn ist zu klein.«) nicht in der Lage sind, ihr Tempo den Witterungsbedingungen anzupassen. Für zwei Runden übernimmt Schumacher die Verantwortung. Langsam umrundet er den Kurs. Dann endlich hat das Safety-Car die Spitze gefunden und setzt sich für fünf weitere Umläufe vor den führenden Benetton. Per Sprechfunk fordert Schumacher seine Crew auf, die Rennleitung zu informieren, daß unverändert Aquaplaning-Gefahr bestünde, dann klagt er: »Bei dem langsamen Tempo regnet es ins Cockpit – ich friere.« Flavio Briatore hat andere Sorgen. Er läßt antworten, Schumacher solle es beim Neustart ruhig angehen lassen, er solle an die abgesunkenen Reifentemperaturen denken.

Nach der zehnten Runde schert das Safety-Car aus. Sofort zieht Schumacher davon und kann einen Vorsprung

Feierabend. Nach dem Doppel-Zwischenfall in der nach dem deutschen Motorrad-Rennfahrer Ernst Degner benannten Kurve wandern Gianni Morbidelli und Martin Brundle (links) in Richtung Boxen

Marlboro
Marlboro
PEUGEOT

von mehr als sieben Sekunden auf Hill herausfahren. Dann zwingt ein Zwischenfall in der Degner-Kurve zum Abbruch. Zunächst flog Gianni Morbidelli in dem schnellen Eck ab – »Meine Schuld. Mir unterlief ein Fehler und dann drehte ich mich unaufhörlich, bis mir übel wurde.« Obwohl sofort die gelben Warnflaggen geschwenkt wurden, überschritt anschließend Martin Brundle an der Unfallstelle sein Limit. Der schleudernde McLaren traf einen Marshal, der gerade mit der Bergung des ramponierten Arrows beschäftigt war! Die Szene läßt den Augenzeugen das Blut in den Adern gefrieren: Hoch wird der Helfer durch die Luft geschleudert. Mit einem Bruch des rechten Schienbeins kommt er glücklicherweise glimpflich davon.

Für 24 Minuten wird das Rennen unterbrochen. Die Rennleitung will keinerlei Risiken eingehen. Nach Anhörung der Piloten erfolgt der Neustart hinter dem Safety-Car, das nach zwei Runden ausschert. Von nun an haben es die Fans vor Ort und an den Fernsehschirmen schwer: Alle Abstände aus dem »ersten Lauf« werden verrechnet – das Geschehen auf der Piste gibt nicht zwingend den Stand des Rennens wieder…

Nach 18 Runden legt Michael Schumacher seinen ersten Boxenstopp ein. Einen Umlauf später liegt er 14,9 Sekunden hinter Hill. Jetzt entscheidet sich der Grand Prix, denn der Deutsche glaubt, seine Crew habe die Taktik geändert. Weil sich sein Benetton »so schwer anfühlt«, ist er davon überzeugt, ohne einen weiteren Halt das Ziel erreichen zu müssen. Bis zum Ende der 24. Runde fährt Hill seinem Rivalen auf 29,5 Sekunden davon. Briatore ist ratlos und läßt nachfragen, ob Schumacher Probleme hat. Der antwortet seelenruhig über Sprechfunk, er müsse so langsam fahren, um die Reifen zu schonen. Sofort wird er über das Mißverständnis aufgeklärt: »Gib Gas. Es bleibt bei zwei Stopps – du hast viel zu wenig Sprit an Bord, um durchzufahren!«

Im Finalkampf versucht Schumacher vergeblich, die irrtümlich verbummelte Zeit wieder gutzumachen. Hill, der nur einen Service-Stopp einlegt, liegt nach Schumachers zweitem Halt zum Ende der 40. Runde 14,5 Sekunden in Front. Schumacher versucht das Unmögliche möglich zu machen. Jetzt fehlen ihm die Schleichrunden hinter dem Safety-Car und die »verschenkte« Zeit. Trotzdem besteht der Hauch einer Chance, das Blatt noch einmal wenden zu können. 14,1 Sekunden liegt er nach 42 Runden zurück, und er »knabbert« weiter an Hills Vorsprung: 11,9 Sekunden – 10,0 – 8,3 – 7,0 – 5,2 – 4,2 – 2,4 – 3,3

»Er fuhr wie ein Verrückter« – Jean Alesi (vorn) nach dem rundenlangen beinharten Fight mit Nigel Mansell

– Ziel! Als er abgewinkt wird, jubelt Damon Hill nicht. Er weiß nicht, ob er seinen knappen Vorsprung halten konnte, denn aufgrund der Verrechnung mit »Lauf 1« brauchte ihn Schumacher nicht zu überholen, um die Führung zu übernehmen...

Die Funkmeldung macht Hill zunächst auch nicht schlauer. Der Brite: »Im Lautsprecher hörte ich nur ein wildes Durcheinander. Vier Leute versuchten gleichzeitig, mir die Nachricht vom Sieg zu melden. Ich bat darum, daß nur einer spricht. Endlich hörte ich klar und deutlich, daß ich gewonnen hatte.« Im dramatischen Fight um den Sieg ging das Duell um Platz Drei beinahe unter. Rundenlang lagen sich Jean Alesi und Nigel Mansell in den Haaren. Der Franzose: »Der fuhr wie ein Irrer. Ständig hing der Bug seines Williams unter meinem Getriebe – und das bei miserablen Sichtverhältnissen!« Erst in der Schlußrunde ließ der mathematisch überlegene Alesi den Engländer passieren. Mansell freute sich zu früh über Platz Drei. »Ich hatte vergessen«, gestand er, »daß ich ja auch noch meinen Rückstand aus dem ersten Lauf hätte wettmachen müssen.«

Damon Hill hat aufgrund seines Triumphs Oberwasser. Den Sieg widmet er Ayrton Senna, der außerhalb Brasiliens nirgendwo so viele Fans hatte, wie im Land der aufgehenden Sonne. Jetzt will er in Adelaide den Titel holen. Schumacher ist tief enttäuscht, fast wütend. Gute Miene zum bösen Spiel zu machen, fällt ihm schwer. Während er dem Reporter seines Haus-TV-Senders Rede und Antwort steht, ballt er die Rechte im Overall zur Faust, daß sich die Knöchel deutlich abzeichnen. Wegen der »falschen Taktik« macht er niemand Vorwürfe, er selbst sei wie üblich gemeinsam mit den Ingenieuren verantwortlich. Den großen Irrtum zwischen Runde 18 und 24 gibt es offiziell nicht... Er kommt erst später durch indiskrete Mechaniker ans Tageslicht.

Dank seines Sieges über Michael Schumacher hat sich Damon Hill dem Deutschen im Zwischenklassement wieder bis auf einen Punkt genähert. Die Entscheidung im Titelkampf ist auf Adelaide verschoben und Hill ist außer sich vor Freude

ERGEBNISSE UND AUSFÄLLE

1.	Damon Hill	Williams-Renault FW16B-5	1:55.53,532 = 151,796 km/h
2.	Michael Schumacher	Benetton-Ford B194-08	3,365 Sekunden zurück
3.	Jean Alesi	Ferrari 412 T1B-155	52,045 Sekunden zurück
4.	Nigel Mansell	Williams-Renault FW16B-6	56,074 Sekunden zurück
5.	Eddie Irvine	Jordan-Hart 194/006	1.42,107 Minuten zurück
6.	Heinz-Harald Frentzen	Sauber-Mercedes C13-07	1.59,863 Minuten zurück
7.	Mika Häkkinen	McLaren-Peugeot MP4/9-4	2.02,985 Minuten zurück
8.	Christian Fittipaldi	Footwork-Ford FA15-03	1 Runde zurück
9.	Erik Comas	Larrousse-Ford LH94-04	1 Runde zurück
10.	Mika Salo	Lotus-Mugen 109/1	1 Runde zurück
11.	Olivier Panis	Ligier-Renault JS39B-07	1 Runde zurück
12.	David Brabham	Simtek-Ford S941-05	2 Runden zurück
13.	Alessandro Zanardi	Lotus-Mugen 109/3	2 Runden zurück
	Mark Blundell	Tyrrell-Yamaha 022-02	27. Runde, Motor
	Rubens Barrichello	Jordan-Hart 194/003	17. Runde, Getriebe
	Martin Brundle	McLaren-Peugeot MP4/9-8	14. Runde, Unfall
	Gianni Morbidelli	Footwork-Ford FA15-04	14. Runde, Unfall
	Gerhard Berger	Ferrari 412 T1B-154	11. Runde, Motor
	Franck Lagorce	Ligier-Renault JS39B-06	11. Runde, Unfall
	Pierluigi Martini	Minardi-Ford M194-05	11. Runde, Unfall
	Michele Alboreto	Minardi-Ford M194-06	11. Runde, Unfall
	Johnny Herbert	Benetton-Ford B194-04	4. Runde, Unfall
	Ukyo Katayama	Tyrrell-Yamaha 022-05	4. Runde, Unfall
	Takachiho Inoue	Simtek-Ford S941-04	4. Runde, Unfall
	Hideki Noda	Larrousse-Ford LH94-02	1. Runde, Motor
	JJ Lehto	Sauber-Mercedes C13-05	1. Runde, Motor

Schnellste Runde:
(24. Runde) – Damon Hill, Williams-Renault FW16B
1.56,597 = 181,054 km/h

Spontan formieren sich Michael Schumacher und die Benetton-Crew nach dem Titelgewinn für den Erinnerungs-Schnappschuß

Auf zwei Rädern zum Titel

Hill zeigt endlich Selbstbewußtsein – Vorbereitung durch Zoobesuch und Jetski-Fahren – Schumacher überschreitet das Limit – »Außenseiter« erobert Pole-Position – Gachot und das Schicksal – Millionen-Prämie für Frentzen – Paarlaufen der Meister – Vorfahrtprobleme in Runde 36 – Senna bleibt unvergessen – Alkohol? Nein danke!

Die Tage vor dem großen Finale, das in Südaustraliens Hauptstadt die Rekordkulisse von 127 000 Zuschauern anlocken wird, gehören dem taktischen Geplänkel der Hauptakteure. Die Ausgangssituation macht einen Punkt unmißverständlich klar: Das Championat ist praktisch auf einen einzigen Grand Prix reduziert. Alle Anstrengungen der vorausgegangenen Monate sind nahezu keinen Pfifferling mehr wert. Jetzt kann ein Flüchtigkeitsfehler oder das Versagen eines Pfennig-Bauteils darüber entscheiden, wer als Alain Prosts Nachfolger in die F1-Geschichte eingehen wird und wer sich mit dem Titel des Vizemeisters zufriedengeben muß. Michael Schumacher und Damon Hill sind sich der Lage voll bewußt. Für den britischen Außenseiter hat sie mehr Vor- als Nachteile.

Zweimal holte Hill senior die Meisterschaft. Beide Male im letzten GP des Jahres – 1968, nachdem im Frühjahr sein Teamkollege, der legendäre Jim Clark, tödlich verunglückt war... Die Parallele ist unübersehbar. Hill wiegelt ab: »Das ist ein abgeschlossenes Kapitel.« Der gewöhnlich eher scheue Inselsohn ist seit Tagen in Angriffslaune. Sein Team stärke ihm nicht den Rücken und unterbezahlt sei er auch, klagt er mittwochs nach seiner Ankunft in Adelaide in aller Öffentlichkeit.

Die Teameigner Frank Williams und Patrick Head schließen sich dieser Meinung nicht uneingeschränkt an. Der Rollstuhl-General: »Damon kann sagen, was er will – ein Alain Prost oder Nigel Mansell ist er trotz seiner Siege nicht.« Head setzt noch eins obendrauf: »Wenn ich wetten müßte, wer Champion wird, ich würde 100 000 Pfund auf Michael Schumacher setzen!« Ob die verächtlichen Bemerkungen aus tiefster Überzeugung kommen, oder ob das Duo längst erkannt hat, daß Damon Hill psychisch angestachelt werden muß, um Höchstleistungen zu vollbringen, wird sich wohl niemals so recht klären lassen...

Schumacher versucht, die Atmosphäre zu entspannen: »Natürlich will ich Weltmeister werden, aber wenn ich es nicht schaffe, dann geht deshalb für mich die Welt auch nicht unter.« Schumacher-Kappen mit der Aufschrift »Weltmeister« sind zu diesem Zeitpunkt gerade auf dem Luftweg von Deutschland zum fünften Kontinent... »Voreilig«, kritisieren die einen – »professionell« loben die anderen. Inzwischen hat der Kerpener Verstärkung: Corinna ist eingetroffen. Sie scherzt: »Natürlich drücke ich Hill die Daumen – alle beide und mit aller Kraft!« Ernsthaft gefährden will sie die körperliche Unversehrtheit des Briten natürlich nicht...

Donnerstags macht keiner der beiden Titelanwärter ein Geheimnis aus einem gemeinsamen Wunsch: Die beiden hoffen, daß allen Spekulationen durch Beginn des Trainings ein Ende gesetzt wird. Gleichermaßen wollen Schumacher und Hill endlich den Gasfuß sprechen lassen. Entspannter als über ihre Aussichten im Rennen, sprechen die beiden über die freien Tage seit dem

Nach der verpatzten »Generalprobe« am Freitag wird Schumachers Benetton an die Boxen zurückgeschleppt

GROSSER PREIS VON AUSTRALIEN (ADELAIDE GRAND PRIX CIRCUIT)

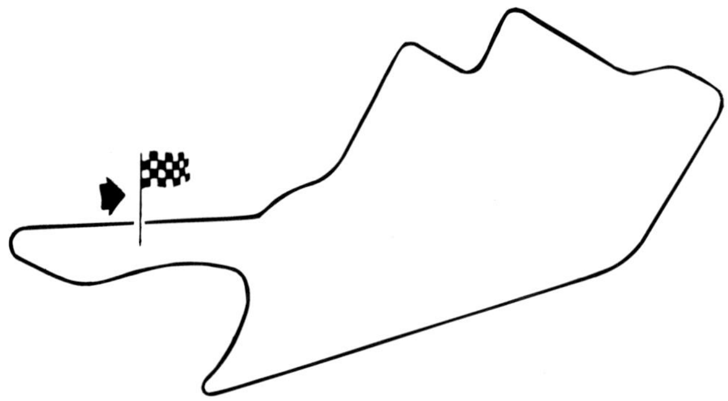

STRECKE

Ort und Datum	Adelaide, 13. November
Wetter	bedeckt, warm
Streckenlänge	3,780 km
Runden	81
Renndistanz	306,180 km
Bestehender Rundenrekord	1.15,381 = 180,523 km/h Damon Hill, Williams-Renault FW15C; GP 1993
GP-Sieger 1993	Ayrton Senna, McLaren-Ford MP4/8 1:43.27,476 = 173,183 km/h

TRAININGSZEITEN

			11. Nov.	12. Nov.
1.	Nigel Mansell	Williams-Renault FW16B	1.16,179◂	1.33,988
2.	Michael Schumacher	Benetton-Ford B194	1.16,197◂	1.32,627
3.	Damon Hill	Williams-Renault FW16B	1.16,830◂	1.33,792
4.	Mika Häkkinen	McLaren-Peugeot MP4/9	1.16,992◂	1.35,432
5.	Rubens Barrichello	Jordan-Hart 194	1.17,537◂	1.37,610
6.	Eddie Irvine	Jordan-Hart 194	1.17,667◂	—
7.	Johnny Herbert	Benetton-Ford B194	1.17,727◂	1.35,712
8.	Jean Alesi	Ferrari 412 T1B	1.17,801◂	1.33,905
9.	Martin Brundle	McLaren-Peugeot MP4/9	1.17,950◂	1.36,246
10.	Heinz-H. Frentzen	Sauber-Mercedes C13	1.17,962◂	1.35,623
11.	Gerhard Berger	Ferrari 412 T1B	1.18,070◂	1.33,818
12.	Olivier Panis	Ligier-Renault JS39B	1.18,072◂	1.36,222
13.	Mark Blundell	Tyrrell-Yamaha 022	1.18,237◂	1.35,462
14.	Alessandro Zanardi	Lotus-Mugen 109	1.18,331◂	1.39,179
15.	Ukyo Katayama	Tyrrell-Yamaha 022	1.18,411◂	1.36,628
16.	Michele Alboreto	Minardi-Ford M194	1.18,755◂	1.36,498
17.	JJ Lehto	Sauber-Mercedes C13	1.18,806◂	1.36,245
18.	Pierluigi Martini	Minardi-Ford M194	1.18,957◂	1.36,257
19.	Christian Fittipaldi	Footwork-Ford FA15	1.19,061◂	1.35,790
20.	Franck Lagorce	Ligier-Renault JS39B	1.19,153◂	1.37,393
21.	Gianni Morbidelli	Footwork-Ford FA15	1.19,610◂	1.35,136
22.	Mika Salo	Lotus-Mugen 109	1.19,844◂	1.43,071
23.	Hideki Noda	Larrousse-Ford LH94	1.20,145◂	1.47,569
24.	David Brabham	Simtek-Ford S941	1.20,442◂	—
25.	Jean-Denis Delétraz	Larrousse-Ford LH94	1.22,422◂	1.44,155
26.	Domenico Schiattarella	Simtek-Ford S941	1.22,529◂	—
Nicht qualifiziert:				
27.	Paul Belmondo	Pacific-Ilmor PRO1	1.24,087◂	—
28.	Bertrand Gachot	Pacific-Ilmor PRO1	ohne Zeit	—

STARTAUFSTELLUNG

2 Nigel Mansell 1.16,179
5 M. Schumacher 1.16,197
0 Damon Hill 1.16,830
7 Mika Häkkinen 1.16,992
14 Rubens Barrichello 1.17,537
15 Eddie Irvine 1.17,667
6 Johnny Herbert 1.17,727
27 Jean Alesi 1.17,801
8 Martin Brundle 1.17,950
30 H.-H. Frentzen 1.17,962
28 Gerhard Berger 1.18,070
26 Olivier Panis 1.18,072
4 Mark Blundell 1.18,237
12 Alessandro Zanardi 1.18,331
3 Ukyo Katayama 1.18,411
24 Michele Alboreto 1.18,755
29 JJ Lehto 1.18,806
23 Pierluigi Martini 1.18,957
9 Christian Fittipaldi 1.19,061
25 Franck Lagorce 1.19,153
10 Gianni Morbidelli 1.19,610
11 Mika Salo 1.19,844
19 Hideki Noda 1.20,145
31 David Brabham 1.20,442
20 Jean-Denis Delétraz 1.22,422
32 D. Schiattarella 1.22,529

Der Entscheidungskampf ist erst wenige Sekunden alt – der deutsche Favorit führt vor Damon Hill, Nigel Mansell (halb von Schumachers Benetton verdeckt) und Mika Häkkinen

japanischen WM-Lauf. Schumacher war mit Corinna in Sidney und lenkte sich durch einen Besuch im Zoo ab. Manager Willi Weber – »Ich habe immer gesagt, Michael wird 1995 Weltmeister, hoffentlich habe ich nicht recht« – hält seinem Schützling den Rücken frei. Sogar den TV-Leibsender, bei dem man vertraglich im Wort steht, läßt Weber mit Blick auf die Ruhe des Champion in spe abblitzen.
Damon Hill tankte in Brisbane noch einmal Kraft. »Ich hatte«, sagt er lachend, »gar keine Zeit, über den Rennsport nachzudenken. Barry Sheene lud mich ein, auf seinem Jetski zu fahren – mir ging nur eins durch den Kopf: Nicht von dem Ding runterzufallen.« Auch die Frage, ob ihm Brisbane gefallen habe, beantwortet er mit einem Scherz: »Kaum war ich gelandet, da saß ich schon in Barrys Hubschrauber, und ab ging die Post in zwei Meter Flughöhe. Eine gute Aussicht hat man da nicht gerade.«
Die übrigen 26 Akteure stehen noch mehr als zuvor im Schatten der Hauptdarsteller. Aber auch jeder von denen hat seine eigenen Sorgen. Nigel Mansell muß sich unterstellen lassen, er könne den Ausgang des Championats durch Manöver, die nicht ganz astrein sind, entscheiden. »Unfug«, sagt er, »es wäre ein Skandal, wenn ein Dritter in das Finale dieser beiden großartigen Piloten eingreifen würde. Dirty Tricks werde ich nicht anwenden. Ich fahre mein eigenes Rennen.«
Heinz-Harald Frentzen, der sich vor Wochenfrist auf eine weitere Zusammenarbeit mit Peter Sauber einigte, trägt seinem Chef einen Herzenswunsch vor. Für sein Leben gern hätte er einen der Sauber-Mercedes C13 als Geschenk. Er findet den Boß in Geberlaune. Die Unterschrift unter einem Vertrag mit Ford, der ihm für 1995 die neuen Zetec-Motoren zusichert, ist noch naß, und der Schweizer weiß genau: Ohne den Mönchengladbacher Star hätte er die begehrten Achtzylinder wohl nicht an Land ziehen können... Also verspricht er: »Für einen Platz auf dem Siegerpodest gibt's einen der schwarzen Boliden als Zugabe.« Frentzen freut sich, auch wenn er noch nicht genau weiß, wie er dieses Resultat auf einer Piste erreichen soll, die den C13 nicht so recht liegt. Er kann nicht ahnen, daß Sauber es sich noch einmal anders überlegen wird.
Freitags konzentriert sich das Interesse wieder auf die beiden Meisterschaftsanwärter. Im ersten freien Training gibt es die ersehnten Auskünfte über die Wochenendform: Das Star-Duo belegt in der Reihenfolge Hill vor Schumacher die beiden ersten Plätze – der Engländer hat die Nase mit 0,143 Sekunden vorn! Anschließend macht er keinen Hehl aus seiner »Zuversicht«. Schumacher gibt hingegen zu Protokoll, sein Benetton springe zu sehr auf den Unebenheiten der Piste und untersteuere in den langsamen Kurven zu stark.
Im ersten Qualifying setzen sich zunächst die zwei Jordan-Piloten an die Spitze, doch die 17er-Runden von Barrichello und Irvine werden den Ansturm der Asse, die sich noch zurückhalten, nicht überstehen. In der 23. Minute schlägt Nigel Mansell zu: In 1.16,846 Minuten umrundet er den Kurs mit seinen charakteristischen rechtwinkligen Kurven, und der Ex-Champ setzt sofort noch eins drauf: 1.16,512! An dieser Zeit beißt sich Hill die Zähne aus. Die 31. Minute läuft, da rollt Schumachers Benetton mit heiser tönendem Motor aus dem Dunkel der Boxen. Im ersten Anlauf kann er Mansells Wert noch nicht unterbieten, aber im zweiten erobert er Platz Eins!
Mansell läßt sich durch diese Leistung nicht einschüchtern und geht erneut auf »Feindflug«. Die Bilanz ist zunächst ernüchternd: Mehr als eine unfreiwillig komische Doppel-Pirouette mit Johnny Herbert springt nicht heraus – sechs Minuten noch, die Sitzung scheint entschieden. 180 Sekunden bevor die schwarzweiß-karierte Flagge geschwenkt wird, trumpft Mansell dann mit der neuen Bestzeit von 1.16,179 Minuten auf. »Für alle Fälle« zirkuliert Schumacher zu diesem Zeitpunkt bereits angriffsbereit, und kaum erhält er über Sprechfunk die Hiobsbotschaft, nimmt er auch schon das Messer zwischen die Zähne. Weit kommt er nicht: In der Eingangskurve der Senna-Schikane verliert er seinen

Das Auto des Spitzenreiters steckt in den Reifenstapeln, und...

... Schumacher erlebt hinter der Absperrung bange Minuten

Benetton aus der Kontrolle und fliegt links der Piste heftig in die Absperrung.

Der Rheinländer steckt den Aufprall locker weg: »Ich überschritt leicht das Limit, kam auf die Kerbs, und das Auto war nicht mehr zu halten. Gestern sah ich mir die Flachbordsteine an und prophezeite einen solchen Zwischenfall. Ich bat die Funktionäre, die Kerbs zu ändern – ich glaube auch, es wurde etwas unternommen, allerdings nicht genug.« Das Chassis ist zwar nicht zerstört, aber für das Unternehmen »Alles oder Nichts« darf kein Risiko eingegangen werden. Schumacher: »Wir wollen das kleinste Risiko ausschließen und machen deshalb das Reserve-Monocoque einsatzklar – die Nummer 06, die zuletzt von Jos in Monza gefahren wurde.« Als Nachteil will der Deutsche den Umstieg nicht betrachten: »Die Monocoques sind doch alle gleich.« Sind sie natürlich nicht, aber Schumacher will sich durch eine Diskussion über die kleinen Unterschiede nicht selbst unnötig unter Druck setzen.

18 Hundertstel fehlen dem Deutschen auf Mansells Zeit. Hill liegt 0,651 Sekunden hinter seinem Team-Kollegen zurück und gibt seine Enttäuschung offen zu: »Mein Wagen war im Qualifying nicht so gut ausbalanciert wie morgens. Dadurch lasse ich mich aber nicht entmutigen – bis zum Abschlußtraining kriegen wir das in den Griff. Im übrigen ist es mir lieber, Nigel steht auf der provisorischen Pole, als Michael.«

Der ganz große Verlierer des Freitags ist ohnehin am Ende des Feldes zu finden: Bertrand Gachot, der im freien Training gleich drei Konkurrenten hinter sich lassen konnte und deshalb endlich wieder auf seine Qualifikation hoffen durfte. Dann blieb er wegen eines Motorschadens bereits während der Anlaufrunde stehen...

Frentzens Chancen auf den schwarzen Gebrauchtwagen stehen auch nicht gerade zum besten: Rang Zehn berechtigt nicht zu Optimismus. »Das Untersteuern hat mich besiegt«, erklärt er und fügt mit seinem verschmitzten Lächeln hinzu: »Aber morgen werde ich das Untersteuern besiegen!« Unter vier Augen gesteht er allerdings: »Es wird schwer, ich glaube nicht, daß wir das Problem hier vor Ort lösen können.«

Samstags wiederholt sich Suzuka: Wieder ist es im Abschlußtraining naß, und wieder geht nichts. Alle fügen sich mehr oder weniger geduldig in ihr Schicksal, nur Bertrand Gachot rollt verständlicherweise mit den Augen, als habe sich die Welt gegen ihn verschworen.

Abends legt sich Schumacher bereits um 20.30 Uhr ins Bett. Knapp eine Stunde lang starrt er mit leerem Blick an die Decke seines Hotelzimmers. Hill plaudert bis Mitternacht mit einigen Freunden und folgt damit einem Rat des Australiers Alan Jones, der seine »Nacht davor« 1980 in Montreal erlebte. Beide schlafen gut, begrüßen aber auch dankbar das Tageslicht des 13. November...

Gut eine Stunde vor dem Start wird Heinz-Harald Frentzen vor die Sauber-Box gebeten. »Ich dachte«, sagt er später, »da gäb's vielleicht irgendein tolles Mädchen zu sehen.« Gibt es nicht. In der Boxengasse erwartet ihn Peter Sauber, der ihm tatsächlich einen C13 schenkt. Die Mechaniker haben das Millionen-Auto auf Hochglanz poliert. Frentzen ist gerührt vor Freude – der Boß und sein Star-Pilot liegen sich in den Armen. Kaum hat sich der Rennfahrer wieder unter Kontrolle, ruft er seinem Manager Podlech zu: »Ortwin, besorg' mal rote Num-

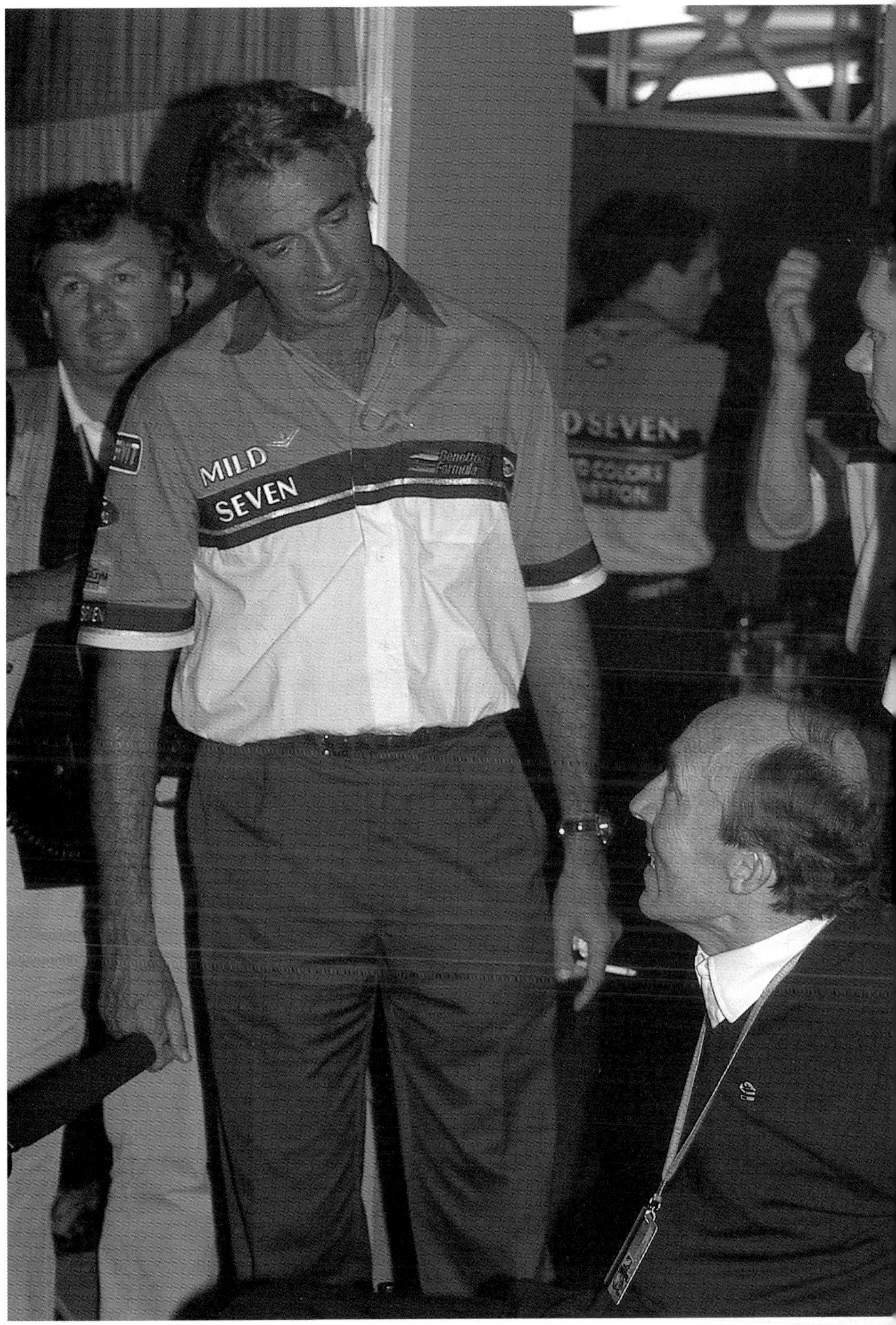

Benetton-Chef Flavio Briatore, die obli-gatorische Kippe in der Linken, und Williams-Boß Frank Williams diskutieren den Ausgang des Championats in freundlicher Atmosphäre »Gib's zu Frank, wir waren die besseren.«

mern…« Team-Manager Beat Zehnder schockt den Rennfahrer für Sekundenbruchteile: »Denk' dran, der gehört jetzt dir – wir verladen den heute abend nicht.«

Pünktlich um 14 Uhr rollen die 26 Boliden in die Einführungsrunde. Noch 53 Minuten, dann wird die Benetton-Crew jubelnd die Arme hochwerfen… Kaum zeigt die Startampel Grünlicht, da degradieren Schumacher und Hill den Trainingsschnellsten zum Statisten. Der Deutsche zieht rechts an dem Williams mit Startnummer zwei vorbei in Führung – sein Gegner passiert den Schnauzbart auf der linken Seite und folgt dem Benetton durch die Senna-Schikane.

2,1 Sekunden Vorsprung nach nur einer Runde sprechen dafür, daß Schumacher leichtes Spiel mit seinem Gegner haben wird. Es kommt anders. Hill fährt den Grand Prix seines Lebens. Er läßt sich nicht abschütteln, ja, er setzt den Spitzenreiter sogar unter Druck. Nach 17 Runden trennen 0,4 Sekunden die zwei erstplazierten Piloten. Nur einen Umlauf später biegen beide in die Boxengasse ab. Die Spannung steigert sich ins Unerträgliche. Schumacher verbringt 22,473 Sekunden in der Boxengasse – knapp vier Zehntel weniger als Hill. Die Partie ist unverändert offen. Meist pendelt der Abstand zwischen einer halben und 1,5 Sekunden. Wegen der anstehenden Überrundungsmanöver liegt der Rheinländer nach 34 Runden »satte« 2,8 Sekunden vorn – während der nächsten Passage bei Start-und-Ziel hat der Brite bereits wieder 0,9 Sekunden zurückerobert.

Dann die 36. Runde: In Kurve 5 kommt der führende Benetton wegen Untersteuerns von der Piste ab und schlägt rechts gegen die Streckenbegrenzung – zuerst mit der vorderen, dann mit der hinteren Achse. Als der Verfolger um das Eck geflogen kommt, sieht er, wie Schumacher diagonal über den Rasen der Auslaufzone zurück auf den Asphalt zieht. Hill ist voll auf Angriff programmiert und nur von dem einen Gedanken besessen, zu überholen. Hätte er nur für den Bruchteil einer Sekunde

Auf dem Siegerpodest treffen sich überraschend drei alte Kämpen, die schon 1985 beim ersten F1-WM-Lauf in Adelaide mit dabei waren.

nachgedacht... Links will er vorbei – aber Schumacher hält gegen. Unmittelbar vor der folgenden Rechtskurve versucht Hill sein Glück überhastet auf der rechten Seite, und wieder wird Schumacher zum »Zumacher«. Die Regeln geben ihm recht. Er hat die Nase vorn, und damit gehört ihm die Kurve.

Trotzdem wird er sich später den Vorwurf gefallen lassen müssen, ob es moralisch gerechtfertigt war, dem Gegner den waidwunden Benetton in die Fahrspur zu werfen. Die beiden Boliden kollidieren. Mit dem rechten Hinterrad überrollt der Rennwagen des Spitzenreiters das linke Vorderrad des Gegners und landet nach einer haarsträubenden Zweiradeinlage in den Reifenstapeln am Pistenrand – Aus! Aber Hill kommt auch nur noch bis an die Boxen. Der Plattfuß, den er sich vorn links einfing, hätte ja behoben werden können, nicht aber der irreparabel angeknackste obere Dreiecksquerlenker. Schumacher erhält die frohe Botschaft von einem weiblichen Pisten-Marshal, die über Funk mit ihren Kollegen in den Boxen verbunden ist. Erleichtert reckt er die zur Faust geballte Rechte empor!

Hill ist zunächst sauer, hütet sich aber. böse Worte in den Mund zu nehmen. Dann schaut er sich die TV-Aufzeichnung an und erkennt den eigenen Fehler: »Oh nein, ich hätte nie in diese Lücke hineinstoßen dürfen.« Selbst wenn Schumacher seine Fahrt hätte fortsetzen können – in jedem Fall hätte er auf den folgenden Kilometern seine Reifen »sauberfahren« müssen und wäre dabei Hill zum Opfer gefallen...

Die Entscheidung ist gefallen, aber noch wird ein Tagessieger gesucht. Dieses Problem machen Nigel Mansell und Gerhard Berger unter sich aus. Beinahe gelingt es dem Tiroler, den haushoch überlegenen Williams-Renault zu schlagen, doch für einen Sekundenbruchteil ist er unkonzentriert und in der entscheidenden Phase steht ihm Frentzen im Weg! Der muß seine Position gegen Jean Alesi verteidigen und verwechselt im Eifer des Gefechts die beiden roten Boliden. Frentzen tut der Irrtum leid. Berger weist säuerlich darauf hin, daß ihm diese Einsicht nichts nutzt...

Dann erklärt der neue Champion sein umstrittenes Manöver: »Nachdem ich die Mauer touchiert hatte, funktionierte die Lenkung nicht mehr richtig.« Er erinnert an Ayrton Senna: »Ich bin fest davon überzeugt, er hätte sich den 94er-Titel geholt. Deshalb widme ich ihm meine erste Weltmeisterschaft.« Bei Hill, den er noch kürzlich so scharf attackiert hatte, entschuldigt er sich für die derben Worte: »Ich habe mich getäuscht und nehme alles zurück.« Hill empfindet den Meinungswechsel als Balsam für seine Seele und versichert: »Wegen des Remplers steht nichts zwischen mir und Michael.«

In der »Nacht danach« ist Schlaf von sekundärer Bedeutung. Bis morgens um Vier feiert das Team Benetton mit seinen Gästen im »The Circuit Sports Café«. Flavio Briatore geniert sich seines spektakulären Vollrauschs nicht. Der frischgebackene Champ hält sich lieber an alkoholfreie Getränke – er will seinen Titel ja erfolgreich verteidigen, und als absoluter Perfektionist bleibt man seinen Prinzipien auch in Ausnahme-Situationen treu.

ERGEBNISSE UND AUSFÄLLE

1. Nigel Mansell	Williams-Renault FW16B-6	1:47.51,480 – 170,323 km/h
2. Gerhard Berger	Ferrari 412 T1B-154	2,511 Sekunden zurück
3. Martin Brundle	McLaren-Peugeot MP4/9-8	52,487 Sekunden zurück
4. Rubens Barrichello	Jordan-Hart 194/003	1.10,530 Minuten zurück
5. Olivier Panis	Ligier-Renault JS39B-07	1 Runde zurück
6. Jean Alesi	Ferrari 412 T1B-155	1 Runde zurück
7. Heinz-Harald Frentzen	Sauber-Mercedes C13-07	1 Runde zurück
8. Christian Fittipaldi	Footwork-Ford FA15-03	1 Runde zurück
9. Pierluigi Martini	Minardi-Ford M194-05	2 Runden zurück
10. JJ Lehto	Sauber-Mercedes C13-05	2 Runden zurück
11. Franck Lagorce	Ligier-Renault JS39B-06	2 Runden zurück
12. Mika Häkkinen*	McLaren-Peugeot MP4/9-4	5 Runden zurück
Michele Alboreto	Minardi-Ford M194-06	70. Runde, Aufhängung re. hi.
Mark Blundell	Tyrrell-Yamaha 022-02	67. Runde, Unfall
Jean-Denis Delétraz	Larrousse-Ford LH94-04	57. Runde, Getriebe
Mika Salo	Lotus-Mugen 109/1	50. Runde, Elektrik
David Brabham	Simtek-Ford S941-05	50. Runde, Motor
Alessandro Zanardi	Lotus-Mugen 109/3	41. Runde, Gaszug
Michael Schumacher	Benetton-Ford B194-06	36. Runde, Unfall
Damon Hill	Williams-Renault FW16B-5	36. Runde, Unfall
Domenico Schiattarella	Simtek-Ford S941-04	22. Runde, Getriebe
Ukyo Katayama	Tyrrell-Yamaha 022-05	20. Runde, Dreher
Hideki Noda	Larrousse-Ford LH94-02	19. Runde, Ölleitung
Gianni Morbidelli	Footwork-Ford FA15-04	18. Runde, Ölpumpe
Eddie Irvine	Jordan-Hart 194/006	16. Runde, Bremsen
Johnny Herbert	Benetton-Ford B194-04	14. Runde, Getriebe

*Nicht im Ziel, aber aufgrund der zurückgelegten Distanz gewertet

Schnellste Runde:
(29. Runde) – Michael Schumacher, Benetton-Ford B194
1.17,140 = 176,406 km/h

GP Brasilien

RUNDENTABELLE	1	2	3	4	5	6	7	8	9	10	11	12	13	14	15	16	17	18	19	20	21	22	23	24	25	26	27	28	29
2 Ayrton Senna	2	2	2	2	2	2	2	2	2	2	2	2	2	2	2	2	2	2	2	2	2	5	5	5	5	5	5	5	5
5 Michael Schumacher	27	5	5	5	5	5	5	5	5	5	5	5	5	5	5	5	5	5	5	5	5	2	2	2	2	2	2	2	2
27 Jean Alesi	5	27	27	27	27	27	27	27	27	27	27	27	27	27	27	27	27	0	0	0	0	0	0	0	0	0	0	0	0
0 Damon Hill	0	0	0	0	0	0	0	0	0	0	0	0	0	0	0	0	0	27	14	3	3	27	27	27	27	27	27	27	27
30 Heinz-Harald Frentzen	30	30	7	7	7	7	7	7	7	7	7	7	30	30	(30)	29	6	14	3	27	27	3	23	23	23	23	29	29	29
10 Gianni Morbidelli	7	7	30	30	30	30	30	30	30	30	30	30	29	29	29	6	14	3	27	4	(4)	23	29	29	29	29	23	14	14
29 Karl Wendlinger	29	29	29	29	29	29	29	29	29	29	29	29	6	6	6	14	3	6	4	14	23	29	14	14	14	14	14	23	8
7 Mika Häkkinen	6	28	28	28	6	6	6	6	6	6	6	6	14	14	14	3	29	4	9	23	12	14	20	20	8	8	8	8	23
6 Jos Verstappen	28	6	6	6	14	14	14	14	14	14	14	14	3	3	3	15	15	9	23	12	29	20	8	8	15	15	15	15	15
3 Ukyo Katayama	14	14	14	14	(10)	3	3	3	3	3	3	3	(7)	15	15	4	4	15	12	29	14	12	15	15	6	6	6	6	6
9 Christian Fittipaldi	3	10	10	10	3	15	15	15	15	15	15	15	15	8	4	9	9	23	29	20	20	8	6	6	20	20	20	3	3
4 Mark Blundell	15	3	3	3	15	4	4	4	4	8	8	8	8	4	9	23	23	12	20	8	8	15	12	12	12	12	12	12	12
20 Erik Comas	9	15	15	15	4	8	8	8	8	4	4	4	4	9	8	12	12	29	8	15	15	6	3	3	3	3	3	20	11
14 Rubens Barrichello	4	4	4	4	8	9	9	9	9	9	9	9	9	23	23	20	20	20	15	9	6	11	11	11	11	11	11	11	20
23 Pierluigi Martini	8	9	8	8	9	23	23	23	23	23	23	23	23	12	12	8	8	8	6	6	11	26	26	26	26	26	26	26	26
15 Eddie Irvine	23	8	9	9	23	12	12	12	12	12	12	12	12	20	20	11	11	11	11	11	26	31	31	31	31	31	31	31	31
28 Gerhard Berger	12	23	23	23	12	20	20	20	20	20	20	20	20	26	11	26	26	26	26	26	31	25	25	25	25	25	25	25	25
8 Martin Brundle	20	12	12	12	20	24	26	26	26	26	26	26	26	11	26	31	31	31	31	31	25								
26 Olivier Panis	24	20	20	20	24	26	11	11	11	11	11	11	11	31	31	25	25	25	25	25	(9)								
25 Eric Bernard	26	24	24	24	26	11	31	31	31	31	31	31	31	25	25														
12 Johnny Herbert	25	26	26	26	11	31	(24)	25	25	25	25	25	25																
24 Michele Alboreto	19	11	11	11	(28)	25	25																						
19 Olivier Beretta	11	31	31	31	31																								
11 Pedro Lamy	(34)	(19)	25	25	25																								
34 Bertrand Gachot	31	25																											
31 David Brabham																													

GP Pacific

RUNDENTABELLE	1	2	3	4	5	6	7	8	9	10	11	12	13	14	15	16	17	18	19	20	21	22	23	24	25	26	27	28	29	30	31	32	33
2 Ayrton Senna	5	5	5	5	5	5	5	5	5	5	5	5	5	5	5	5	5	5	5	5	5	5	5	5	5	5	5	5	5	5	5	5	5
5 Michael Schumacher	7	7	7	7	7	7	7	7	7	7	7	7	7	7	7	7	7	28	28	28	28	28	28	28	28	28	14	14	14	14	0	0	0
0 Damon Hill	0	0	0	28	28	28	28	28	28	28	28	28	28	28	28	28	28	14	14	14	14	14	14	14	14	14	0	0	0	0	28	28	28
7 Mika Häkkinen	28	28	28	14	14	14	14	14	14	14	14	14	0	0	0	0	0	8	8	8	8	8	8	8	8	8	28	28	28	28	14	14	14
28 Gerhard Berger	14	14	14	8	8	8	8	8	8	8	8	0	14	14	14	14	14	9	9	9	9	9	30	0	0	0	9	9	9	9	9	9	9
8 Martin Brundle	8	8	8	9	9	9	9	9	0	0	0	8	8	8	8	8	8	30	30	30	30	30	0	10	10	10	8	8	8	8	8	8	8
27 Nicola Larini	9	9	9	30	30	30	0	0	9	9	9	9	9	9	9	9	9	6	6	6	6	6	10	30	9	9	6	6	6	6	6	6	6
14 Rubens Barrichello	30	30	30	6	6	0	30	30	30	30	30	30	30	30	30	30	30	10	10	10	0	0	9	9	6	6	30	30	30	30	30	30	30
9 Christian Fittipaldi	6	6	6	0	0	6	6	6	6	6	6	6	6	6	6	6	6	7	(7)	0	10	10	6	6	30	30	10	10	10	10	10	10	10
6 Jos Verstappen	10	10	10	10	10	10	10	10	10	10	10	10	10	10	10	10	10	0	0	23	23	15	15	15	15	29	29	29	29	29	20	20	20
30 Heinz-Harald Frentzen	3	3	3	3	3	3	3	3	3	3	3	3	3	3	3	24	24	24	23	15	15	29	29	29	29	24	24	24	24	24	24	24	24
4 Mark Blundell	24	24	24	24	24	24	24	24	24	24	24	24	24	24	24	23	23	23	15	29	29	24	24	24	24	3	3	3	3	3	3	3	3
10 Gianni Morbidelli	23	23	23	23	23	23	23	23	23	23	23	23	23	23	23	29	29	29	29	24	24	3	3	3	3	23	23	23	23	23	23	23	23
3 Ukyo Katayama	15	15	15	15	15	15	29	29	29	29	29	29	29	29	29	15	15	15	24	3	3	23	23	23	23	15	15	15	15	15	15	15	15
24 Michele Alboreto	29	29	29	29	29	29	15	15	15	15	15	15	15	15	15	3	25	3	3	25	25	25	25	11	11	11	11	11	11	25	25	25	25
20 Erik Comas	19	19	19	19	19	19	19	19	19	19	19	19	19	(19)	25	25	3	25	25	11	11	11	11	12	12	12	25	25	25	12	12	12	12
23 Pierluigi Martini	25	25	25	25	25	25	25	25	25	25	25	25	25	25	11	11	11	11	11	12	12	12	12	25	25	25	12	12	12	20	20	20	20
25 Eric Bernard	31	(31)	11	11	11	11	11	11	11	11	11	11	11	11	12	12	12	12	12	32	32	20	20	20	20	20	20	20	20	11	11	11	11
29 Karl Wendlinger	11	11	12	12	12	12	12	12	12	12	12	12	12	12	32	20	20	20	32	20	20	32	32	32	32	32	32	32	32	32	32	32	32
15 Aguri Suzuki	12	12	32	32	32	32	32	32	32	32	32	32	32	32	20	32	32	32	20	26	26	26	26	26	26	26	26	26	26	26	26	26	26
19 Olivier Beretta	32	32	20	20	20	20	20	20	20	20	20	20	20	20	26	26	26	26	26														
26 Olivier Panis	20	20	26	26	26	26	26	26	26	26	26	26	26	26																			
12 Johnny Herbert	26	26																															
11 Pedro Lamy																																	
31 David Brabham																																	
32 Roland Ratzenberger																																	

32	33	34	35	36	37	38	39	40	41	42	43	44	45	46	47	48	49	50	51	52	53	54	55	56	57	58	59	60	61	62	63	64	65	66	67	68	69	70	71
5	5	5	5	5	5	5	5	5	5	5	5	5	5	5	5	5	5	5	5	5	5	5	5	5	5	5	5	5	5	5	5	5	5	5	5	5	5	5	5
2	2	2	2	2	2	2	2	2	2	2	2	2	2	2	2	2	2	2	2	2	2	2	②	0	0	0	0	0	0	0	0	0	0	0	0	0	0	0	
0	0	0	0	0	0	0	0	0	0	0	0	0	0	0	0	0	0	0	0	0	0	0	0	27	27	27	27	27	27	27	27	27	27	27	27	27	27	27	
27	27	27	27	27	27	27	27	27	27	27	27	27	27	27	27	27	27	27	27	27	27	27	27	14	14	14	14	14	14	14	14	14	14	14	14	14	14	14	
29	29	29	29	29	29	29	29	29	29	29	29	14	14	14	14	14	14	14	14	14	14	14	14	29	29	29	29	29	29	29	29	29	29	29	3	3	3		
14	14	14	14	14	14	14	14	14	14	14	14	29	3	3	29	29	29	29	29	29	29	29	29	3	3	3	3	3	3	3	3	3	3	3	29	29	29		
8	8	⑧	3	3	3	3	3	3	3	3	3	3	29	29	3	3	3	3	3	3	3	3	3	12	12	12	12	12	12	12	12	12	12	12	12	12	12		
15	15	⑮	12	12	12	12	12	12	12	12	12	12	12	12	12	12	12	12	12	12	12	12	12	23	23	23	23	23	23	23	23	23	23	23	23	23			
6	6	⑥	23	23	23	23	23	23	23	23	23	23	20	20	20	20	20	20	20	20	20	20	23	20	20	20	20	20	20	20	20	20	20	20	20	20			
3	3	3	20	20	20	20	20	20	20	20	20	20	23	23	23	23	23	23	23	23	23	23	20	11	11	11	11	11	11	11	11	11	11	11	11	11			
12	12	12	26	26	11	11	11	11	11	11	11	11	11	11	11	11	11	11	11	11	11	11	11	26	26	26	26	26	26	26	26	26	26	26	26	26			
23	23	23	11	11	26	26	26	26	26	26	26	26	26	26	26	26	26	26	26	26	26	26	26	31	31	31	31	31	31	31	31	31	31	31	31				
20	20	20	31	31	31	31	31	31	31	31	31	31	31	31	31	31	31	31	31	31	31	31	31																
11	11	11																																					
26	26	26																																					
31	㉕	31																																					
25	31																																						

Erklärung zur Rundentabelle

Die Rundentabelle liest sich wie folgt:
In den senkrechten Spalten (unter den Rundenziffern 1 bis x) sind von oben nach unten die Startnummern der Teilnehmer _ in der Reihenfolge, die jeweils bei Start-und-Ziel am Ende der Runde registriert wurde _ aufgelistet.

Zeichenerklärung: – = überrundet
o = Ausfall

WERTUNGSPUNKTE

Fahrer: Schumacher 10, Hill 6, Alesi 4, Barrichello 3, Katayama 2, Wendlinger 1

Konstrukteure: Benetton 10, Williams 6, Ferrari 4, Jordan 3, Tyrrell 2, Sauber 1

36	37	38	39	40	41	42	43	44	45	46	47	48	49	50	51	52	53	54	55	56	57	58	59	60	61	62	63	64	65	66	67	68	69	70	71	72	73	74	75	76	77	78	79	80	81	82	83
5	5	5	5	5	5	5	5	5	5	5	5	5	5	5	5	5	5	5	5	5	5	5	5	5	5	5	5	5	5	5	5	5	5	5	5	5	5	5	5	5	5	5	5	5	5	5	5
0	0	0	0	0	0	0	0	0	0	0	0	0	⓪	28	28	28	28	28	28	14	14	14	14	14	14	28	28	28	28	28	28	28	28	28	28	28	28	28	28	28	28	28	28	28	28	28	
28	28	28	28	28	28	28	28	28	28	28	28	28	28	14	14	14	14	14	14	28	28	28	28	28	28	8	8	8	8	8	⑧	14	14	14	14	14	14	14	14	14	14	14	14	14	14	14	
14	14	14	14	14	14	14	14	14	14	14	14	14	14	8	8	6	6	8	8	8	8	8	8	8	8	14	14	14	14	14	14	9	9	9	9	9	9	9	9	9	9	9	9	9	9	9	
9	9	8	8	8	8	8	8	8	8	8	8	8	8	6	6	8	8	⑥	30	9	9	9	9	9	9	9	9	9	9	9	9	10	⑩	30	30	30	30	30	30	30	30	30	30	30	30	30	
8	8	9	9	9	9	9	9	9	9	6	6	6	6	30	30	30	30	30	9	30	10	10	10	10	10	10	10	10	10	10	10	30	30	20	20	20	20	20	20	20	20	20	20	20			
6	6	6	6	6	6	6	6	6	6	30	30	30	30	10	10	9	9	9	10	10	30	30	30	30	30	30	30	30	30	30	30	29	㉙	12	12	12	12	12	12	12	12	12	12	12			
30	30	30	30	30	30	30	30	30	30	10	10	10	10	9	9	10	10	10	24	24	24	24	24	24	24	24	29	29	29	29	29	24	㉔	11	11	11	11	11	11	11	11	11	11				
10	10	10	10	10	10	10	10	10	10	9	9	9	9	23	24	24	24	24	29	29	29	29	29	29	29	29	24	24	24	24	24	20	20	26	26	26	26	26	26	26	26	26					
29	29	29	29	29	29	29	29	29	29	29	29	23	23	24	29	29	29	29	23	23	23	23	23	23	23	23	㉓	20	20	20	20	12	12	25	25	25	25	25	25	25	25	25					
24	24	24	24	24	24	23	23	23	23	23	23	24	24	29	23	23	23	23	20	20	20	20	20	20	20	20	20	12	12	12	12	11	11	32	32	32	32	32	32	32	32	32					
3	3	23	23	23	23	24	24	24	24	24	24	29	29	20	20	20	20	20	11	11	11	12	12	12	12	12	12	11	11	11	11	26	26														
23	23	15	15	15	15	15	15	⑮	20	20	20	20	20	12	12	12	12	12	12	12	12	11	11	11	11	11	11	26	26	26	26	25	25														
15	15	3	3	3	3	③	12	12	12	12	12	12	12	11	11	11	11	11	26	26	26	26	26	26	26	26	26	25	25	25	25	32	32														
25	20	12	12	12	12	12	20	20	11	11	11	11	11	32	32	32	26	26	25	25	25	25	25	25	25	25	25	32	32	32	32																
20	12	20	20	20	20	20	11	11	32	32	32	32	32	26	26	26	32	25	32	32	32	32	32	32	32	32	32																				
12	11	11	11	11	11	11	32	32	26	26	26	26	26	25	25	25	25	32																													
11	32	32	32	32	32	32	26	26	25	25	25	25	25																																		
32	26	26	26	25	25	26	25	25																																							
26	25	25	25	26	26	25																																									

WERTUNGSPUNKTE

Fahrer: Schumacher 20, Barrichello 7, Hill 6, Berger 6, Alesi 4, Fittipaldi 3, Katayama 2, Frentzen 2, Comas 1, Wendlinger 1

Konstrukteure: Benetton 20, Ferrari 10, Jordan 7, Williams 6, Arrows 3, Sauber 3, Tyrrell 2, Larrousse 1

GP San Marino

RUNDENTABELLE

	1	2	3	4	5
2 Ayrton Senna	2	2	2	2	(2)
5 Michael Schumacher	5	5	5	5	5
28 Gerhard Berger	28	28	28	28	28
0 Damon Hill	0	0	0	0	0
6 JJ Lehto	30	30	30	30	30
27 Nicola Larini	7	7	7	7	7
30 Heinz-Harld Frentzen	27	27	27	27	27
7 Mika Häkkinen	29	29	29	29	29
3 Ukyo Katayama	3	3	3	3	3
29 Karl Wendlinger	8	8	8	8	8
10 Gianni Morbidelli	10	10	10	10	10
4 Mark Blundell	4	4	4	4	4
8 Martin Brundle	23	23	23	23	23
23 Pierluigi Martini	9	9	9	9	9
24 Michele Alboreto	12	12	12	12	12
9 Christian Fittipaldi	26	26	26	26	26
25 Eric Bernard	20	20	20	20	(20)
20 Erik Comas	25	15	15	15	15
26 Olivier Panis	15	19	19	19	19
12 Johnny Herbert	19	31	31	31	31
15 Andrea de Cesaris	31	34	34	34	34
11 Pedro Lamy	34	24	24	25	
19 Olivier Beretta	24	25	25		
31 David Brabham					
34 Bertrand Gachot					

RUNDENTABELLE

	1	2	3	4	5	6	7	8	9	10	11	12	13
5 Michael Schumacher	28	28	28	28	28	28	28	28	28	7	7	7	7
28 Gerhard Berger	5	5	5	5	5	5	5	7	7	27	27	27	27
0 Damon Hill	7	7	7	7	7	7	7	27	27	29	29	3	3
27 Nicola Larini	27	27	27	27	27	27	27	29	29	28	3	9	5
30 Heinz-Harld Frentzen	29	29	29	29	29	29	29	3	3	3	9	5	9
7 Mika Häkkinen	3	3	3	3	3	3	3	9	9	9	10	10	10
3 Ukyo Katayama	23	23	23	9	9	9	9	5	10	10	5	29	23
29 Karl Wendlinger	9	9	9	23	10	10	10	10	5	5	(28)	23	4
10 Gianni Morbidelli	10	10	10	10	23	23	23	23	23	23	23	4	29
4 Mark Blundell	12	12	12	12	12	12	12	4	4	4	4	30	30
8 Martin Brundle	4	4	4	4	4	4	4	30	30	30	30	26	26
23 Pierluigi Martini	8	8	8	8	8	8	30	12	12	8	8	25	25
24 Michele Alboreto	15	15	15	15	15	30	8	15	8	26	26	31	8
9 Christian Fittipaldi	26	26	26	26	30	15	15	8	26	25	25	(19)	24
25 Eric Bernard	31	31	31	30	26	26	26	26	31	31	31	8	12
26 Olivier Panis	25	25	30	31	31	31	31	31	25	19	19	24	34
12 Johnny Herbert	19	30	25	25	25	25	25	25	19	12	34	34	15
15 Andrea de Cesaris	30	19	19	19	19	19	19	19	34	34	24	12	31
19 Olivier Beretta	34	34	34	34	34	34	34	34	24	24	12	15	0
31 David Brabham	24	24	24	24	24	24	24	24	15	15	15	0	
34 Bertrand Gachot	0	0	0	0	0	0	0	0	0	0	0		

GP Monaco

RUNDENTABELLE

	1	2	3	4	5	6	7	8	9	10	11	12	13	14	15	16	17	18	19	20	21	22	23	24	25	26	27	28	29
5 Michael Schumacher	5	5	5	5	5	5	5	5	5	5	5	5	5	5	5	5	5	5	5	5	5	5	5	5	5	5	5	5	5
7 Mika Häkkinen	28	28	28	28	28	28	28	28	28	28	28	28	28	28	28	28	28	28	28	28	28	28	28	27	27	27	27	27	27
28 Gerhard Berger	27	27	27	27	27	27	27	27	27	27	27	27	27	27	27	27	27	27	27	27	27	27	27	9	9	9	9	9	9
0 Damon Hill	9	9	9	9	9	9	9	9	9	9	9	9	9	9	9	9	9	9	9	9	9	9	9	28	28	28	28	28	28
27 Jean Alesi	8	8	8	8	8	8	8	8	8	8	8	8	8	8	8	8	8	8	8	8	4	4	4	4	4	4	4	4	4
9 Christian Fittipaldi	4	4	4	4	4	4	4	4	4	4	4	4	4	4	4	4	4	4	4	4	8	8	8	8	8	8	8	8	8
10 Gianni Morbidelli	3	3	3	3	3	3	3	3	3	3	3	3	3	3	24	24	24	24	24	24	24	24	24	24	24	24	24	24	24
8 Martin Brundle	24	24	24	24	24	24	24	24	24	24	24	24	24	24	3	15	15	15	15	15	15	15	15	15	15	15	15	15	15
23 Pierluigi Martini	20	20	20	20	20	20	15	15	15	15	15	15	15	15	15	3	3	3	3	3	3	3	3	3	3	3	3	20	20
4 Mark Blundell	15	15	15	15	15	15	20	20	20	20	20	20	20	20	20	20	20	20	20	20	20	20	20	20	20	20	20	12	12
3 Ukyo Katayama	12	12	12	12	12	12	12	12	12	12	12	12	12	12	12	12	12	12	12	12	12	12	12	12	12	12	12	19	19
24 Michele Alboreto	14	14	14	14	14	14	14	14	14	14	14	14	14	14	14	14	14	14	14	14	14	14	14	14	14	14	(14)	26	26
20 Erik Comas	19	19	19	19	19	19	19	19	19	19	19	19	19	19	19	19	19	19	19	19	19	19	19	19	19	19	19	25	25
15 Andrea de Cesaris	6	6	6	6	6	6	6	6	6	6	6	6	6	6	6	6	6	6	6	6	6	6	6	6	6	6	26	31	6
14 Rubens Barrichello	25	26	26	26	26	26	26	26	26	26	26	26	26	26	26	26	26	26	26	26	26	26	26	26	26	26	25	6	31
12 Johnny Herbert	26	25	25	25	25	25	25	25	25	25	25	25	25	25	25	25	25	25	25	25	25	25	25	25	25	25	31	3	3
6 JJ Lehto	31	31	31	31	31	31	31	31	31	31	31	31	31	31	31	31	31	31	31	31	31	31	31	31	31	31	6	11	11
19 Olivier Beretta	11	11	11	11	11	11	11	11	11	11	11	11	11	11	11	11	11	11	11	11	11	11	11	11	11	11	11	34	34
11 Pedro Lamy	34	34	34	34	34	34	34	34	34	34	34	34	34	34	34	34	34	34	34	34	34	34	34	34	34	34	34	33	33
26 Olivier Panis	33	33	33	33	33	33	33	33	33	33	33	33	33	33	33	33	33	33	33	33	33	33	33	33	33	33	33		
25 Eric Bernard																													
31 David Brabham																													
34 Bertrand Gachot																													
33 Paul Belmondo																													

16	17	18	19	20	21	22	23	24	25	26	27	28	29	30	31	32	33	34	35	36	37	38	39	40	41	42	43	44	45	46	47	48	49	50	51	52	53
27	27	27	5	5	5	5	5	5	5	5	5	5	5	5	5	5	5	5	5	5	5	5	5	5	5	5	5	5	5	5	5	5	5	5	5	5	5
5	5	5	27	27	27	27	27	27	27	27	27	27	27	27	27	27	27	27	27	27	27	27	27	27	27	27	27	27	27	27	27	27	27	27	27	27	27
9	7	7	7	7	7	7	7	7	7	7	7	7	7	7	7	9	9	9	9	9	7	7	7	7	7	7	7	7	7	7	7	7	7	7	7	7	7
7	9	29	29	29	29	29	29	29	29	29	29	29	29	29	9	3	3	3	3	3	9	29	29	29	29	29	29	29	29	29	29	29	29	29	29	29	29
23	29	9	9	9	9	9	9	9	9	9	9	9	9	9	3	10	10	10	7	7	29	9	9	9	9	9	9	9	9	9	9	9	9	3	3	3	
29	30	3	3	3	3	3	3	3	3	3	3	3	3	3	10	7	7	7	29	29	3	3	3	3	3	3	3	3	3	3	3	3	3	0	0	0	
3	3	10	10	10	10	10	10	10	10	10	10	10	10	10	29	29	29	29	⑩	30	30	0	0	0	0	0	0	0	0	0	0	0	0	30	30	30	
30	10	30	4	4	4	4	4	8	8	8	8	8	8	8	8	8	8	30	30	0	0	30	30	30	30	30	30	30	30	30	30	30	30	8	8	8	
10	23	4	30	30	30	30	30	23	23	23	0	0	0	0	0	0	30	0	0	8	8	8	8	8	8	8	8	8	8	8	8	8	8	4	4		
4	4	23	23	23	8	8	8	0	0	0	30	30	30	30	30	30	0	8	8	15	15	15	15	15	15	15	15	⑮	4	4	4	4	4	12	12		
8	8	8	8	8	23	23	23	30	12	30	12	15	15	12	15	15	15	15	15	24	24	24	24	24	4	4	4	4	12	12	12	12	12	26	26		
24	24	24	24	24	12	12	0	12	30	12	15	12	12	15	24	24	24	24	24	12	12	12	4	4	12	12	12	12	26	26	26	26	26	25			
26	12	12	12	12	26	0	12	15	15	15	24	24	24	24	12	12	12	12	12	4	4	4	12	12	㉔	26	26	26	25	25	25	25	25				
12	26	26	26	26	0	26	15	26	26	26	23	23	23	23	23	㉓	4	4	4	26	26	26	26	26	26	25	25	25									
15	15	15	15	15	15	15	26	24	24	24	26	26	26	26	26	4	26	26	26	25	25	25	25	25	25												
0	0	0	0	0	24	24	24	4	4	4	4	4	4	4	4	26	25	25	25																		
31	31	31	31	31	31	㉛	25	25	25	25	25	25	25	25	25	25																					
25	25	25	25	25	25	25																															
34	34	㉞																																			

WERTUNGSPUNKTE

Fahrer: Schumacher 30, Hill 7, Barrichello 7, Berger 6, Larini 6, Alesi 4, Häkkinen 4, Katayama 4, Wendlinger 4, Fittipaldi 3, Frentzen 2, Comas 1

Konstrukteure: Benetton 30, Ferrari 16, Williams 7, Jordan 7, Sauber 6, McLaren 4, Tyrrell 4, Arrows 3, Larrousse 1

32	33	34	35	36	37	38	39	40	41	42	43	44	45	46	47	48	49	50	51	52	53	54	55	56	57	58	59	60	61	62	63	64	65	66	67	68	69	70	71	72	73	74	75	76	77	78
5	5	5	5	5	5	5	5	5	5	5	5	5	5	5	5	5	5	5	5	5	5	5	5	5	5	5	5	5	5	5	5	5	5	5	5	5	5	5	5	5	5	5	5	5	5	5
27	27	28	28	28	28	28	28	28	28	8	8	8	8	28	28	28	28	28	8	8	8	8	8	8	8	8	8	8	8	8	8	8	8	8	8	8	8	8	8	8	8	8	8	8	8	8
9	9	8	8	8	8	8	8	8	8	28	28	28	28	8	8	8	8	8	28	28	28	28	28	28	28	28	28	28	28	28	28	28	28	28	28	28	28	28	28	28	28	28	28	28	28	28
28	28	27	27	27	27	27	27	27	27	27	27	27	27	27	27	15	15	15	15	15	15	15	15	15	15	15	15	15	15	15	15	15	15	15	15	15	15	15	15	15	15	15	15	15	15	
4	8	9	9	9	9	9	9	9	9	9	9	9	9	9	⑨	27	27	27	27	27	27	27	27	27	27	27	27	27	27	27	27	27	27	27	27	27	27	27	27	27	27	27	27	27	27	
8	24	24	15	4	4	4	4	④	15	15	15	15	15	15	15	24	24	24	24	24	24	24	24	24	24	24	24	24	24	24	24	24	24	24	24	24	24	24	24	24	24	24	24	24	24	
24	15	15	4	15	15	15	15	15	24	24	24	24	24	24	24	6	6	6	6	6	6	6	6	6	6	6	6	6	6	6	6	6	6	6	6	6	6	6	6	6	6	6	6	6		
15	4	4	24	24	24	24	24	24	6	6	6	6	6	6	6	12	12	12	12	12	12	12	12	12	12	12	12	12	12	12	12	12	19	19	19	19	19	19	19	19	19	19	19	19		
20	20	20	20	20	20	20	6	6	12	12	12	12	12	12	12	19	19	19	19	19	19	19	19	19	19	19	19	19	19	19	19	19	12	12	12	⑫	26	26	26	26	26	26	26	26		
12	12	12	12	12	6	6	12	12	19	19	19	19	19	19	19	26	26	26	26	26	26	26	26	26	26	26	26	26	26	26	26	26	26	26	26	26	20	20	20	20	20	20	20			
26	26	26	6	6	12	12	19	19	26	26	26	26	26	26	26	20	20	20	20	20	20	20	20	20	20	20	20	20	20	20	20	20	20	20	20	20	11	11	11	11	11					
6	6	6	31	31	19	19	26	26	20	20	20	20	20	20	20	11	11	11	11	11	11	11	11	11	11	11	11	11	11	11	11	11	11	11	11	11										
25	25	㉕	3	3	3	26	11	31	31	31	31	31	㉛	11	11	34	㉞	33	33	33	㉝																									
31	31	31	19	19	26	11	20	20	11	11	11	11	11	34	34	33	33																													
3	3	3	26	26	11	31	31	11	34	34	34	34	34	33	33																															
19	19	19	11	11	31	34	34	34	33	33	33	33	33																																	
11	11	11	34	34	34	33	33	33																																						
34	34	34	33	33	33	③																																								
33	33	33																																												

WERTUNGSPUNKTE

Fahrer: Schumacher 40, Berger 10, Hill 7, Barrichello 7, Alesi 6, Larini 6, Brundle 6, Häkkinen 4, Katayama 4, Wendlinger 4, de Cesaris 3, Fittipaldi 3, Frentzen 2, Alboreto 1, Comas 1

Konstrukteure: Benetton 40, Ferrari 22, McLaren 10, Jordan 10, Williams 7, Sauber 6, Tyrrell 4, Arrows 3, Larrousse 1, Minardi 1

GP Spanien

RUNDENTABELLE	1	2	3	4	5	6	7	8	9	10	11	12	13	14	15	16	17	18	19	20	21	22	23	24	25	26	27	28	29
5 Michael Schumacher	5	5	5	5	5	5	5	5	5	5	5	5	5	5	5	5	5	5	5	5	5	5	7	7	7	7	7	7	7
0 Damon Hill	0	0	0	0	0	0	0	0	0	0	0	0	0	0	0	0	0	0	0	14	7	7	5	0	0	0	0	0	0
7 Mika Häkkinen	7	7	7	7	7	7	7	7	7	7	7	7	7	7	7	27	27	27	14	7	0	0	0	5	5	5	5	5	5
6 JJ Lehto	27	27	27	27	27	27	27	27	27	27	27	27	27	27	27	6	6	14	7	0	14	10	10	6	6	6	6	6	6
14 Rubens Barrichello	6	6	6	6	6	6	6	6	6	6	6	6	6	6	6	14	14	4	27	30	10	6	6	⑩	27	27	27	27	27
27 Jean Alesi	2	2	2	2	2	2	2	2	2	2	2	2	2	2	2	8	15	7	4	10	6	27	27	27	8	8	8	8	8
28 Gerhard Berger	14	14	14	14	14	14	14	14	14	14	14	14	14	14	14	15	4	6	30	6	27	8	8	8	4	4	4	4	4
8 Martin Brundle	8	8	8	8	8	8	8	8	8	8	8	8	8	8	8	4	7	15	10	27	8	4	4	4	9	9	9	9	9
2 David Coulthard	15	15	15	15	15	15	15	15	15	15	15	15	15	15	15	20	8	30	6	4	4	9	9	9	15	15	15	15	15
3 Ukyo Katayama	4	4	4	4	4	4	4	4	4	4	4	4	4	4	4	③	20	10	9	8	9	15	15	15	28	28	㉘	14	14
4 Mark Blundell	20	20	20	20	20	20	20	20	20	20	20	20	20	20	20	2	30	23	8	9	15	28	28	28	14	14	14	23	23
30 Heinz-Harald Frentzen	28	28	28	28	28	28	28	28	28	28	28	28	28	3	3	7	10	9	15	15	28	14	14	14	23	23	23	2	2
15 Eddie Irvine	10	30	30	30	30	30	3	3	3	3	3	3	3	28	28	30	23	8	23	28	㉚	11	23	23	2	2	2	12	12
24 Michele Alboreto	30	3	3	3	3	3	30	30	30	30	30	30	30	30	30	10	9	20	12	12	11	23	11	2	12	12	12	26	26
10 Gianni Morbidelli	3	10	10	10	10	10	10	10	10	10	10	10	10	10	10	28	12	12	28	11	23	12	12	12	26	26	26	11	11
20 Erik Comas	24	24	24	㉔	23	23	23	23	23	23	23	23	23	23	23	23	26	26	⑳	23	12	26	2	26	11	11	11	34	25
19 Olivier Beretta	23	23	23	23	12	12	12	12	12	12	12	12	9	9	9	9	28	28	26	31	26	2	26	11	34	34	34	25	34
23 Pierluigi Martini	12	12	12	12	26	26	26	26	26	26	26	9	12	12	12	12	11	11	11	26	2	25	34	34	25	25	25	31	31
26 Olivier Panis	26	26	26	26	9	9	9	9	9	9	9	26	26	26	26	26	31	31	31	2	25	34	25	25	31	31	31		
25 Eric Bernard	9	9	9	9	11	11	11	11	11	11	11	11	11	11	11	11	2	2	2	25	31	31	31	31					
9 Christian Fittipaldi	11	11	11	11	25	25	31	31	31	31	31	31	31	31	31	31	25	25	25	34	34								
12 Johnny Herbert	31	25	25	25	31	31	25	34	34	34	34	34	34	34	34	25	34	34	34										
11 Alessandro Zanardi	25	31	31	31	34	34	34	25	25	25	25	25	25	25	25	34													
31 David Brabham	34	34	34	34																									
34 Bertrand Gachot	33	㉝																											
33 Paul Belmondo																													

GP Canada

RUNDENTABELLE	1	2	3	4	5	6	7	8	9	10	11	12	13	14	15	16	17	18	19	20	21	22	23	24	25	26	27	28	29
5 Michael Schumacher	5	5	5	5	5	5	5	5	5	5	5	5	5	5	5	5	5	5	5	5	5	5	5	5	5	5	5	5	5
27 Jean Alesi	27	27	27	27	27	27	27	27	27	27	27	27	27	27	27	27	27	27	27	27	27	27	27	27	27	27	27	27	27
28 Gerhard Berger	28	28	28	28	28	28	28	28	28	28	28	28	28	28	0	0	0	0	0	0	0	0	0	0	0	0	0	0	0
0 Damon Hill	2	2	2	2	2	2	2	2	0	0	0	0	0	0	28	28	28	28	28	28	28	2	10	2	2	2	2	2	2
2 David Coulthard	0	0	0	0	0	0	0	0	2	2	2	2	2	2	2	2	14	14	14	14	2	10	2	9	9	9	9	9	9
14 Rubens Barrichello	14	14	14	14	14	14	14	14	14	14	14	14	14	14	14	14	2	2	2	2	10	15	9	28	28	28	28	28	28
7 Mika Häkkinen	7	7	7	7	7	7	7	7	7	7	7	7	7	7	7	7	7	10	10	10	15	9	28	14	14	14	14	14	14
15 Eddie Irvine	15	15	15	15	15	15	15	15	15	15	15	15	15	15	15	15	15	15	15	15	9	28	14	7	7	7	7	7	7
3 Ukyo Katayama	10	10	10	10	10	10	10	10	10	10	10	10	10	10	10	10	10	9	9	9	14	14	7	4	4	4	4	4	4
30 Heinz-Harald Frentzen	3	3	3	3	3	3	3	3	3	3	3	3	3	3	3	3	3	20	20	19	19	7	4	10	10	10	10	10	10
10 Gianni Morbidelli	30	30	30	30	㉚	4	4	4	4	4	4	4	4	4	9	9	9	19	19	7	7	4	15	19	19	6	6	6	6
8 Martin Brundle	4	4	4	4	4	9	9	9	9	9	9	9	9	9	12	12	29	7	7	4	4	19	19	6	6	19	19	19	19
4 Mark Blundell	8	8	⑧	9	9	12	12	12	12	12	12	12	12	12	29	29	19	23	4	23	23	23	23	23	23	23	23	23	23
29 Andrea de Cesaris	9	9	9	12	12	29	29	29	29	29	29	29	29	29	19	19	20	4	23	6	6	6	6	15	15	15	15	15	15
23 Pierluigi Martini	12	12	12	29	29	19	19	19	19	19	19	19	19	19	20	20	23	6	6	12	12	12	12	12	12	12	12	12	12
9 Christian Fittipaldi	29	29	29	19	19	23	23	23	23	23	23	20	20	20	4	23	4	12	12	24	24	24	24	24	24	24	24	24	24
12 Johnny Herbert	19	19	19	23	23	24	24	24	24	20	20	23	23	23	23	4	12	24	24	29	29	29	29	㉙	20	20	3	3	3
24 Michele Alboreto	23	23	23	24	24	11	20	20	20	24	24	6	6	6	6	6	6	26	26	26	26	26	20	20	3	3	20	26	26
26 Olivier Panis	24	24	24	11	11	20	6	6	6	6	6	24	24	24	24	24	24	20	20	20	20	20	26	26	26	26	26	20	20
6 JJ Lehto	11	11	11	6	6	6	11	11	11	11	11	11	11	26	26	26	26	25	25	25	3	3	3	3	11	11	11	11	11
20 Erik Comas	6	6	6	20	20	26	26	26	26	26	26	26	26	11	25	25	25	3	3	3	25	11	11	11	31	31	31	31	31
19 Olivier Beretta	20	20	20	26	26	31	31	31	31	25	25	25	25	25	34	34	34	34	34	31	11	31	31	31	25	25	25	25	25
11 Alessandro Zanardi	26	26	26	31	31	25	25	25	25	34	34	34	34	34	31	31	31	31	31	11	31	25	25	25	34	34	34	34	34
25 Eric Bernard	31	31	31	25	25	34	34	34	34	31	31	31	31	31	11	11	11	11	11	34	34	34	34	34					
31 David Brabham	25	25	25	34	34																								
34 Bertrand Gachot	34	34	34																										

32	33	34	35	36	37	38	39	40	41	42	43	44	45	46	47	48	49	50	51	52	53	54	55	56	57	58	59	60	61	62	63	64	65
0	0	0	0	0	0	0	0	0	5	5	5	5	5	0	0	0	0	0	0	0	0	0	0	0	0	0	0	0	0	0	0	0	0
5	5	5	5	5	5	5	5	5	0	7	7	7	7	5	5	5	5	5	5	5	5	5	5	5	5	5	5	5	5	5	5	5	5
7	7	7	7	7	7	7	7	7	7	0	0	0	0	7	7	⑦	6	6	6	6	8	8	8	8	8	8	8	4	4	4	4	4	4
6	6	6	6	6	6	6	6	6	15	6	6	6	6	6	6	6	8	8	8	8	4	4	4	4	4	4	4	27	27	27	27	27	
8	8	8	8	8	8	8	8	8	6	8	8	8	8	8	8	8	4	4	4	4	⑥	27	27	27	27	27	27	23	23	23	23	23	
27	27	27	27	27	27	15	15	15	8	4	4	4	4	4	4	4	27	27	27	27	27	23	23	23	23	23	23	15	15	15	15	15	
4	4	4	4	15	15	14	⑭	4	4	15	15	27	27	27	27	27	23	23	23	23	23	15	15	15	15	15	15	26	26	26	26		
9	9	9	⑨	14	14	27	4	27	27	27	27	15	15	15	15	15	15	15	15	15	15	26	26	26	26	26	26	25	25	25			
15	15	15	15	4	4	4	27	23	23	23	23	23	23	23	23	23	26	26	26	26	26	25	25	25	25	25	25	11	11	11			
14	14	14	14	23	23	23	23	12	⑫	26	26	26	26	26	26	26	25	25	25	25	25	11	11	11	11	11	11	31	31				
23	23	23	23	12	12	12	12	26	26	11	11	11	25	25	25	25	11	11	11	11	11	31	31	31	31	31	31						
②	12	12	12	26	26	26	26	25	25	25	25	25	11	11	11	11	31	31	31	31	31												
12	26	26	26	11	11	11	11	11	11	31	31	31	31	31	31	31																	
26	11	11	11	25	25	25	25	31	31																								
11	25	25	25	31	31	31	31																										
25	31	31	31																														
31																																	
㉞																																	

WERTUNGSPUNKTE

Fahrer: Schumacher 46, Hill 17, Berger 10, Alesi 9, Barrichello 7, Larini 6, Brundle 6, Blundell 4, Häkkinen 4, Katayama 4, Wendlinger 4, de Cesaris 3, Fittipaldi 3, Martini 2, Frentzen 2, Alboreto 1, Irvine 1, Comas 1

Konstrukteure: Benetton 46, Ferrari 25, Williams 17, Jordan 11, McLaren 10, Tyrrell 8, Sauber 6, Arrows 3, Minardi 3, Larrousse 1

32	33	34	35	36	37	38	39	40	41	42	43	44	45	46	47	48	49	50	51	52	53	54	55	56	57	58	59	60	61	62	63	64	65	66	67	68	69
5	5	5	5	5	5	5	5	5	5	5	5	5	5	5	5	5	5	5	5	5	5	5	5	5	5	5	5	5	5	5	5	5	5	5	5	5	5
0	0	0	0	0	0	0	0	0	0	0	0	0	0	0	0	0	0	0	0	0	0	0	0	0	0	0	0	0	0	0	0	0	0	0	0	0	0
27	27	27	27	27	27	27	27	27	27	27	27	27	27	27	27	27	27	27	27	27	27	27	27	27	27	27	27	27	27	27	27	27	27	27	27	27	27
2	2	9	9	28	28	28	28	28	28	28	28	14	10	10	10	10	10	28	28	28	28	28	28	28	28	28	28	28	28	28	28	28	28	28	28	28	28
9	9	28	28	7	7	7	7	7	7	7	14	10	28	28	28	28	28	7	7	7	7	7	7	7	7	7	7	7	⑦	2	2	2	2	2	2	2	
28	28	7	7	14	14	14	14	14	14	14	10	28	7	7	7	7	7	14	14	2	2	2	2	2	2	2	2	2	2	9	9	9	9	9	9	9	
7	7	14	14	10	10	10	10	10	10	10	7	7	14	14	14	14	14	2	2	14	9	9	9	9	9	9	9	9	9	6	6	6	6	14	14	6	
14	14	10	10	9	2	2	2	2	2	2	2	2	2	2	2	2	2	4	9	9	14	14	6	6	6	6	6	6	6	14	14	14	14	6	6	14	
10	10	6	2	2	9	9	9	9	9	9	9	4	4	4	4	4	4	9	6	6	6	6	14	14	14	14	14	14	14	4	4	4	4	4	4	12	
6	6	2	15	15	15	15	15	⑮	4	4	4	9	9	9	9	9	9	6	4	4	4	4	4	4	4	4	4	4	4	12	12	12	12	12	12	23	
23	15	15	12	12	12	12	12	4	12	12	6	6	6	6	6	6	6	⑩	12	12	12	12	12	12	12	12	12	12	12	23	23	23	23	23	23		
15	12	12	4	4	4	4	4	12	6	6	12	12	12	12	12	12	12	12	23	23	23	23	23	23	23	23	23	23	23	24	24	24	24	24	24		
12	4	4	6	3	3	3	6	6	23	23	23	23	23	23	23	23	23	23	19	19	19	19	19	19	⑲	24	24	24	24	26	26	26	26	26	26		
4	3	3	3	6	6	6	3	23	19	19	19	③	19	19	19	19	19	19	24	24	24	24	24	24	24	26	26	26	26	11	25	25	25	25			
24	24	24	24	24	24	24	23	3	3	3	3	19	24	24	24	24	24	24	26	26	26	26	26	26	26	11	11	11	11	25	31	31	31				
3	23	23	23	23	23	23	19	19	24	24	24	24	26	26	26	26	26	26	11	11	11	11	11	11	11	25	25	25	25	31							
19	19	19	19	19	19	19	26	24	26	26	26	26	⑳	11	11	11	11	11	25	25	25	25	25	25	25	31	31	31	31								
26	26	26	26	26	26	26	24	26	20	20	20	20	11	25	25	25	25	25	31	31	31	31	31	31	31												
20	20	20	20	20	20	20	20	20	11	11	11	11	25	31	31	31	31	31																			
11	11	11	11	11	11	11	11	11	25	25	25	25	31	34	㉞																						
31	25	25	25	25	25	25	25	25	31	31	31	31	34																								
25	31	31	31	31	31	31	31	31	34	34	34	34																									
34	34	34	34	34	34	34	34	34																													

WERTUNGSPUNKTE

Fahrer: Schumacher 56, Hill 23, Berger 13, Alesi 13, Barrichello 7, Larini 6, Brundle 6, Blundell 4, Häkkinen 4, Fittipaldi 4, Wendlinger 4, Katayama 4, de Cesaris 3, Martini 2, Frentzen 2, Coulthard 2, Alboreto 1, Irvine 1, Comas 1

Konstrukteure: Benetton 56, Ferrari 32, Williams 25, Jordan 11, McLaren 10, Tyrrell 8, Sauber 6, Arrows 4, Minardi 3, Larrousse 1

GP Frankreich

RUNDENTABELLE	1	2	3	4	5	6	7	8	9	10	11	12	13	14	15	16	17	18	19	20	21	22	23	24	25	26	27	28	29
0 Damon Hill	5	5	5	5	5	5	5	5	5	5	5	5	5	5	5	5	5	5	5	5	5	5	5	5	5	5	5	5	5
2 Nigel Mansell	0	0	0	0	0	0	0	0	0	0	0	0	0	0	0	0	0	0	0	0	14	0	0	0	0	0	0	0	0
5 Michael Schumacher	2	2	2	2	2	2	2	2	2	2	2	2	2	2	2	2	2	27	28	28	27	14	14	27	27	27	27	27	27
27 Jean Alesi	27	27	27	27	27	27	27	27	27	27	27	27	27	27	27	27	27	28	27	14	0	27	27	14	2	2	2	2	28
28 Gerhard Berger	28	28	28	28	28	28	28	28	28	28	28	28	28	28	28	28	28	2	14	27	2	2	2	2	28	28	28	28	2
15 Eddie Irvine	15	15	15	15	15	15	15	15	15	14	14	14	14	14	14	14	14	14	2	2	15	28	28	28	14	14	14	14	14
14 Rubens Barrichello	30	30	30	30	30	14	14	14	14	15	15	15	15	15	15	15	15	15	15	7	7	15	15	⑮	9	9	8	8	⑧
6 Jos Verstappen	7	14	14	14	14	30	30	30	30	30	30	30	30	30	30	30	30	30	30	15	26	26	26	9	8	8	9	9	9
7 Mika Häkkinen	14	7	7	7	7	7	7	7	7	7	7	7	7	7	7	7	7	7	7	30	29	23	9	8	7	7	7	7	7
30 Heinz-Harald Frentzen	8	8	8	8	8	8	8	8	8	8	8	8	8	8	8	8	8	8	8	8	23	9	8	7	30	30	30	30	30
29 Andrea de Cesaris	6	6	6	6	6	6	6	6	6	6	29	29	29	29	29	29	29	29	29	29	9	8	23	30	20	29	29	29	29
8 Martin Brundle	29	29	29	29	29	29	29	29	29	29	26	26	26	26	26	26	26	26	26	26	12	7	7	20	29	20	20	20	20
26 Olivier Panis	26	26	26	26	26	26	26	26	26	26	3	3	3	3	3	3	3	3	3	23	8	30	30	29	10	10	10	⑩	3
3 Ukyo Katayama	3	3	3	3	3	3	3	3	3	3	23	23	23	23	23	23	23	23	23	3	30	12	20	10	3	3	3	3	23
25 Eric Bernard	23	23	23	23	23	23	23	23	23	23	9	9	9	9	9	9	9	9	9	9	20	20	29	25	26	26	26	㉖	19
23 Pierluigi Martini	9	9	9	9	9	9	9	9	9	9	12	12	12	12	12	12	12	12	12	12	25	29	10	3	23	23	23	23	4
4 Mark Blundell	12	12	12	12	12	12	12	12	12	12	6	20	20	20	20	20	20	20	20	20	10	10	25	26	25	19	19	19	12
9 Christian Fittipaldi	20	20	20	20	20	20	20	20	20	20	20	25	25	25	25	25	25	25	25	25	3	25	3	23	19	4	4	4	25
12 Johnny Herbert	25	25	25	25	25	25	25	25	25	25	25	10	10	10	10	10	10	10	10	10	19	3	19	19	4	12	12	12	32
20 Erik Comas	10	10	10	10	10	10	10	10	10	10	10	19	19	19	19	19	19	19	19	19	4	19	4	4	12	25	25	25	
24 Michele Alboreto	19	19	19	19	19	19	19	19	19	19	19	4	4	4	4	4	4	4	4	4	28	4	12	12	⑥	31	31	㉛	
10 Gianni Morbidelli	4	4	4	4	4	4	4	4	4	4	4	24	24	24	24	24	24	24	24	⑪	6	6	6	6	32	32	32	32	
11 Alessandro Zanardi	24	24	24	24	24	24	24	24	24	24	24	11	11	11	11	11	11	11	11	31	31	31	32	32	31				
31 David Brabham	11	11	11	11	11	11	11	11	11	11	11	31	31	31	31	31	31	31	31	24	32	32	31	31					
19 Olivier Beretta	31	31	31	31	31	31	31	31	31	31	31	32	32	32	32	32	6	6	6	6	㉔								
32 Jean-Marc Gounon	32	32	32	32	32	32	32	32	32	32	32	6	6	6	6	6	32	32	32	32									

GP England

RUNDENTABELLE	1	2	3	4	5	6	7	8	9	10	11	12	13	14	15	16	17	18	19	20	21	22	23	24	25	26	27	28	29
0 Damon Hill	0	0	0	0	0	0	0	0	0	0	0	0	0	0	5	5	5	28	28	28	28	5	5	5	5	5	0	0	0
5 Michael Schumacher	5	5	5	5	5	5	5	5	5	5	5	5	5	5	0	28	28	5	5	5	5	0	0	0	0	0	5	27	5
28 Gerhard Berger	28	28	28	28	28	28	28	28	28	28	28	28	28	28	28	0	0	0	0	0	0	28	27	27	27	27	27	5	28
27 Jean Alesi	14	14	14	14	14	14	14	14	14	14	14	14	14	14	14	14	14	14	14	27	27	27	7	7	7	7	7	7	14
7 Mika Häkkinen	27	27	27	27	27	27	27	27	27	27	27	27	27	27	27	27	27	27	27	14	7	7	28	28	28	28	28	28	27
14 Rubens Barrichello	6	6	6	6	6	6	6	6	6	6	6	6	6	6	6	6	6	6	7	7	14	14	14	14	14	14	14	14	7
2 David Coulthard	7	7	7	7	7	7	7	7	7	7	7	7	7	7	7	7	7	7	6	6	30	30	30	30	30	30	30	30	2
3 Ukyo Katayama	3	3	3	3	3	3	3	3	3	3	3	3	3	3	3	3	3	3	30	30	3	3	3	2	2	2	2	2	3
8 Martin Brundle	30	30	30	30	30	30	30	30	26	26	4	4	4	4	4	2	2	30	3	3	2	2	2	3	3	3	3	3	6
6 Jos Verstappen	10	10	10	10	26	26	26	26	4	4	2	2	2	2	2	4	30	2	2	2	6	6	6	6	6	6	6	6	30
4 Mark Blundell	26	26	26	26	4	4	4	4	30	2	26	26	26	26	30	30	4	4	23	23	23	23	23	23	23	23	9	9	9
30 Heinz-Harald Frentzen	29	23	4	4	2	2	2	2	2	30	30	30	30	30	26	23	23	23	12	12	12	12	12	12	9	9	24	24	24
23 Pierluigi Martini	23	4	23	23	23	23	23	23	23	23	23	23	23	23	23	12	12	12	26	26	9	9	9	9	12	12	23	23	23
26 Olivier Panis	12	29	29	2	12	12	12	12	12	12	12	12	12	12	12	26	26	26	9	9	24	24	24	24	24	24	12	12	12
10 Gianni Morbidelli	4	12	12	12	20	20	29	29	29	29	9	9	9	9	9	9	9	9	24	24	26	19	19	19	26	26	26	26	26
24 Michele Alboreto	24	24	2	29	24	24	24	9	9	9	20	⑳	24	24	24	24	24	24	4	19	19	26	26	26	25	25	25	25	25
29 Andrea de Cesaris	9	9	24	24	9	9	9	20	20	20	24	24	25	25	25	25	19	19	19	25	25	25	25	25	19	19	19	19	19
11 Alessandro Zanardi	20	2	9	9	20	20	20	24	24	24	19	25	19	19	19	19	25	31	32	32	32	32	32	32	32	32	32	32	32
9 Christian Fittipaldi	31	20	20	20	19	19	19	19	19	19	25	19	31	31	31	31	31	32	25	31	31	31	31	31	31	31	31	31	31
12 Johnny Herbert	25	31	19	19	31	31	31	25	25	25	31	31	32	32	32	32	32	25	31	④									
20 Erik Comas	19	19	31	31	⑩	25	25	31	31	31	㉙	32																	
25 Eric Bernard	2	25	25	⑪	25	32	32	32	32	32	32																		
19 Olivier Beretta	32	11	11	25	32																								
31 David Brabham	11	32	32	32																									
32 Jean-Marc Gounon																													

32	33	34	35	36	37	38	39	40	41	42	43	44	45	46	47	48	49	50	51	52	53	54	55	56	57	58	59	60	61	62	63	64	65	66	67	68	69	70	71	72
5	5	5	5	5	5	0	0	0	0	0	0	0	5	5	5	5	5	5	5	5	5	5	5	5	5	5	5	5	5	5	5	5	5	5	5	5	5	5	5	5
0	0	0	0	0	0	5	5	5	5	5	5	5	0	0	0	0	0	0	0	0	0	0	0	0	0	0	0	0	0	0	0	0	0	0	0	0	0	0	0	0
27	27	27	27	28	28	28	28	28	28	28	28	28	(2)	28	28	28	28	28	28	28	28	28	28	28	28	28	28	28	28	28	28	28	28	28	28	28	28	28	28	28
28	28	28	28	27	27	27	27	27	(27)	2	2	2	28	30	7	(7)	30	30	30	30	30	30	30	30	30	30	30	30	30	30	30	30	30	30	30	30	30	30	30	
14	14	14	14	14	14	14	14	14	(14)	7	7	7	30	7	30	30	3	3	3	3	(3)	23	23	23	23	23	23	23	23	23	23	23	23	23	23	23	23	23		
2	2	2	2	2	2	2	2	2	2	30	30	30	7	29	3	3	9	9	9	9	9	29	29	29	29	29	29	29	29	29	29	29	29	29	29	29	29	29		
7	7	7	7	7	7	7	7	7	7	29	29	29	29	23	12	9	23	23	23	23	23	9	9	9	9	9	9	12	12	12	12	12	12	12	12	12	12	12		
30	30	30	30	30	30	30	30	30	30	3	23	23	23	12	9	23	29	29	29	29	29	12	12	12	12	12	12	9	9	9	9	9	9	9	9	9	9	9		
29	29	29	29	29	29	29	29	29	29	23	3	12	12	9	23	29	12	12	12	12	12	20	20	20	20	20	20	20	20	20	20	20	20	20	32	32				
3	3	3	3	3	3	3	3	3	3	9	12	9	9	3	29	12	20	20	20	20	20	32	32	32	32	32	32	32	32	32	32	32	32	32	4					
23	23	23	23	23	23	23	23	23	23	12	9	3	3	20	20	20	32	32	32	32	32	4	4	4	4	4	4	4	4	4	4	4	4	4						
9	9	9	9	9	9	9	9	9	9	20	20	20	20	32	32	32	4	4	4	4	4																			
12	12	12	12	12	12	12	12	12	12	32	32	32	32	4	4	4																								
19	25	25	25	25	25	25	25	20	20	4	4	4	4																											
25	20	20	20	20	20	20	20	(25)	32																															
4	19	19	19	(19)	32	32	32	32	4																															
20	32	32	32	32	4	4	4	4																																
32	4	4	4	4																																				

WERTUNGSPUNKTE

Fahrer: Schumacher 66, Hill 29, Berger 17, Alesi 13, Barrichello 7, Larini 6, Brundle 6, Frentzen 5, Blundell 4, Häkkinen 4, de Cesaris 4, Wendlinger 4, Katayama 4, Martini 4, Fittipaldi 3, Coulthard 2, JJ Lehto 1, Alboreto 1, Irvine 1, Comas 1

Konstrukteure: Benetton 67, Ferrari 36, Williams 31, Jordan 11, McLaren 10, Sauber 10, Tyrrell 8, Minardi 5, Arrows 3, Larrousse 1

32	33	34	35	36	37	38	39	40	41	42	43	44	45	46	47	48	49	50	51	52	53	54	55	56	57	58	59	60
0	0	0	0	0	0	0	0	0	0	0	0	0	0	0	0	0	0	0	0	0	0	0	0	0	0	0	0	0
5	5	5	5	5	5	5	5	5	5	5	5	5	5	5	5	5	5	5	5	5	5	5	5	5	5	5	5	5
14	14	14	14	14	14	14	14	14	14	27	27	27	27	27	27	27	27	27	27	27	27	27	27	27	27	27	27	27
27	27	27	27	27	27	27	27	27	27	7	7	7	7	7	7	7	7	7	7	7	7	7	7	7	7	7	7	7
7	2	2	2	2	2	2	7	7	7	14	14	14	14	14	14	14	14	14	14	14	14	14	14	14	14	14	14	14
2	7	7	7	7	7	7	2	6	6	30	2	2	2	2	2	2	2	2	2	2	2	2	2	2	2	2	2	
3	3	3	3	3	3	3	6	30	30	2	30	30	30	30	30	30	30	30	30	30	30	30	30	30	30	30	3	
6	6	6	6	6	6	6	30	2	2	3	3	3	3	3	3	3	3	3	3	3	3	3	3	3	3	3	30	
30	30	30	30	30	30	30	3	3	3	6	6	6	6	6	6	6	6	6	6	6	6	6	6	6	6	6	6	
(28)	9	9	9	9	9	9	9	9	9	9	9	9	9	9	9	9	9	9	9	9	9	9	9	9	9	9		
9	23	23	23	23	23	23	23	23	23	23	23	23	23	23	23	23	23	23	23	23	23	23	23	23	23	23		
23	12	12	12	12	12	12	12	12	12	12	12	12	12	12	12	12	12	12	12	12	12	12	12	12	12	12		
12	26	24	24	24	24	24	24	24	24	24	24	24	24	24	24	(24)	26	26	26	26	26	26	26	26	26	26		
26	24	26	25	25	25	25	25	26	26	26	26	26	26	26	26	26	19	19	19	19	19	25	25	25	25	25		
24	25	25	19	19	26	26	26	19	19	19	19	19	19	19	19	19	25	25	25	25	25	19	19	19	19	19		
25	19	19	26	26	19	19	19	25	25	25	25	25	25	25	25	25	32	31	31	31	31	31	31	31	31			
19	31	31	31	31	31	32	32	32	32	32	32	32	32	32	32	32	31	32	32	32	32	32	32	32	32			
31	32	32	32	32	32	31	31	31	31	31	31	31	31	31	31	31												
32																												

WERTUNGSPUNKTE

Fahrer: Schumacher 66, Hill 39, Alesi 19, Berger 17, Barrichello 10, Häkkinen 8, Larini 6, Brundle 6, Frentzen 5, Katayama 5, Blundell 4, de Cesaris 4, Wendlinger 4, Martini 4, Coulthard 4, Fittipaldi 3, JJ Lehto 1, Alboreto 1, Irvine 1, Comas 1

Konstrukteure: Benetton 67, Williams 43, Ferrari 42, McLaren 14, Jordan 14, Sauber 10, Tyrrell 9, Minardi 5, Arrows 3, Larrousse 1

GP Deutschland

RUNDENTABELLE	1	2	3	4	5	6	7	8	9	10	11	12	13	14	15	16	17	18	19	20	21	22	23	24	25	26	27	28	29
28 Gerhard Berger	28	28	28	28	28	28	28	28	28	28	28	28	28	28	28	28	28	28	28	28	28	28	28	28	28	28	28	28	28
27 Jean Alesi	5	5	5	5	5	5	5	5	5	5	5	5	26	5	5	5	5	5	5	26	26	25	25	26	26	26	26	26	26
0 Damon Hill	3	3	3	3	3	26	26	26	26	26	26	26	25	26	26	26	26	26	26	25	25	26	26	25	25	25	25	25	25
5 Michael Schumacher	26	26	26	26	26	25	25	25	25	25	25	25	5	25	25	25	25	25	25	⑤	9	9	9	9	9	9	9	9	9
3 Ukyo Katayama	6	25	25	25	25	6	6	6	6	6	6	6	6	6	⑥	9	9	9	9	9	20	10	10	10	10	10	10	10	10
2 David Coulthard	25	6	6	6	6	10	10	10	10	8	8	8	10	9	9	20	8	8	⑧	20	10	20	20	20	20	20	20	20	20
4 Mark Blundell	10	10	10	10	10	9	8	8	8	10	10	10	9	10	20	8	20	20	20	10	19	19	19	19	19	19	19	19	19
7 Mika Häkkinen	9	9	9	9	9	8	9	9	9	9	9	9	20	20	8	19	19	19	19	19	31	32	31	31	31	31	31	31	31
30 Heinz-Harald Frentzen	20	20	20	20	20	20	20	20	20	20	20	20	19	19	19	10	10	10	10	31	32	31	32	32	32	32	32	0	0
15 Eddie Irvine	19	19	19	8	8	19	19	19	19	19	19	19	8	8	10	31	31	31	31	32	0	0	0	0	0	0	0	32	32
14 Rubens Barrichello	31	31	8	19	19	31	31	31	31	31	31	31	31	31	31	32	32	32	32	0									
26 Olivier Panis	2	8	31	31	31	32	32	32	32	32	32	32	32	32	32	2	0	0	0										
8 Martin Brundle	8	32	32	32	32	③	2	2	2	2	2	2	2	2	2	0	②												
25 Eric Bernard	0	2	2	2	2	2	0	0	0	0	0	0	0	0	0														
12 Johnny Herbert	32	0	0	0	0	0																							
10 Gianni Morbidelli																													
9 Christian Fittipaldi																													
29 Andrea de Cesaris																													
6 Jos Verstappen																													
23 Pierluigi Martini																													
11 Alessandro Zanardi																													
20 Erik Comas																													
24 Michele Alboreto																													
19 Olivier Beretta																													
31 David Brabham																													
32 Jean-Marc Gounon																													

GP Ungarn

RUNDENTABELLE	1	2	3	4	5	6	7	8	9	10	11	12	13	14	15	16	17	18	19	20	21	22	23	24	25	26	27	28	29
5 Michael Schumacher	5	5	5	5	5	5	5	5	5	5	5	5	5	5	5	5	0	0	0	0	0	0	0	0	0	5	5	5	5
0 Damon Hill	0	0	0	0	0	0	0	0	0	0	0	0	0	0	0	0	5	5	5	5	5	5	5	5	5	0	0	0	0
2 David Coulthard	2	2	2	2	2	2	2	2	2	2	2	2	2	2	2	2	2	2	2	2	28	28	28	28	28	28	28	28	28
28 Gerhard Berger	28	28	28	28	28	28	28	28	28	28	28	28	28	28	28	28	28	28	28	28	27	27	27	27	26	26	2	2	2
3 Ukyo Katayama	8	8	8	8	8	8	8	8	8	8	8	8	8	8	8	8	8	8	27	27	26	26	26	26	2	2	4	4	4
8 Martin Brundle	26	26	26	26	26	26	26	26	26	26	26	26	27	27	27	27	27	27	8	26	2	2	2	2	30	4	8	8	8
15 Eddie Irvine	27	27	27	27	27	27	27	27	27	27	27	27	26	26	26	26	26	26	26	30	30	30	30	30	4	30	26	27	27
30 Heinz-Harald Frentzen	30	30	30	30	30	30	30	30	30	30	30	30	30	30	30	30	30	30	30	6	6	6	6	6	6	8	27	6	6
26 Olivier Panis	6	6	6	6	6	6	6	6	6	6	6	6	6	6	6	6	6	6	6	4	4	4	4	4	23	23	6	24	26
14 Rubens Barrichello	4	4	4	4	4	4	4	4	4	4	4	4	4	4	4	4	4	4	4	23	23	23	23	23	8	27	24	26	30
4 Mark Blundell	23	23	23	23	23	23	23	23	23	23	23	23	23	23	23	23	23	23	23	8	8	8	8	8	27	6	30	30	23
6 Jos Verstappen	7	7	7	7	7	7	7	7	7	7	7	7	7	7	7	7	7	7	7	7	24	24	24	24	24	24	23	23	24
27 Jean Alesi	29	29	29	29	29	29	29	29	29	29	29	29	29	29	29	24	24	24	24	24	⑦	31	31	31	31	12	12	12	12
7 Philippe Alliot	24	24	24	24	20	20	20	20	20	20	20	20	20	20	20	10	10	10	10	10	31	12	12	12	12	9	9	9	9
23 Pierluigi Martini	20	20	20	20	24	24	24	24	24	24	24	24	24	24	24	29	31	31	31	31	12	9	9	9	9	20	20	20	20
9 Christian Fittipaldi	10	10	10	10	10	10	10	10	10	10	10	10	10	10	10	20	12	12	12	12	0	20	20	20	20	20	20	20	20
29 Andrea de Cesaris	31	31	31	31	31	31	31	31	31	31	31	31	31	31	31	31	25	9	9	9	29	29	29	29	29	10	10	10	10
25 Eric Bernard	25	12	12	12	12	12	12	12	12	12	12	12	12	12	12	12	9	19	29	29	20	10	10	10	10	25	25	25	25
10 Gianni Morbidelli	12	25	25	25	25	25	25	25	25	25	25	25	25	25	25	25	19	29	20	20	10	25	25	25	25	19	19	19	19
24 Michele Alboreto	9	9	9	9	9	9	9	9	9	9	9	9	9	9	9	9	29	20	19	25	25	19	19	19	19	31	31	31	31
20 Erik Comas	19	19	19	19	19	19	19	19	19	19	19	19	19	19	19	19	20	25	25	19	19	11	11	11	11	11	11	11	11
11 Alessandro Zanardi	32	32	32	32	32	32	32	32	㉜	11	11	11	11	11	11	11	11	11	11	11	11								
31 David Brabham	11	11	11	11	11	11	11	11	11																				
12 Johnny Herbert																													
19 Olivier Beretta																													
32 Jean-Marc Gounon																													

32	33	34	35	36	37	38	39	40	41	42	43	44	45
28	28	28	28	28	28	28	28	28	28	28	28	28	28
26	26	26	26	26	26	26	26	26	26	26	26	26	26
25	25	25	25	25	25	25	25	25	25	25	25	25	25
9	9	9	9	9	9	9	9	9	9	9	9	9	9
10	10	10	10	10	10	10	10	10	10	10	10	10	10
20	20	20	20	20	20	20	20	20	20	20	20	20	20
19	19	19	19	19	19	19	19	19	19	19	19	19	
0	0	0	0	0	0	0	0	0	0	0	0	0	
31	31	31	31	31	(31)	32	(32)						
32	32	32	32	32	32								

WERTUNGSPUNKTE

Fahrer: Schumacher 66, Hill 39, Berger 27, Alesi 19, Barrichello 10, Häkkinen 8, Panis 6, Brundle 6, Larini 6, Fittipaldi 6, Frentzen 5, Katayama 5, Bernard 4, Blundell 4, de Cesaris 4, Wendlinger 4, Martini 4, Coulthard 4, Morbidelli 2, Comas 2, JJ Lehto 1, Alboreto 1, Irvine 1

Konstrukteure: Benetton 67, Ferrari 52, Williams 43, McLaren 14, Jordan 14, Ligier 10, Sauber 10, Tyrrell 9, Arrows 8, Minardi 5, Larrousse 2

32	33	34	35	36	37	38	39	40	41	42	43	44	45	46	47	48	49	50	51	52	53	54	55	56	57	58	59	60	61	62	63	64	65	66	67	68	69	70	71	72	73	74	75	76	77
5	5	5	5	5	5	5	5	5	5	5	5	5	5	5	5	5	5	5	5	5	5	5	5	5	5	5	5	5	5	5	5	5	5	5	5	5	5	5	5	5	5	5	5	5	5
0	0	0	0	0	0	0	0	0	0	0	0	0	0	0	0	0	0	0	0	0	0	0	0	0	0	0	0	0	0	0	0	0	0	0	0	0	0	0	0	0	0	0	0	0	0
28	2	2	2	2	2	2	2	2	2	2	2	2	2	2	2	27	27	27	27	2	2	2	2	2	2	2	(2)	8	8	8	8	8	8	8	8	8	8	8	8	8	8	8	8	8	6
2	8	8	8	8	8	8	8	8	8	8	8	8	8	8	27	2	6	6	6	8	8	8	8	8	8	8	8	6	6	6	6	6	6	6	6	6	6	6	6	6	6	6	6	6	
4	27	27	27	27	27	27	27	27	27	27	27	27	27	27	8	6	2	2	2	27	27	27	27	27	27	(27)	6	28	28	28	28	28	28	28	28	28	28	28	28	28	4	4	4	4	
8	6	6	6	6	6	6	6	6	6	6	6	6	6	6	6	26	26	8	8	6	6	6	6	6	6	6	28	4	4	4	4	4	4	4	4	4	4	4	4	4	26	26	26	26	
27	4	28	28	28	28	26	26	26	26	26	26	26	26	26	26	8	8	26	28	28	28	28	28	28	28	28	4	26	26	26	26	26	26	26	26	26	26	26	26	26	24	24	24		
6	28	26	26	26	26	28	28	28	28	28	28	28	28	28	28	28	28	28	4	4	4	4	4	4	4	4	26	24	24	24	24	24	24	24	24	24	24	24	24	24	20	20	20		
26	26	30	30	30	30	30	(30)	23	23	23	23	23	23	23	23	23	23	4	26	26	26	26	26	26	26	26	24	20	20	20	20	20	20	20	20	20	20	20	20	20	19	19	19		
30	30	23	23	23	23	23	23	4	4	4	4	4	4	4	4	4	4	23	24	24	24	24	23	23	23	(23)	20	9	9	9	9	9	9	9	9	9	9	19	19	19	25	25	25		
23	23	4	4	4	4	4	4	24	24	24	24	24	24	24	24	24	24	24	23	23	23	23	24	24	24	24	9	19	19	19	19	19	19	19	19	19	19	25	25	25	31	31			
24	24	24	24	24	24	24	24	20	20	19	19	19	19	20	20	20	20	20	20	20	20	20	20	20	20	20	19	25	25	25	25	25	25	25	25	25	25	31	31	31					
12	12	(12)	9	9	20	20	20	19	19	31	31	31	20	31	31	31	31	31	9	9	9	9	9	9	9	9	25	31	31	31	31	31	31	31	31	31	31	11	11	11					
9	9	9	20	20	25	19	19	31	31	20	20	20	31	9	9	9	9	9	19	19	19	19	19	19	19	19	31	11	11	11	11	11	11	11	11	11	11								
20	20	20	25	25	19	31	31	9	9	9	9	9	9	19	19	19	19	19	25	25	25	25	25	25	25	25	11																		
25	25	25	19	19	31	25	9	25	25	25	25	25	25	25	25	25	25	25	31	31	31	31	31	31	31	31																			
19	19	19	31	31	9	9	25	11	11	11	11	11	11	11	11	11	11	11	11	11	11	11	11	11	11	11																			
31	31	31	11	11	11	11	11																																						
11	11	11																																											

WERTUNGSPUNKTE

Fahrer: Schumacher 76, Hill 45, Berger 27, Alesi 19, Barrichello 10, Brundle 9, Häkkinen 8, Panis 7, Larini 6, Blundell 6, Fittipaldi 6, Frentzen 5, Katayama 5, Verstappen 4, Bernard 4, de Cesaris 4, Wendlinger 4, Martini 4, Coulthard 4, Morbidelli 2, Comas 2, JJ Lehto 1, Alboreto 1, Irvine 1

Konstrukteure: Benetton 81, Ferrari 52, Williams 49, McLaren 17, Jordan 14, Tyrrell 11, Ligier 11, Sauber 10, Arrows 8, Minardi 5, Larrousse 2

GP Belgien

RUNDENTABELLE	1	2	3	4	5	6	7	8	9	10	11	12	13	14	15	16	17	18	19	20	21	22	23	24	25	26	27	28	29
14 Rubens Barrichello	5	5	5	5	5	5	5	5	5	5	5	5	5	5	5	5	5	5	5	5	5	5	5	5	5	5	5	5	2
5 Michael Schumacher	27	(27)	0	0	0	0	0	0	0	0	0	2	2	14	14	14	14	2	2	2	2	2	2	2	2	2	2	2	5
0 Damon Hill	14	14	2	2	2	2	2	2	2	2	2	0	14	2	2	2	2	0	0	0	0	0	0	0	0	0	0	0	0
15 Eddie Irvine	0	0	7	7	7	7	7	7	7	7	7	14	0	0	0	0	0	14	7	7	7	7	7	7	7	7	7	7	7
27 Jean Alesi	2	2	14	14	14	14	14	14	14	14	14	6	7	7	7	7	7	7	(14)	8	8	8	8	(8)	6	6	6	6	6
6 Jos Verstappen	7	7	6	6	6	30	30	30	30	(30)	(28)	7	6	6	6	8	8	8	8	6	6	6	6	6	4	4	4	4	15
2 David Coulthard	6	6	30	30	30	6	6	6	28	28	6	15	15	15	15	6	6	6	6	4	4	4	4	4	15	15	15	15	4
7 Mika Häkkinen	15	30	15	28	28	28	28	28	6	6	8	8	3	8	8	4	4	4	4	15	15	15	15	15	26	26	26	26	26
30 Heinz-Harald Frentzen	30	15	28	15	15	15	15	15	15	8	15	3	8	3	4	15	15	15	15	10	26	26	26	26	23	23	23	10	10
23 Pierluigi Martini	8	28	8	8	8	8	8	8	8	15	4	26	26	4	26	26	3	(3)	10	26	23	23	23	23	10	10	10	24	24
28 Gerhard Berger	28	8	4	4	4	4	4	4	4	4	3	23	4	26	10	3	10	10	26	23	9	9	9	10	24	24	24	23	23
4 Mark Blundell	23	23	23	23	23	26	26	26	3	3	26	4	23	10	3	10	26	26	23	9	10	10	10	24	29	29	(29)	9	9
8 Martin Brundle	4	4	10	26	26	23	23	3	26	26	23	10	10	29	29	29	29	23	9	24	24	24	24	9	9	9	9	25	25
10 Gianni Morbidelli	10	10	26	10	10	10	3	23	23	23	10	29	29	24	24	25	23	9	24	29	29	29	29	29	25	25	25	31	(31)
29 Andrea de Cesaris	29	29	29	29	29	3	10	10	10	10	29	24	24	23	25	23	9	24	29	25	25	25	25	25	31	31	31	32	32
25 Eric Bernard	26	26	25	25	3	29	29	29	29	29	24	25	25	25	23	9	24	29	25	32	32	32	31	31	32	32	32	12	12
26 Olivier Panis	25	25	24	3	25	25	25	25	25	25	25	9	9	9	9	24	25	25	32	31	31	31	32	32	12	12	12		
24 Michele Alboreto	24	24	3	24	24	24	24	24	24	24	9	31	31	31	31	32	32	32	31	12	12	12	12	12					
19 Philippe Alliot	20	3	(20)	9	9	9	9	9	9	9	(19)	11	11	11	(11)	31	31	31	12										
12 Johnny Herbert	3	20	9	12	12	31	31	31	31	31	31	32	32	32	32	12	12	12											
31 David Brabham	19	31	31	31	31	19	19	19	19	19	11	12	12	12	12														
20 Erik Comas	31	19	12	19	19	11	11	11	11	11	32																		
3 Ukyo Katayama	32	9	19	11	11	32	32	32	32	32	12																		
9 Christian Fittipaldi	9	12	32	32	32	12	12	12	12	12																			
32 Jean-Marc Gounon	11	32	11																										
11 Philippe Adams	12	11																											

GP Italien

RUNDENTABELLE	1	2	3	4	5	6	7	8	9	10	11	12	13	14	15	16	17	18	19	20	21	22	23	24	25	26	27	28	29
27 Jean Alesi	27	27	27	27	27	27	27	27	27	27	27	27	27	(27)	28	28	28	28	28	28	28	28	28	0	2	7	2	2	0
28 Gerhard Berger	28	28	28	28	28	28	28	28	28	28	28	28	28	28	0	0	0	0	0	0	0	0	0	2	7	2	0	0	2
0 Damon Hill	0	0	0	0	0	0	0	0	0	0	0	0	0	0	2	2	2	2	2	2	2	2	2	7	0	0	28	28	28
12 Johnny Herbert	2	2	2	2	2	2	2	2	2	2	2	2	2	2	7	7	7	7	7	7	7	7	7	28	28	28	7	7	7
2 David Coulthard	7	7	7	3	3	3	3	3	3	3	3	7	7	7	30	30	30	30	30	30	30	(30)	8	9	3	3	3	3	3
26 Olivier Panis	30	30	3	7	7	7	7	7	7	7	7	30	30	30	14	14	14	14	14	14	14	14	14	3	9	9	9	9	9
7 Mika Häkkinen	3	3	30	30	30	30	30	30	30	30	30	14	14	14	5	5	8	8	8	8	8	8	9	14	14	14	14	14	14
29 Andrea de Cesaris	29	29	29	14	14	14	14	14	14	14	14	5	5	5	8	8	29	29	29	(29)	9	9	3	20	20	4	4	4	4
15 Eddie Irvine	14	14	14	29	29	29	4	4	4	5	5	29	8	8	29	29	9	9	9	9	23	3	23	4	4	8	8	8	8
6 Jos Verstappen	8	8	8	8	8	4	29	29	29	29	29	8	29	29	9	9	23	23	23	23	3	23	20	15	15	23	23	23	23
30 Heinz-Harald Frentzen	5	5	5	5	4	8	5	5	5	8	8	9	9	9	23	23	20	20	3	3	20	20	15	25	25	20	20	20	20
25 Eric Bernard	4	4	4	4	5	5	8	8	8	9	9	23	23	23	20	20	3	3	20	20	15	15	4	8	8	15	15	15	15
11 Alessandro Zanardi	9	9	9	9	9	9	9	9	9	23	23	20	20	20	15	15	15	15	15	15	4	4	25	24	24	25	25	25	25
3 Ukyo Katayama	23	23	23	23	23	23	23	23	23	20	20	12	(12)	15	3	3	5	24	4	4	25	25	24	23	23	24	5	5	5
8 Martin Brundle	20	20	20	20	20	20	20	20	20	12	12	24	15	3	24	24	24	4	24	24	24	24	5	5	5	5	24	(24)	31
14 Rubens Barrichello	24	24	24	24	24	24	24	12	12	24	24	15	3	24	19	19	19	(19)	25	25	5	5	31	31	31	31	31	31	26
10 Gianni Morbidelli	19	19	12	12	12	12	12	24	24	15	15	3	24	19	4	4	4	25	5	5	31	31	26	26	26	26	26	26	
23 Pierluigi Martini	31	12	19	15	15	15	15	15	15	19	19	19	19	31	25	25	25	5	31	31	26	26							
9 Christian Fittipaldi	12	31	15	19	19	19	19	19	19	31	31	31	31	4	31	31	31	31	32	26									
5 JJ Lehto	32	15	31	31	31	31	31	31	31	32	32	4	4	25	32	32	32	32	26	(32)									
4 Mark Blundell	15	32	32	32	32	32	32	32	32	4	4	25	25	32	26	26	26	26											
24 Michele Alboreto	25	25	25	25	25	25	25	25	25	25	25	32	32	26															
19 Yannick Dalmas	26	26	26	26	26	26	26	26	26	26	26	26	26																
20 Erik Comas																													
32 Jean-Marc Gounon																													
31 David Brabham																													

32	33	34	35	36	37	38	39	40	41	42	43	44
5	5	5	5	5	5	5	5	5	5	5	5	5
2	2	2	2	2	0	0	0	0	0	0	0	0
0	0	0	0	0	2	7	7	7	7	7	7	7
7	7	7	7	7	7	2	2	6	6	6	6	6
6	6	6	6	6	6	6	6	4	2	2	2	2
4	4	4	4	4	4	4	4	2	4	4	4	
15	15	15	15	15	15	15	15	15	10	10	10	
10	10	10	10	10	10	10	10	10	26	26	26	
26	26	26	26	26	26	26	26	26	23	23	23	
23	23	23	23	23	23	23	23	23	24	24	24	
9	(9)	24	24	24	24	24	24	24	25	25		
24	24	25	25	25	25	25	25	25	32	32		
25	25	32	32	32	32	32	32	32	12			
32	32	12	12	12	12	12	12	12				
12	12											

WERTUNGSPUNKTE:

Fahrer: Schumacher 76, Hill 55, Berger 27, Alesi 19, Häkkinen 14, Barrichello 10, Brundle 9, Verstappen 8, Blundell 8, Panis 7, Coulthard 7, Larini 6, Fittipaldi 6, Frentzen 5, Katayama 5, Bernard 4, Wendlinger 4, de Cesaris 4, Martini 4, Morbidelli 3, Comas 2, Alboreto 1, Irvine 1, JJ Lehto 1

Konstrukteure: Benetton 85, Williams 62, Ferrari 52, McLaren 23, Jordan 14, Tyrrell 13, Ligier 11, Sauber 10, Arrows 9, Minardi 5, Larrousse 2

32	33	34	35	36	37	38	39	40	41	42	43	44	45	46	47	48	49	50	51	52	53
0	0	0	0	0	0	0	0	0	0	0	0	0	0	0	0	0	0	0	0	0	0
2	2	2	2	2	2	2	2	2	2	2	2	2	2	2	2	2	2	2	2	2	28
28	28	28	28	28	28	28	28	28	28	28	28	28	28	28	28	28	28	28	28	28	7
7	3	7	7	7	7	7	7	7	7	7	7	7	7	7	7	7	7	7	7	7	14
3	7	14	14	14	14	14	3	3	3	3	3	3	(3)	14	14	14	14	14	14	14	8
14	14	3	3	3	3	3	14	14	14	14	14	14	14	8	8	8	8	8	8	8	
4	4	4	4	4	4	4	(4)	9	9	9	(9)	8	8	25	25	25	25	25	25	25	
9	9	9	9	9	9	9	9	8	8	8	8	25	25	20	20	20	20	20	20	20	
8	8	8	8	8	8	8	8	20	20	20	20	20	20	5	5	5	5	5	5	5	
20	20	20	20	20	20	20	20	15	(15)	25	25	5	5	(31)	26	26	26	26	26		
15	15	15	15	15	15	15	15	25	25	5	5	31	31	26							
25	25	25	25	25	25	25	25	5	5	31	31	26	26								
5	5	5	5	5	5	5	5	31	31	26	26										
31	31	31	31	26	26	31	31	26	26												
26	26	26	26	31	31	26	26														

WERTUNGSPUNKT

Fahrer: Schumacher 76, Hill 75, Berger 33, Häkkinen 22, Alesi 19, Barrichello 16, Coulthard 14, Brundle 12, Verstappen 10, Blundell 8, Panis 7, Larini 6, Fittipaldi 6, Frentzen 5, Katayama 5, Bernard 4, Wendlinger 4, de Cesaris 4, Martini 4, Morbidelli 3, Comas 2, Alboreto 1, Irvine 1, JJ Lehto 1

Konstrukteure: Williams 89, Benetton 87, Ferrari 58, McLaren 34, Jordan 20, Tyrrell 13, Ligier 11, Sauber 10, Arrows 9,, Minardi 5, Larrousse 2

GP Portugal

RUNDENTABELLE	1	2	3	4	5	6	7	8	9	10	11	12	13	14	15	16	17	18	19	20	21	22	23	24	25	26	27	28	29
28 Gerhard Berger	28	28	28	28	28	28	(28)	2	2	2	2	2	2	2	2	2	2	0	27	27	27	27	14	14	14	2	2	0	0
0 Damon Hill	2	2	2	2	2	2	2	0	0	0	0	0	0	0	0	0	0	2	0	7	7	7	27	2	2	0	0	2	2
2 David Coulthard	0	0	0	0	0	0	0	27	27	27	27	27	27	27	27	27	27	27	7	14	14	14	2	0	0	14	30	30	30
7 Mika Häkkinen	27	27	27	27	27	27	27	7	7	7	7	7	7	7	7	7	7	7	14	2	2	2	7	30	30	30	27	27	27
27 Jean Alesi	7	7	7	7	7	7	7	14	14	14	14	14	14	14	14	14	14	14	2	0	0	0	0	27	27	27	7	7	7
3 Ukyo Katayama	14	14	14	14	14	14	14	30	30	30	30	30	30	30	30	30	30	30	30	30	30	30	30	7	7	7	14	14	14
8 Martin Brundle	30	30	30	30	30	30	30	6	6	6	6	6	6	6	6	6	6	6	6	6	9	9	9	9	9	9	9	9	9
14 Rubens Barrichello	6	6	6	6	6	6	6	8	8	8	8	8	8	8	8	8	8	8	8	9	15	15	26	26	6	6	6	6	6
30 Heinz-Harald Frentzen	8	8	8	8	8	8	8	9	9	9	9	9	9	9	9	9	9	4	9	15	26	26	5	6	8	8	8	8	8
6 Jos Verstappen	9	9	9	9	9	9	9	4	4	4	4	4	4	4	4	4	4	9	15	26	5	5	15	8	29	29	29	29	29
9 Christian Fittipaldi	4	4	4	4	4	4	4	15	15	15	15	15	15	15	15	15	15	15	26	8	12	6	6	5	4	26	26	26	26
4 Mark Blundell	15	15	15	15	15	15	15	26	26	26	26	26	26	26	26	26	26	26	5	5	6	8	8	29	26	4	4	4	4
15 Eddie Irvine	26	26	26	26	26	26	26	5	5	5	5	5	5	5	5	5	5	5	4	12	8	12	29	4	15	15	15	15	15
5 JJ Lehto	5	5	5	5	5	5	5	12	12	12	12	12	12	12	12	12	12	12	12	25	25	29	4	15	5	5	5	5	5
26 Olivier Panis	29	12	12	12	12	12	12	10	10	10	25	25	25	25	25	25	10	25	25	29	29	4	10	10	10	10	10	10	10
10 Gianni Morbidelli	12	29	29	10	10	10	10	25	25	25	10	10	10	10	10	10	25	29	29	4	4	25	12	12	12	12	12	12	12
29 Andrea de Cesaris	10	10	10	29	29	25	25	29	29	29	29	29	29	29	29	29	29	10	3	3	10	10	25	25	25	25	25	25	25
23 Pierluigi Martini	24	25	25	25	25	29	29	24	24	24	24	24	24	24	24	3	3	3	10	10	3	24	24	24	24	24	24	24	24
24 Michele Alboreto	25	24	24	24	24	24	24	20	20	20	20	20	20	20	20	24	24	24	24	24	24	20	20	20	20	20	19	19	19
12 Johnny Herbert	20	20	20	20	20	20	20	19	19	19	19	19	19	31	3	20	20	20	20	20	20	19	19	19	19	19	(20)	32	32
25 Eric Bernard	19	19	19	19	19	19	19	31	31	31	31	31	31	19	19	19	19	19	19	19	19	32	32	3	3	(3)	32	23	23
20 Erik Comas	31	31	31	31	31	31	31	23	32	32	32	32	32	3	32	32	32	32	32	32	32	3	3	32	32	32	23	31	31
19 Yannick Dalmas	23	23	23	23	23	23	23	32	23	23	11	3	3	32	31	11	11	11	11	11	11	11	11	11	23	23	31	11	11
31 David Brabham	32	32	32	32	32	32	32	11	11	11	3	11	11	11	11	31	31	31	31	31	31	23	23	23	11	31	11		
11 Philippe Adams	11	11	11	11	11	11	11	3	3	3	23	23	23	23	23	23	23	23	23	23	23	31	31	31	31	11			
32 Jean-Marc Gounon	3	3	3	3	3	3	3																						

GP Europa

RUNDENTABELLE	1	2	3	4	5	6	7	8	9	10	11	12	13	14	15	16	17	18	19	20	21	22	23	24	25	26	27	28	29
5 Michael Schumacher	0	0	0	0	0	0	0	0	0	0	0	0	0	0	0	0	0	5	5	5	5	5	5	5	5	5	5	5	5
0 Damon Hill	5	5	5	5	5	5	5	5	5	5	5	5	5	5	5	5	5	0	0	0	0	0	0	0	0	0	0	0	0
2 Nigel Mansell	30	30	30	30	30	30	30	30	30	30	30	30	30	30	30	30	30	30	30	30	30	30	30	30	30	30	30	30	30
30 Heinz-Harald Frentzen	14	14	14	14	14	2	2	2	2	2	2	14	14	14	14	14	14	14	14	14	15	15	15	15	15	7	7	7	7
14 Rubens Barrichello	28	2	2	2	2	14	14	14	14	14	14	2	2	2	28	28	28	15	15	15	7	7	7	7	7	15	15	15	15
28 Gerhard Berger	2	28	28	28	28	28	28	28	28	28	28	28	28	28	15	15	15	7	7	7	26	26	26	28	28	28	28	28	28
25 Johnny Herbert	15	15	15	15	15	15	15	15	15	15	15	15	15	15	25	25	25	27	27	26	3	28	28	14	14	14	14	14	14
10 Gianni Morbidelli	25	25	25	25	25	25	25	25	25	25	25	25	25	25	7	7	7	26	26	3	14	14	14	25	25	25	25	25	25
7 Mika Häkkinen	7	7	7	7	7	7	7	7	7	7	7	7	7	7	10	10	27	28	3	28	28	25	25	26	27	27	27	27	27
15 Eddie Irvine	10	10	10	10	10	10	10	10	10	10	10	10	10	10	4	27	26	20	20	25	25	27	27	27	26	26	26	26	26
26 Olivier Panis	4	4	4	4	4	4	4	4	4	4	4	4	4	4	27	26	29	3	28	27	27	10	10	10	10	10	10	10	10
6 Jos Verstappen	8	8	8	8	8	8	8	(8)	27	27	27	27	27	27	26	29	20	25	25	10	10	3	3	3	3	3	3	3	3
3 Ukyo Katayama	27	27	27	27	27	27	27	27	26	26	26	26	26	26	29	20	3	10	10	23	23	23	4	4	4	4	4	4	4
4 Mark Blundell	26	26	26	26	26	26	26	26	29	29	29	29	29	29	(6)	3	10	23	23	12	4	4	29	29	29	29	29	29	29
8 Martin Brundle	20	20	20	20	20	20	20	20	6	6	6	6	6	6	23	23	23	12	12	4	11	11	20	20	20	20	20	20	20
27 Jean Alesi	6	6	6	6	6	6	6	6	23	23	23	23	23	23	24	4	12	4	4	11	29	29	24	24	24	24	24	24	24
23 Pierluigi Martini	23	23	23	23	23	23	23	23	24	24	24	24	24	24	20	12	4	29	11	29	20	20	23	23	2	2	2	2	2
29 Andrea de Cesaris	24	24	24	24	24	24	24	24	20	20	20	20	20	20	3	11	11	11	29	20	24	24	12	2	23	23	23	23	23
9 Christian Fittipaldi	20	20	20	20	20	20	20	20	12	12	12	12	12	3	12	24	31	24	24	24	12	12	2	12	12	12	12	12	12
24 Michele Alboreto	12	12	12	12	12	12	12	12	11	11	11	3	3	12	11	31	24	2	2	2	2	2	11	11	11	11	11	11	11
12 Alessandro Zanardi	11	11	11	11	11	11	11	11	3	3	3	11	11	11	31	2	2	31	31	31	31	31	31	31	31	31	31	31	31
11 Eric Bernard	31	31	31	31	31	31	31	3	31	31	31	31	31	31	2	32	32	32	32	32	32	9	9	9	9	9	9	9	9
20 Erik Comas	32	32	32	32	32	3	3	31	32	32	32	32	32	32	32	9	9	9	9	9	9	32	32	32	32	32	32	32	32
19 Hideki Noda	3	3	3	3	3	32	32	32	19	(19)	9	9	9	9	9														
31 David Brabham	19	19	19	19	19	19	19	19	9	9																			
32 Domenico Schiattarella	9	9	9	9	9	9	9	9																					

32	33	34	35	36	37	38	39	40	41	42	43	44	45	46	47	48	49	50	51	52	53	54	55	56	57	58	59	60	61	62	63	64	65	66	67	68	69	70	71
0	0	0	0	0	0	0	0	0	0	0	0	0	0	0	0	0	0	0	0	0	0	0	0	0	0	0	0	0	0	0	0	0	0	0	0	0	0	0	0
2	2	2	2	2	2	2	2	2	2	2	2	2	2	2	2	2	2	2	2	2	2	2	2	2	2	2	2	2	2	2	2	2	2	2	2	2	2	2	2
27	27	27	27	27	27	㉗	7	7	7	7	7	7	7	7	14	14	14	7	7	7	7	7	7	7	7	7	7	7	7	7	7	7	7	7	7	7	7	7	7
7	7	7	7	7	7	7	14	14	14	14	14	14	14	14	7	7	7	14	14	14	14	14	14	14	14	14	14	14	14	14	14	14	14	14	14	14	14	14	14
14	14	14	14	14	14	14	6	6	6	6	6	6	6	6	6	6	6	6	6	6	6	6	6	6	6	6	6	6	6	6	6	6	6	6	6	6	6	6	6
9	9	6	6	6	6	6	8	8	8	8	8	8	8	8	8	8	8	8	8	8	8	8	8	8	8	8	8	8	8	8	8	8	8	8	8	8	8	8	8
6	6	9	8	8	8	8	4	4	4	4	4	4	4	4	4	5	9	9	9	4	4	4	4	4	4	4	4	4	④	9	9	9	9	15	15	15	15	15	
8	8	8	9	4	4	4	26	26	26	26	26	26	26	26	5	9	4	4	4	9	9	9	9	9	9	9	9	9	9	15	15	15	15	9	9	9	9	9	
29	29	29	29	26	26	26	15	15	15	15	15	15	15	15	15	4	26	26	26	26	26	26	26	26	26	15	15	15	15	26	26	26	26	26	26	26	26	26	
26	26	26	26	15	15	15	5	5	5	5	5	5	5	5	26	26	15	15	15	15	15	15	15	15	15	5	5	⑤	26	10	10	10	10	10	10	10	10	10	
4	4	4	4	5	5	5	10	10	10	10	10	10	9	9	9	15	5	5	5	5	5	5	5	5	5	26	26	26	10	25	25	25	25	25	25	25	25	25	
15	15	15	15	10	10	10	9	9	9	9	9	9	12	12	10	10	10	10	10	10	10	10	10	10	10	10	10	10	25	12	12	12	12	12	12	12	12	12	
5	5	5	5	9	9	9	12	12	12	12	25	25	10	10	12	29	29	29	29	29	29	25	25	25	25	25	25	25	12	23	23	23	23	23	23	23	23		
10	10	10	10	29	12	12	25	25	25	25	12	12	25	29	29	25	25	25	25	25	25	㉙	12	12	12	12	12	12	23	24	24	24	24	24	24	24	24		
12	12	12	12	12	25	25	29	29	29	29	29	29	29	25	25	12	12	12	12	12	12	12	23	23	23	23	23	23	24	19	19	19	19	19	19	19	19		
25	25	25	25	25	29	29	32	32	32	32	32	32	32	32	24	24	24	24	24	24	24	23	24	24	24	24	24	24	19	32	32	32	32	32	32				
24	24	24	24	24	24	32	24	24	24	24	24	24	24	24	32	19	19	19	23	23	23	24	19	19	19	19	19	19	32	11	11	11	11	11	11				
19	19	19	32	32	32	24	19	19	19	19	19	19	19	19	19	23	23	23	19	19	19	19	32	32	32	32	32	32	11										
32	32	32	19	19	19	19	23	23	23	23	23	23	23	23	23	32	32	32	32	32	32	32	11	11	11	11	11	11											
23	23	23	23	23	23	23	11	11	11	11	11	11	11	11	11	11	11	11	11	11	11	11																	
31	31	31	31	㉛	11	11																																	
11	11	11	11	11																																			

WERTUNGSPUNKTE

Fahrer: Schumacher 76, Hill 75, Berger 33, Häkkinen 22, Alesi 19, Barrichello 16, Coulthard 14, Brundle 12, Verstappen 10, Blundell 8, Panis 7, Larini 6, Fittipaldi 6, Frentzen 5, Katayama 5, Bernard 4, Wendlinger 4, de Cesaris 4, Martini 4, Morbidelli 3, Comas 2, Alboreto 1, Irvine 1, JJ Lehto 1

Konstrukteure: Williams 89, Benetton 87, Ferrari 58, McLaren 34, Jordan 20, Tyrrell 13, Ligier 11, Sauber 10, Arrows 9, Minardi 5, Larrousse 2

32	33	34	35	36	37	38	39	40	41	42	43	44	45	46	47	48	49	50	51	52	53	54	55	56	57	58	59	60	61	62	63	64	65	66	67	68	69
5	0	0	5	5	5	5	5	5	5	5	5	5	5	5	5	5	5	5	5	5	5	5	5	5	5	5	5	5	5	5	5	5	5	5	5	5	5
0	5	5	0	0	0	0	0	0	0	0	0	0	0	0	0	0	0	0	0	0	0	0	0	0	0	0	0	0	0	0	0	0	0	0	0	0	0
30	7	7	7	7	7	7	7	7	15	15	15	15	15	15	15	15	7	7	7	7	7	7	7	7	7	7	7	7	7	7	7	7	7	7	7	7	7
7	15	15	15	15	15	15	15	15	28	14	14	14	14	14	7	7	15	15	15	15	15	15	15	15	15	15	15	15	15	15	15	15	15	15	15	15	15
15	28	28	28	28	28	28	28	28	14	7	7	7	7	7	14	14	14	14	14	14	14	14	14	14	14	14	28	28	28	28	28	28	28	28	28	28	
28	30	14	14	14	14	14	14	14	7	28	28	28	28	28	28	28	28	28	28	28	28	28	28	28	28	28	14	30	30	30	30	30	30	30	30	30	
14	14	30	30	30	30	30	30	30	30	30	30	30	30	30	30	30	30	30	30	30	30	30	30	30	30	30	30	3	3	3	3	3	3	3	3	3	
25	25	25	25	25	25	25	25	25	26	26	4	4	10	10	10	10	10	10	10	3	3	3	3	3	3	3	3	25	25	25	25	25	25	25	25	25	
27	27	26	26	26	26	26	26	26	27	27	10	10	3	3	3	3	3	3	3	25	25	25	25	25	25	25	25	26	26	26	26	26	26	26	26	26	
26	26	27	27	27	27	27	27	27	4	4	26	3	25	25	25	25	25	25	25	26	26	26	26	26	26	26	26	27	27	27	27	27	27	27	27	27	
10	10	10	3	3	3	3	3	4	25	10	3	25	26	26	26	26	26	26	26	27	27	27	27	27	27	27	27	10	10	10	10	10	10	10	10	10	
3	3	3	4	4	4	4	4	3	10	3	25	26	27	27	27	27	27	27	27	10	10	10	10	10	10	10	10	4	4	4	4	4	4	4	14	14	
4	4	4	10	10	10	10	10	10	3	25	27	27	4	4	4	4	4	4	4	4	4	4	4	4	4	4	4	14	14	14	14	14	14	14	4	4	
29	29	29	2	2	2	2	2	2	2	2	2	2	24	24	24	24	24	24	24	24	24	24	24	24	24	24	24	24	24	24	24	24	24	24	24		
20	2	2	29	29	㉙	23	23	23	23	23	23	23	2	2	②	23	23	23	23	23	23	23	23	23	23	23	23	23	23	23	23	23	23	23	23		
2	20	20	20	20	⑳	12	12	12	12	12	12	24	23	23	23	12	12	12	12	12	12	12	12	12	12	12	12	12	12	12	12	12	12	12	12		
24	24	23	23	23	23	24	24	24	24	24	24	12	12	12	12	9	9	9	9	9	9	9	9	9	9	9	9	9	9	9	9	9	9	9			
23	23	12	12	12	12	11	11	11	11	11	11	11	11	9	9	11	11	11	11	11	11	11	11	11	11	11	11	11	11	11	11	11	11	11			
12	12	24	24	24	24	31	31	9	9	9	9	9	9	11	11	32	32	32	32	32	32	32	32	32	32	32	32	32	32	32	32	32					
11	11	11	11	11	11	9	9	31	31	㉛	32	32	32	32	32																						
31	31	31	31	31	31	32	32	32	32	32																											
9	9	9	9	9	9																																
32	32	32	32	32	32																																

WERTUNGSPUNKTE

Fahrer: Schumacher 86, Hill 81, Berger 35, Häkkinen 26, Alesi 19, Barrichello 16, Coulthard 14, Brundle 12, Verstappen 10, Blundell 8, Panis 7, Larini 6, Fittipaldi 6, Frentzen 6, Katayama 5, Bernard 4, Wendlinger 4, de Cesaris 4, Irvine 4, Martini 4, Morbidelli 3, Alboreto 1, JJ Lehto 1

Konstrukteure: Benetton 97, Williams 95, Ferrari 60, McLaren 38, Jordan 23, Tyrrell 13, Ligier 11, Sauber 11, Arrows 9, Minardi 5, Comas 2, Larrousse 2

GP Japan

RUNDENTABELLE	1	2	3	4	5	6	7	8	9	10	11	12	13	14	15	16	17	18	19	20	21	22	23	24	25	26	27	28	29	30	31
5 Michael Schumacher	5	5	5	5	5	5	5	5	5	5	5	5	5	5	5	5	5	5	0	0	0	0	0	0	0	0	0	0	0	0	0
0 Damon Hill	0	0	0	0	0	0	0	0	0	0	0	0	0	0	0	0	0	0	5	5	5	27	27	27	27	27	27	27	27	5	5
30 Heinz-Harald Frentzen	30	6	⑥	27	27	27	27	27	27	27	27	27	27	27	27	27	27	27	27	27	27	5	5	5	5	5	5	5	5	27	27
2 Nigel Mansell	6	27	27	2	2	2	2	2	2	2	2	2	2	2	2	2	2	2	2	2	2	2	2	2	2	2	2	2	2	2	2
6 Johnny Herbert	27	2	2	30	30	30	30	30	30	30	30	30	30	30	30	30	30	30	30	30	7	7	7	7	7	7	7	15	15	15	15
15 Eddie Irvine	2	30	30	8	8	8	8	8	8	8	8	8	⑧	7	7	7	7	7	7	7	4	30	15	15	15	15	15	7	7	7	7
27 Jean Alesi	15	8	8	7	7	7	7	7	7	7	7	7	7	4	4	4	4	4	4	4	30	15	30	30	30	30	30	30	30	30	30
7 Mika Häkkinen	8	7	7	10	10	10	10	10	10	10	10	10	⑩	15	15	15	15	15	15	15	15	9	9	9	9	9	9	9	9	9	20
8 Martin Brundle	7	28	28	28	28	28	28	28	28	㉘	4	4	4	14	14	9	9	9	9	9	9	4	4	4	4	④	20	20	20	20	9
14 Rubens Barrichello	28	10	10	4	4	4	4	4	4	4	15	15	15	26	9	26	26	26	26	26	20	20	20	20	20	20	26	26	26	26	26
28 Gerhard Berger	10	4	4	15	15	15	15	15	15	15	14	14	14	11	26	12	12	12	20	20	26	26	26	26	26	26	12	12	12	11	11
10 Gianni Morbidelli	4	15	15	14	14	14	14	14	14	14	26	26	26	9	12	11	11	20	12	12	12	12	12	12	12	12	11	11	11	12	12
4 Mark Blundell	3	3	③	26	26	26	26	26	26	26	9	9	9	12	11	20	20	11	11	11	11	11	11	11	11	11	31	31	31	31	31
3 Ukyo Katayama	14	14	14	9	9	9	9	9	9	9	12	12	12	20	20	⑭	31	31	31	31	31	31	31	31	31	31					
29 JJ Lehto	26	26	26	12	12	12	12	12	12	12	11	11	11	31	31	31															
23 Pierluigi Martini	9	9	9	11	11	11	11	11	11	11	20	20	20																		
12 Alessandro Zanardi	12	12	12	25	25	25	25	25	25	20	31	31	31																		
9 Christian Fittipaldi	25	11	11	20	20	20	20	20	20	㉕																					
26 Olivier Panis	20	25	20	23	23	23	23	23	23	㉓																					
25 Franck Lagorce	11	20	25	31	31	31	31	31	31	31																					
24 Michele Alboreto	23	23	23	24	24	24	24	24	24	㉔																					
20 Erik Comas	31	31	31																												
19 Hideki Noda	24	24	24																												
31 David Brabham	32	32	㉜																												
11 Mika Salo																															
32 Takachiho Inoue																															

GP Australien

RUNDENTABELLE	1	2	3	4	5	6	7	8	9	10	11	12	13	14	15	16	17	18	19	20	21	22	23	24	25	26	27	28	29	30	31
2 Nigel Mansell	5	5	5	5	5	5	5	5	5	5	5	5	5	5	5	5	5	5	5	5	5	5	5	5	5	5	5	5	5	5	5
5 Michael Schumacher	0	0	0	0	0	0	0	0	0	0	0	0	0	0	0	0	0	0	0	0	0	0	0	0	0	0	0	0	0	0	0
0 Damon Hill	7	7	7	7	7	7	7	7	7	7	7	7	7	7	7	7	7	7	7	7	2	2	2	2	2	7	7	28	28	28	28
7 Mika Häkkinen	14	14	14	14	14	14	14	14	14	14	14	14	14	14	2	2	2	2	2	2	7	7	7	7	7	14	14	2	2	2	2
14 Rubens Barrichello	2	2	2	2	2	2	2	2	2	2	2	2	2	2	14	14	14	14	14	14	14	14	14	14	14	28	28	14	27	27	27
15 Eddie Irvine	27	27	27	27	27	27	27	27	27	27	27	27	27	27	27	27	8	8	8	8	8	8	8	8	28	2	2	7	7	7	7
6 Johnny Herbert	15	15	15	15	15	15	15	15	15	15	15	15	15	15	⑮	8	30	28	28	28	28	28	28	28	27	27	27	27	14	14	14
27 Jean Alesi	8	8	8	8	8	8	8	8	8	8	8	8	8	8	8	30	28	30	30	30	30	30	30	30	8	8	8	8	8	8	8
8 Martin Brundle	6	6	6	30	30	30	30	30	30	30	30	30	30	30	30	28	26	26	26	27	27	27	27	27	30	26	26	26	26	26	26
30 Heinz-Harald Frentzen	30	30	30	28	28	28	28	28	28	28	28	28	28	28	28	26	27	27	27	26	26	26	26	26	26	30	30	30	30	30	30
28 Gerhard Berger	28	28	28	26	26	26	26	26	26	26	26	26	26	26	26	12	3	3	③	12	12	12	12	12	12	12	12	12	12	12	12
26 Olivier Panis	26	26	26	4	4	4	4	4	4	4	4	4	12	12	12	3	29	29	24	23	23	23	23	23	23	23	9	9	9	9	9
4 Mark Blundell	4	4	4	12	12	12	12	12	12	12	12	12	3	3	3	29	12	24	12	9	9	9	9	9	9	9	4	4	4	4	4
12 Alessandro Zanardi	3	12	12	3	3	3	3	3	3	3	3	3	⑥	9	29	24	24	12	23	11	11	11	11	4	4	4	24	24	24	24	24
3 Ukyo Katayama	12	3	3	6	6	6	6	6	6	6	6	6	9	29	24	10	⑩	23	9	4	4	4	4	11	11	24	23	23	23	23	23
24 Michele Alboreto	29	29	29	29	29	29	29	9	9	9	9	9	4	24	10	23	23	9	11	24	24	24	24	24	24	25	29	29	29	29	29
29 JJ Lehto	24	24	24	24	9	9	9	29	29	29	29	29	29	10	23	9	9	11	4	25	25	25	25	25	25	29	25	25	25	25	25
23 Pierluigi Martini	23	23	23	9	24	24	24	24	24	24	24	24	24	23	9	11	11	4	25	31	29	29	29	29	29	11	11	11	11	11	11
9 Christian Fittipaldi	9	9	9	23	10	10	10	10	10	10	10	10	10	4	11	4	4	25	31	29	31	31	31	31	31	31	31	31	31	31	31
25 Franck Lagorce	10	10	10	10	23	23	23	23	23	23	23	23	23	11	4	25	25	31	29	20	20	20	20	20	20	20	20	20	20	20	20
10 Gianni Morbidelli	25	25	25	11	11	11	11	11	11	11	11	11	11	25	25	31	31	⑲	20	32	㉜										
11 Mika Salo	11	11	11	25	25	25	25	25	25	25	25	25	25	31	31	19	19	20	32												
19 Hideki Noda	19	19	31	31	31	31	31	31	31	31	31	31	31	19	19	20	20	32													
31 David Brabham	31	31	19	19	19	19	19	19	19	19	19	19	19	20	20	32	32														
20 Jean-Denis Delétraz	32	32	32	32	32	32	32	32	20	20	20	20	20	32	32																
32 Domenico Schiattarella	20	20	20	20	20	20	20	20	32	32	32	32	32																		

34	35	36	37	38	39	40	41	42	43	44	45	46	47	48	49	50
0	0	5	5	5	5	5	0	0	0	0	0	0	0	0	0	0
5	5	0	0	0	0	0	5	5	5	5	5	5	5	5	5	5
27	27	27	27	27	27	27	27	27	27	27	27	27	27	27	27	27
2	2	2	2	2	2	2	2	2	2	2	2	2	2	2	2	2
15	15	15	15	15	15	15	15	15	15	15	15	15	15	15	15	15
7	7	7	7	7	7	7	7	7	7	7	7	7	30	30	30	7
30	30	30	30	30	30	30	30	30	30	30	30	30	7	7	7	
9	9	9	9	9	9	9	9	9	9	9	9	9	9	9	9	
20	20	20	20	20	20	20	20	20	20	20	20	20	20	20	20	
26	26	26	26	26	26	26	26	26	26	26	26	11	11	11	11	
11	11	11	11	11	11	11	11	11	11	11	11	26	26	26	26	
12	12	12	12	12	12	12	12	12	12	12	31	31	31	31		
31	31	31	31	31	31	31	31	31	31	31	12	12	12	12		

WERTUNGSPUNKTE

Fahrer: Schumacher 92, Hill 91, Berger 35, Häkkinen 26, Alesi 23, Barrichello 16, Coulthard 14, Brundle 12, Verstappen 10, Blundell 8, Panis 7, Frentzen 7, Larini 6, Fittipaldi 6, Irvine 6, Katayama 5, Bernard 4, Wendlinger 4, de Cesaris 4, Martini 4, Morbidelli 3, Mansell 3, Comas 2, Alboreto 1, JJ Lehto 1

Konstrukteure: Williams 108, Benetton 103, Ferrari 64, McLaren 38, Jordan 25, Tyrrell 13, Sauber 12, Ligier 11, Arrows 9,Minardi 5, Larrousse 2

34	35	36	37	38	39	40	41	42	43	44	45	46	47	48	49	50	51	52	53	54	55	56	57	58	59	60	61	62	63	64	65	66	67	68	69	70	71	72	73	74	75	76	77	78	79	80	81
5	⑤	2	2	2	2	2	2	2	2	2	2	2	2	2	2	2	2	2	2	28	28	28	28	28	28	28	28	28	28	2	2	2	2	2	2	2	2	2	2	2	2	2	2	2	2	2	2
0	⓪	28	28	28	28	28	28	28	28	28	28	28	28	28	28	28	28	28	28	2	2	2	2	2	2	2	2	2	2	28	28	28	28	28	28	28	28	28	28	28	28	28	28	28	28	28	28
2	2	27	27	27	7	7	7	7	7	7	7	7	7	7	7	7	7	7	7	7	7	7	7	7	7	7	7	7	8	8	8	8	8	8	8	8	8	8	8	8	8	8	8	8	8	8	8
28	28	7	7	7	14	14	14	14	14	14	14	14	14	14	14	8	8	14	14	14	14	14	14	14	8	8	8	8	7	7	7	7	7	7	7	7	7	7	7	7	7	7	14	14	14	14	14
27	27	14	14	14	8	8	8	8	8	8	8	8	8	8	8	14	14	8	8	8	8	8	8	8	14	14	14	14	14	14	14	14	14	14	14	14	14	14	14	14	14	14	26	26	26	26	
7	7	8	8	8	26	26	26	26	26	26	26	26	26	26	26	26	26	26	26	26	26	26	26	27	26	26	26	26	26	26	26	26	26	26	26	26	26	26	26	26	26	26	27	27	27	27	
14	14	26	26	26	30	30	30	30	30	30	30	30	30	30	30	30	30	30	27	27	27	27	27	26	30	30	30	30	30	30	30	30	30	30	30	30	27	27	27	27	27	27	30	30	30	30	
8	8	30	30	30	4	4	4	4	4	4	4	4	4	27	27	27	27	27	30	30	30	30	30	30	4	4	4	4	4	4	4	④	27	27	27	27	30	30	30	30	30	30	9	9	9	9	
26	26	12	12	4	27	27	27	27	27	27	27	27	27	4	4	4	4	4	4	4	4	4	4	4	27	27	27	27	27	27	27	27	9	9	9	9	9	9	9	9	9	9	23	23	23		
30	30	4	4	12	12	⑫	9	9	9	9	9	9	9	9	9	9	23	23	23	23	9	9	9	9	9	9	9	9	9	9	9	9	23	23	23	23	23	23	23	23	23	23	29	29	29		
12	12	9	9	9	9	9	23	23	23	23	23	23	23	23	23	23	9	9	9	9	23	23	23	23	23	23	23	23	23	23	23	23	29	29	29	29	29	29	29	29	29	29	25	25	25		
9	4	24	24	24	24	23	24	24	24	24	24	24	24	24	24	24	24	24	24	24	24	24	24	24	24	24	24	24	24	24	29	29	25	25	25	25	25	25	25	25	25	25					
4	9	23	23	23	23	24	29	29	29	29	29	29	29	11	⑪	25	25	25	25	29	29	29	29	29	29	29	29	29	29	29	24	25	24	24	㉔												
24	24	29	29	29	29	29	11	11	11	11	11	11	11	29	25	29	29	29	29	25	25	25	25	25	25	25	25	25	25	25	25	24															
23	23	11	11	11	11	11	25	25	25	25	25	25	25	25	29	20	20	20	20	20	20	⑳																									
29	29	25	25	25	25	25	31	31	31	31	31	31	31	31	㉛																																
11	11	31	31	31	31	31	20	20	20	20	20	20	20	20	20																																
25	25	20	20	20	20	20																																									
31	31																																														
20	20																																														

WERTUNGSPUNKTE

Fahrer: Schumacher 92, Hill 91, Berger 41, Häkkinen 26, Alesi 24, Barrichello 19, Brundle 16, Coulthard 14, Mansell 13, Verstappen 10, Panis 9, Blundell 8, Frentzen 7, Larini 6, Fittipaldi 6, Irvine 6, Katayama 5, Bernard 4, Wendlinger 4, de Cesaris 4, Martini 4, Morbidelli 3, Comas 2, Alboreto 1, JJ Lehto 1

Konstrukteure: Williams 118, Benetton 103, Ferrari 71, McLaren 42, Jordan 28, Ligier 13, Tyrrell 13, Sauber 12, Arrows 9, Minardi 5,Larrousse 2

Fahrer-Weltmeisterschaft 1994

	Gesamtpunkte	Brasilien, 27. März	GP Pacific, 17. April	San Marino, 1. Mai	Monaco, 15. Mai	Spanien, 29. Mai	Kanada, 12. Juni	Frankreich, 3. Juli	England, 10. Juli	Deutschland, 31. Juli	Ungarn, 14. August	Belgien, 28. August	Italien, 11. September	Portugal, 25. September	GP Europa, 16. Oktober	Japan, 6. November	Australien, 13. November
1. Michael Schumacher	**92**	10	10	10	10	6	10	10	–	–	10	–	–	–	10	6	–
2. Damon Hill	**91**	6	–	1	–	10	6	6	10	–	6	10	10	10	6	10	–
3. Gerhard Berger	**41**	–	6	–	4	–	3	4	–	10	–	–	6	–	2	–	6
4. Mika Häkkinen	**26**	–	–	4	–	–	–	–	4	–	–	6	4	4	4	–	–
5. Jean Alesi	**24**	4	–	–	2	3	4	–	6	–	–	–	–	–	–	4	1
6. Rubens Barrichello	**19**	3	4	–	–	–	–	–	3	–	–	–	3	3	–	–	3
7. Martin Brundle	**16**	–	–	–	6	–	–	–	–	–	3	–	2	1	–	–	4
8. David Coulthard	**14**	–	–	–	–	–	2	–	2	–	–	3	1	6	–	–	–
9. Nigel Mansell	**13**	–	–	–	–	–	–	–	–	–	–	–	–	–	–	3	10
10. Jos Verstappen	**10**	–	–	–	–	–	–	–	–	–	4	4	–	2	–	–	–
11. Olivier Panis	**9**	–	–	–	–	–	–	–	–	6	1	–	–	–	–	–	2
12. Mark Blundell	**8**	–	–	–	–	4	–	–	–	–	2	2	–	–	–	–	–
13. Heinz-Harald-Frentzen	**7**	–	2	–	–	–	–	3	–	–	–	–	–	–	1	1	–
14. Nicola Larini	**6**	–	–	6	–	–	–	–	–	–	–	–	–	–	–	–	–
Christian Fittipaldi	**6**	–	3	–	–	–	–	–	–	3	–	–	–	–	–	–	–
Eddie Irvine	**6**	–	–	–	–	1	–	–	–	–	–	–	–	–	3	2	–
17. Ukyo Katayama	**5**	2	–	2	–	–	–	–	1	–	–	–	–	–	–	–	–
18. Eric Bernard	**4**	–	–	–	–	–	–	–	–	4	–	–	–	–	–	–	–
Karl Wendlinger	**4**	1	–	3	–	–	–	–	–	–	–	–	–	–	–	–	–
Andrea de Cesaris	**4**	–	–	–	3	–	–	1	–	–	–	–	–	–	–	–	–
Pierluigi Martini	**4**	–	–	–	–	2	–	2	–	–	–	–	–	–	–	–	–
22. Gianni Morbidelli	**3**	–	–	–	–	–	–	–	–	2	–	1	–	–	–	–	–
23. Erik Comas	**2**	–	1	–	–	–	–	–	–	1	–	–	–	–	–	–	–
24. Michele Alboreto	**1**	–	–	–	1	–	–	–	–	–	–	–	–	–	–	–	–
JJ Lehto	**1**	–	–	–	–	–	1	–	–	–	–	–	–	–	–	–	–

Formel 1-Konstrukteurs-Weltmeisterschaft 1994

1. Williams	**118**	6	–	1	–	10	8	6	12	–	6	13	11	16	6	13	10
2. Benetton	**103**	10	10	10	10	6	11	10	–	–	14	4	–	2	10	6	–
3. Ferrari	**71**	4	6	6	6	3	7	4	6	10	–	–	6	–	2	4	7
4. McLaren	**42**	–	–	4	6	–	–	–	4	–	3	6	6	5	4	–	4
5. Jordan	**28**	3	4	–	3	1	–	–	3	–	–	–	3	3	3	2	3
6. Ligier	**13**	–	–	–	–	–	–	–	–	10	1	–	–	–	–	–	2
Tyrrell	**13**	2	–	2	–	4	–	–	1	–	2	2	–	–	–	–	–
8. Sauber	**12**	1	2	3	–	–	–	4	–	–	–	–	–	–	1	1	–
9. Arrows	**9**	–	3	–	–	–	–	–	–	5	–	1	–	–	–	–	–
10. Minardi	**5**	–	–	–	1	2	–	2	–	–	–	–	–	–	–	–	–
11. Larrousse	**2**	–	1	–	–	–	–	–	–	1	–	–	–	–	–	–	–

auto motor und sport

Alle 14 Tage mehr als nur Ergebnisse.